우리는 밤마다 수다를 떨었고,
나는 매일 일기를 썼다

우리는 밤마다
수다를 떨었고,
―
나는 매일
일기를 썼다

어느 페미니스트의 우한 생존기

궈징 지음 | 우디 옮김 | 정희진 해제

원더박스

팬데믹 시대 인간의 조건

이 글은 《우리는 밤마다 수다를 떨었고, 나는 매일 일기를 썼다: 어느 페미니스트의 우한 생존기》를 화두로, 팬데믹 시대 우리가 맞닥뜨린 모순과 그에 따라 요구되는 새로운 인식 틀을 세 가지 차원에서 다루고자 한다. 하나는 사회적 거리두기와 돌봄 그리고 '집'에 대한 논의이며, 두 번째는 기후 제국 시대의 거버넌스에 대한 것으로 자유, 선진, 문명에 대한 질문이고, 마지막은 글쓰기에 대한 것이다.

—— 거리두기는 어디서 가능한가

일단, 우리는 이 책을 읽기 전에 '중국'과 '봉쇄'가 주는 (부정적) 이미지를 재고할 필요가 있다. 팬데믹으로 인해 지구상 78억 명의 인구는 각기 다른 상황에 처해 있고, 이에 대한 판단도 기존과는 달라져야 하기 때문이다. 예를 들어 봉쇄가 나은가, 마스크를 거부하는 자유주의는 저항(?)인가, 봉쇄의 조건은 어떠했는가, 무엇이 민주주의인가, 어떤 국가가 국민을 보호하는 정책을 펴고 있는가 등등의 질문에 대한 답은 우리의 예상을 빗나가기도 한다.

팬데믹의 원인은 '돌봄 노동(살림)'을 비하하고 '자연 파괴(죽임)'를 추구해 온 인간의 경제 활동이다. 그리하여 많은 이들이 팬데믹의 대안으로 돌봄 윤리학(Care Ethics)에 관심을 갖고 있지만, 이런 흐름은 당장의 '여성해방'과는 거리가 멀다. 팬데믹의 결과, 또 다시 여성들이 강도 높은 보살핌 노동을 도맡고 있기 때문이다. 돌봄 노동의 내용은 그 자체로도 재평가해야 하지만, 페미니스트들의 주장은 돌봄이 공적 영역의 가치가 되어야 한다는 것이지 그 자체에 대한 찬양이 아니다. 현재 인류가 욕망하는 주된 가치가 물질적 풍요와 경쟁, 승부 같은 것이라면 이에 대한 성찰이 필요하고, 많은 가치들 중에 '돌봄'도 포함되어야 한다. 그러기 위해서는 일단 돌봄 노동의 의미와 구체적 내용이 무엇인지에 대한 이해가 필요하고 이에 대한 인식론적 평가가 이루어져야 한다.

나는 현재 문재인 정부가 코로나 대처에 최선의 노력을 다하고 있다고 생각한다. 그러나 한국 사회의 '사회적 거리두기'는 정부 입장에서는 최선의 정책이지만, 기본적으로 논쟁적인 언설이다. 사회적 거리두기는, 정확히 말하면 물리적 거리두기인데, '집'이나 육아에서 가능하지 않다. 즉 비대면은 지극히 제한적인, 효과가 별로 없는 방역 방식이다. 비대면이라면 키스와 섹스부터 금지해야 할 것이다. 또 "외출을 삼가"고 우리는 어디로 갈 것인가. '집'의 상황은 천차만별이며, 집은 기본적으로 노동과 폭력의 공간이다. 특정 지역을 봉쇄하더라도, 그 지역의 집 밖에서 지낼 수 있는 여성만의 공간을 만들어야 한다. 이 점에 있어서는 이 책이 다음과 같이 잘 요약, 보고하고 있다.

"수많은 기혼 여성이 결혼 후 어쩔 수 없이 가정 안에서 쳇바퀴를 돌며 살기 시작한다. 풀타임으로 직장 생활을 하는 여성들도 퇴근하면 빨래와 밥을 하고, 아이를 돌보며, 주목받지 못하는 수많은 가사 노동을 한다. 이들의 공적 생활은 끊임없이 축소된다."

—— 기후 제국 시대의 거버넌스

많이 '배울수록' 좋은 것과 많이 '알수록' 좋은 것은 다르다. 인간은 어떤 문제에 대해서는 몰라야만 살아남을 수 있다. 모르는 방법이 작동하는 기제는 이데올로기, 개인의 방어 심리, 정보 통제와 같은 통치 기술, 몰라도 되는 권력, 회피 등 여러 가지가 있다. 지금 우리 앞의 진실은 이렇다. (전문가들에 의하면) 내후년(2022년)까지는 마스크를 써야 하며, 코로나19가 '해결'된다고 해도 다른 전염병이 찾아오고 그 주기는 사스, 메르스, 코로나19의 간격 차처럼 점점 짧아진다. 이견은 없다. 우리가 부정하고 싶을 뿐이다. 다시 말해, 이제 팬데믹은 인간의 조건이 되었다.

통치자는 헛된 희망을 주는 사람들이다.(나쁜 의미가 아니다.) 팬데믹은 부정하고 싶고 감추고 싶은 진실이지만, 지금 인류는 자본주의 질주—지구 파괴—팬데믹의 악순환을 막을 수 없다. 팬데믹의 심각성에 대한 인식을 공유했다고 해도, 현재의 자본주의 체제 작동과 인간의 활동(activity)을 10분의 1로 줄이는 방식만이 '궁극의 해결'인데, 이 자체가 불가능하기 때문이다. 이제 인류는 진화하는 바이러스와 공존을 모색할 수밖에 없는 처지다.

그렇다. 우리는 완전히 다른 시대를 살게 되었다. 이미 기아, 난민, 물 부족과 오염, 상시적 내전 상태에서 살아가는 사람들과 몇 조 원 단위의 현금을 보유한 글로벌 부호들을 '같은 인류'라고 말할 수 없는 시대다. 더구나 빈부를 비롯한 인간 생활의 모든 면(건강, 지식, 교육⋯⋯)에서 격차가 극대화된 신자유주의 사회에서 전염병은 이전 시대와 그 의미가 크게 다르다.

이전에 전쟁과 전염병은 전 인류의 문제였다. 그러나 신자유주의 시대에 전쟁과 전염병은 선택적으로 작동한다. 핵폭탄 같은 무기가 사용되던 전면전(절멸전) 시대의 전쟁에선 모든 것이 파괴되었지만, 기술전 시대의 무기는 특정 피해자를 선택할 수 있다. 유도(guided) 미사일은 원하는 타깃만을 설정한다. 우리가 알다시피, 전염병의 경우 개인의 면역력에 따라 피해가 다르게 나타나는데 그 면역력은 국가, 계급, 인종, 성별, 나이 등에 따라 크게 좌우된다. 경제는 말할 것도 없다. 배달 업체와 마스크 업체와 소상공인의 상황이 같을 수 없다. 교육에선 대면과 비대면의 학습 차가 교육 체제의 붕괴를 가속화하고 있다.

코로나 이전에 일본, 유럽, 미국은 '선진국'이었다. 그러나 이들 정부의 대응이나 국민들의 인식은 놀라웠다. 유럽인들이 마스크 조롱하고 거부하는 시위를 벌인 일, 미국에서 감염자와 함께 파티를 즐긴 후 미감염자 중 가장 빨리 사망하는 사람을 가려내는 게임을 즐긴 사건 등은 민주주의, 개인주의, 자유주의의 근본 개념을 다시 생각하게 한다. 이에 반해 중국은 우한의 예처럼 아예 지역 전체를 봉쇄했다. 중국과 서구의 중간쯤(?)에서 한국은 인권과 방역 두 가지 모두를 덜 훼손시키면서, 스스로 'K-방역'이라 부르며 자랑스러워하고 있다. 서구처럼 마스크를 안 쓰겠다고 경찰과 투쟁하는 극단적인 시민도 없고, 중국처럼 봉쇄도 없다.

세계 정치 2강 체제인 중국과 미국의 경쟁이, 기후 제국 시대로 접어들어 평가 기준이 달라지면서 역전되고 있다. 일단 두 지도자 시진핑과 트럼프의 역량 자체를 비교할 수는 없다. 트럼프는 돈과 미디어가 만들어 낸 비상식적 인물이다. 점차 많은 국제정치학자들이 팬데믹 시대에는 중국식 권위주의 국가가 미국식 자유주의 국가보다 더 국민을 보호하고 있다는 사실에 주목한다.

보호와 통제는 연속선에 있지만 최소한 중국은 그 역할을 하고 있고, 서구의 여러 나라들은 (자신들이 창조해 낸 자본주의의 전제인) 타인과 단절을 전제로 한 남성 중심적 자립(autonomy) 개념과 개인주의에 가로막혀 전염병 시대에 필수인 공동체적 협력 체제로 넘어가지 못하고 있다. 인류 역사상 지금 미국만큼 경제력과 합리주의(관료주의), 지식 생산 능력을 갖춘 나라는 없었지만, 미국은 '빈곤과 통제'를 상징하는 중국만큼 적절히 팬데믹에 대처하지 못하고 있고 그럴 생각도 없어 보인다.

── 각자의 '봉쇄 일기'를 기다리며

이 책은 선입견과 다르게 중국이 안전하다는 사실을 증명한다. 국가의 역할이 약하거나 급격히 상대화된 글로벌 자본주의 시대에, 14억 명을 먹여 살리는 중국의 힘의 원인 중의 하나는 식료품 가격이 싸다는 것이다. 이 일기는 식료품이 공급되고, 비록 제한은 있으나 인터넷 소통이 가능한 상태에서, 새로운 세계를 사유하는 젊은 페미니스트의 연대와 정의감을 보여 준다.

귀징의 이 일기에서 확인할 수 있는 그녀의 일상은 요리, 수다, 운동, 산책, 인터뷰로 이뤄져 있다. 특히 볶음 요리를 중심으로 매일 무엇을 해 먹었는지를 적고 있는데, 봉쇄는 아니지만 그녀와 비슷한 환경(1인 가구)에서 지내는 나로서는 끼니와 청소를 제대로 하는 생활이 쉽지 않다. 개인적인 이유도 있지만, 1인 가구주의 건강, 장애, 나이 등의 상태에 따라 '봉쇄 일기'는 크게 달라진다. 나는 그녀의 건강과 자기 관리가 부러웠다.

'전체, 범(汎)'이라는 의미의 접두어 'pan-'이 붙은 팬데믹 (pandemic)이지만, 인류 구성원이 겪는 의미와 고통은 극히 개별적이다. 팬데믹의 진짜 비극은 여기에 있을지도 모른다. 저자는 이러한 현실을 정확히 포착하고 있다.

"내일도 이럴 거다.

어떤 사람은 이미 죽었고

어떤 사람은 희생하고 있고

어떤 사람은 목소리를 내고 있고

어떤 사람은 가짜 뉴스를 팩트 체크 하고 있고

어떤 사람은 투기를 하고 있고

어떤 사람은 큰길을 쓸고

어떤 사람은 큰길에서 자고

어떤 사람은 공동구매를 하고 있고

어떤 사람은 택배를 배송하고 있고

어떤 사람은 밖에 나가지 않고

어떤 사람은 산책하고

어떤 사람은 집에 누워 있고

어떤 사람은 이미 직장으로 복귀했고

어떤 사람은 가정폭력을 당하고

어떤 사람은 일 년 내내 집안일을 한다."

팬데믹 시대에 국가의 역할, 개인의 자유, 경제 활동, 봉쇄와 방역의 조건, 극도로 성별화되고 계급화된 '집'의 의미, 정치 지도자나 자본가 들이 '결정할 수밖에 없는' 현재 자본주의 시스템에 대한 진단, 인류의 미래에 대한 구상은 어떻게 달라져야 할까? 근본적인 사유의 전환이 요청되는데, 그러기 위해서는 각자가 자기의 공간에서 어떻게 살고 있는지에 대한 광범위한 기록이라는 토대가 마련되어야 한다. 구체성을 획득하지 못한 추상적인 논의로는 이 시대를 감당할 수 없기 때문이다.

그러므로, 다양한《우리는 밤마다 수다를 떨었고, 나는 매일 일기를 썼다》들이 나와야 한다. 이 책은 그 모범적 선구이다.

정희진

(여성학자,《페미니즘의 도전》저자)

차례

일러두기

- 신해혁명(1911년) 이전의 고유명사는 한자음으로 표기하고, 이후의 고유명사는 국립국어원 외래어표기법에 따라 표기했으나, 중국 방언의 경우 들리는 발음에 가깝게 표기했다.

- 저자가 붙인 각주에는 별도 표기를 하지 않았다. 대만에서 출간된《武漢封城日記》의 편집자가 붙인 각주에는 '원서 편집자 주'라고 별도 표기했다.

- 본문 가운데 옮긴이가 추가한 간단한 설명은 괄호 안에 넣고 '옮긴이'라고 표기했고, 문맥 이해에 도움이 되는 긴 설명은 각주로 처리한 뒤 '옮긴이 주'라고 별도 표기했다. 위안화를 원화로 계산한 값에는 따로 표시하지 않았다.

- 중국에서 '서취(社區)'란 도시의 거주지를 일정한 기준으로 나눈 행정 구획으로, 해당 지역 주민을 관리하고 지원하는 일종의 '블록'이다. 서취 안에 이런저런 조직, 위원회 등이 있는데 여기 직원들이 주민 대상으로 정부 정책을 홍보하기도 하고, 주민 지원 업무를 진행하기도 한다. '서취'에 해당하는 번역어를 찾기 힘들어 편의상 '단지'로 번역했고, '서취 직원'도 '단지 직원'으로 번역했다. 참고로, 한국에서는 '단지'라고 하면 보통 '아파트 단지'를 떠올리지만, 중국의 '서취'는 아파트 단지를 가리킬 수도 있고 아닐 수도 있다.

- 저자, 원서 편집자와 원서에 관해 질의응답을 주고받는 과정에서 나온 답변이 원서를 이해하는 데 도움이 된다고 판단될 경우 이를 번역서의 해당 본문에 추가했으므로, 원서에 없는 내용이 번역서에 일부 있을 수 있음을 밝혀 둔다.

1월 23일, 우한(武漢)이 봉쇄되었다.

이게 도대체 무슨 의미일까? 아는 사람이 없었다.

한 친구가 일기를 써 보라고 권했다. 염려되는 것들이 많기는 했지만 그래도 일기를 쓰기 시작했다. 나는 사회 활동가이고 마침 사건 현장에 있었으므로, 기록한다는 것에 대해 큰 책임감을 느꼈다. 지금 돌아보면, 일기 쓰기는 봉쇄 기간 중 내 일상을 복구해 준 활동 가운데 하나였고, 나를 다른 사람과 연결해 주었다.

바이러스가 폭발하듯 확산된 봉쇄된 도시에서 산다는 것은 어려운 일이었다. 가장 중요한 일은 내 생존을 보장하는 것, 가능한 병에 걸리지 않는 것이었다.

처음에는 어떻게 살아가야 할지 전혀 갈피를 잡지 못했다. 많은 판단을 그때그때 내려야 했다. 봉쇄가 시작되자마자 먹을거리를 사서 쟁여 둘 수 있었던 것도 친구가 일깨워 준 덕이었다. 봉쇄 기간에는 장기 계획을 세우면서 살 수 없었다. 심지어 다음날 문밖으로 나갈 수 있을지조차 알 수 없었다.

매일 일기를 써 나갈 수 있으리라고는 생각하지 못했다. 이렇게 일기를 써 본 게 처음이었던 것 같은데, 놀랍게도 한 달 넘게 계속 써 나가고 있다.

일기 쓰기는 아주 사적인 일이고, 보통 사람이라면 다른 사람에게 일기를 보여 주지 않는다. 하지만 나는 처음부터 남들에게 보여 주기 위해 이 일기를 썼다. 일기의 특성상 다른 사람에게 내 사적인 부분을 드러내지 않을 수 없었는데, 이게 여간 어려운 일이 아니었다. 자신의 약점을 남에게 드러내는 게 쉬운 일은 아니니까. 그렇지만 일기를 공개하고 나서 뒤따른 다른 사람들의 평가에는 가급적 개의치 않았다.

일기에는 필연적으로 '내'가 포함되어 있을 수밖에 없지만, 가급적 그런 걸 드러내지 않으려고 자제했다. 내가 쓴 건 '나'의 일기를 넘어선, '내가 우한에서 지내며 쓴' 일기였고, 이는 단순히 개인의 일기가 아닌, 일기라는 방식으로 진행한 공적 서사였다. 하지만 쓰는 과정에서는 감정에 빠지기도 했고, 다 쓰고 나서는 힘이 쑥 빠진 적도 있었다. 그럴 때는 다시 읽어 볼 힘이 하나도 남아 있지 않아서 게재한 일기에 오탈자가 보이기도 했는데, 다행히 다들 넉넉히 감싸 주었다. 나중에는 친구가 오탈자를 봐주기도 했다. 정말 고맙게 생각한다.

나는 전문적으로 글을 쓰는 사람도 아니고 글재주랄 것도 없다. 그런데 생각지도 못하게 이 일기가 관심과 사랑을 받았다. 정말 많은 사람의 피드백을 받았고, 정말 많은 이가 이 일기 덕에 우한의 실제 상황을 이해하게 되었다고 밝혔으며, 이 일기를 통해 힘을 얻었다고 이야기해 준 사람도 있었다.

어느 날, 위챗 모멘트(중국판 카카오스토리—옮긴이)에 내 일기가 게재되지 않자, 한 독자가 밤 11시에 내게 메시지를 보내 물었다. "계속 기다렸는데, 오늘 밤 모멘트에 님의 글이 올라오지 않아서요. 님 괜찮으신 거죠?" 일기를 쓰면서 받은 관심에 적응이 되지 않을 때도 있기는 했지만, 이런 메시지에는 정말이지 큰 감동을 받았다.

이번 전염병 사태에서는 관심이 필요한 사람이 특히 많았고, 사태가 실제로 어떻게 돌아가고 있는지 설명을 들어야 하는 사람도 많았으며, 치료를 받지 못하고 죽어 가는 사람도 너무 많았다. 이런 상황에서 내가 아직 살아 있다는 사실은 강한 죄책감을 불러왔다. 게다가 내게는 글을 쓸 수 있는 능력도 어느 정도 있었다. 봉쇄된 이 도시에서는 글을 쓸 수 있다는 것도 일종의 특권이었다. 계속 글을 쓰는 건 내가 사회에 공헌하는 하나의 방식이었다. 나는 내가 실제로 느끼는 감정과, 내가 보고 들은 것을 기록하려고 온 힘을 다해 노력했다.

봉쇄된 건 도시만이 아니었다. 정보도 봉쇄되었다.

내 일기도 봉쇄당했다. 나는 내가 속해 있는 사회를 신경 쓰지 않을 수 없었다. 그래서 일기를 쓸 때 이미 어느 정도는 자기 검열을 해 가면서 썼다. 그렇게 했음에도 내 일기는 검열을 당했다. 트래픽 제한 탓에, 웨이보(중국판 트위터―옮긴이)에 올린 글이 다른 사람의 타임라인에 자동으로 게시되지 않아서, 다른 사람이 일부러 내 페이지로 와야 글을 볼 수 있었다. 가끔 위챗에 글이 올라가지 않을 때도 있었는데, 텍스트를 이미지로 변환해도 문제가 해결되지 않았다.

일기를 계속 써 나가는 과정에서 나는 내 위챗의 QR코드를 인터넷에 공개했고, 봉쇄 와중에 새로운 연결 지점을 만들어 나갔다. 그 덕에 누군가 내게 도움을 청해 오면 혹은 내가 물품을 기증하고 싶은 쪽과 연결이 되면, 믿을 만한 자원봉사 팀과 연락해서 자그마한 도움이나마 주기도 했다. 전염병 사태 속에서 여전히 가정폭력이 일어나는 걸 보고, 친구들과 무엇을 할 수 있을지 의논해 뤼야파운데이션(綠芽基金會, 여성의 능력 개발과 권익 보장을 목표로 하는 단체―옮긴이)과 공동으로 '가정폭력 반대 미니 백신' 제안 캠페인도 벌였다. 우리가 모두 가정폭력을 반대하는 미니 백신이 되어, 가정폭력 목격 시 경찰에 신고도 하고, 가정폭력 반대 행동 지침을 손으로 베껴 쓰거나 인쇄해서 단지 내 복도나 엘리베이터에 붙여 놓자고 호소했다.

봉쇄 기간 중 나와 내 수많은 페미니스트 친구들은 매일 밤 두세 시간씩 대화를 나눴다. 정말 귀하고 값진 우정이었으며, 친구들이 나눠 준 지혜들이 이 일기에 고스란히 담겨 있다. 따라서 어떤 의미에서 내 일기는 우리가 함께 어떻게 봉쇄 기간을 보냈는지를 기록하고 있는 셈이다.

2019년 11월, 나는 우연한 기회에 우한으로 이사하게 되었다. 온 지 한두 달밖에 되지 않아 이렇게 엄청난 전염병과 만나게 된 것도 우연이고, 일기를 쓰기 시작한 것도 우연이었다. 하지만 결코 모든 걸 우연이라고 쉽게 치부할 수는 없다. 그래서 이런 우연 뒤에 어떤 필연이 자리하고 있는지 이 자리에서 그 이야기를 해 보려 한다.

나는 대학 재학 중이던 2012년부터 페미니스트 활동에 몸담아 온 사회 활동가이다. 그 시절 대학 총장에게 교내 남녀 화장실 비율을 조정해 달라고 호소하는 편지를 보낸 적이 있는데, 이듬해 3월 8일 세계 여성의 날에 학교 건물의 남자 화장실 몇 곳이 여자 화장실로 바뀌었다. 행동은 변화를 불러온다. 그리고 자아의 힘을 북돋아 주기도 한다.

2014년 대학을 졸업하고 일을 찾던 중 항저우(杭州) 신동방 요리학교의 문서 작성 담당자 채용에 지원했다가, 해당 직무에는 '남성만 채용한다'는 이유로 거절당했다. 그래서 신동방 요리학교를 법정에 고소했다. 내 생애 첫 소송이었다. 당시엔

취업 성차별에 관한 법률 미비로 소송 과정에서 숱한 우여곡절을 겪었다. 법에는 법원에서 기소장을 접수한 뒤 7일 이내에 소장 수리 여부를 결정하도록 규정되어 있었지만, 내 경우에는 법원이 수리 여부를 결정하는 데만 한 달이 걸렸다. 이후 여성 권익 향상을 위해 일하는 사회복지사, 변호사, 페미니스트 활동가 등 여러 사람의 도움을 받은 끝에, 중국에서 처음으로 제기된 취업 성차별 소송에서 승리를 거머쥐었다. 나는 내가 받은 도움을 다른 이에게 전하고 싶었고, 취업 과정에서 성차별에 시달리는 또 다른 여성들을 힘닿는 데까지 지원하고 싶었다. 다른 이를 돕는 일을 하면서 나 역시 끊임없이 힘을 얻었다.

2017년에는 뜻이 맞는 파트너와 함께 '074직장여성법률핫라인(074職場女性法律熱線)'을 만들어, 취업 성차별에 시달리는 여성들을 대상으로 한 법률 지원에 주력했다. 5년 사이에 나는 취업 과정에서 성차별을 당해 채용 회사를 법정에 고소한 분노에 찬 대학 졸업생에서, 유사한 일을 겪는 다른 여성을 지원하는 사람으로 변해 있었다.

곰곰이 돌아보니, 내가 처음 발을 디딘 대도시가 바로 우한이었다.

2010년, 나는 허난성(河南省) 신양(信陽)에서 대학에 다녔다. 신양은 폐쇄적인 도시였다. 나는 실천적인 성격이 강한 전문 분야인 사회 활동에 관심이 커졌지만, 대학에서는 교과서적인 지식만 가르쳤다. 대학 3학년에 재학 중이던 2012년, 이런 꽉 막힌 현실을 깨부수고 싶은 마음에 인터넷을 통해 외부 세계를 탐색해 나가기 시작했다. 그때는 개인 컴퓨터도 없어서 매일 학교 컴퓨터실에 가서 사회 활동 관련 플랫폼과 계정을 살펴봤고, 유명 학교의 공개강좌를 수강하기도 했다.

신양은 우한에서 기차로 세 시간 걸리는 가까운 곳이었는데, 마침 우한에서 최고 수준의 사회 활동 실무 훈련 코스가 진행된다는 소식이 들려왔다. 하지만 소식을 접했을 때는 이미 신청 마감 기간이 지난 뒤였다. 그래도 시도나 한번 해 보자는 마음으로 전화를 걸었는데, 주최 측에서 기회를 주었다. 내가 이 훈련에 참여하러 간다는 이야기를 들은 기숙사 룸메이트는, 그 훈련 코스에 대한 정보가 사실인지 확인이 안 된다며 걱정스러워했다. 하지만 사회 활동 실무를 이해하고 싶다는 마음이 걱정을 훌쩍 뛰어넘었던 나는, 훈련 코스에 참여하기 위해 우한으로 꿋꿋하게 길을 떠났다.

훈련이 끝난 뒤, 주최 측에서는 광저우에서 온 사회 활동가들을 우한의 사회 활동 단체 방문에 초청했다. 나는 이번에도 주최 측에 간곡히 부탁해서 그 행사에 함께 갈 기회를 얻었다. 사회 활동가들의 실천 경험을 직접 들을 수 있는, 내게는 정말이지 흔치 않은 기회였다.

그때부터 나는 사회 활동에 적극 참여하기 시작했다. 내게 가장 깊은 영향을 끼친 것은 페미니즘 활동이었다. 나는 어려서부터 일상 속의 젠더 불평등에 불만을 느끼고 의혹을 품었던 내게 페미니즘은 답을 제시해 주었다. 강력한 비판과 깊은 성찰을 담고 있는 페미니즘 사상은 나 자신에 대해, 또 나와 사회의 관계에 대해 새롭게 접근할 수 있도록 나를 이끌어 주었다.

우한은 총면적이 8천여 제곱킬로미터로, 양쯔강과 한수이(漢水)가 만나는 곳이다. 이렇게 모여든 양쯔강과 한수이가 우한을 한커우(漢口), 한양(漢陽), 우창(武昌) 이 세 개의 진(鎭, 중국 지방 행정 구획의 하나—옮긴이)으로 나눈다. 정치와 교육의 중심지인 우창에는 우한의 고등 교육 기관이 다 몰려 있고, 상업 중심지인 한커우에는 도매와 소매가 집중되어 있으며, 제조업 중심지인 한양에는 자동차, 바이오 제조업이 자리 잡고 있다. 나는 우창에 사는데, 양쯔강에서 몇 백 미터 떨어진 이곳 강 건너 맞은편에 한커우가 있다.

2012년 이후, 우한에서는 대규모 지하철 건설이 시작됐다. 그래서 예전에는 우한에 오면 곳곳에서 지하철을 건설 중인 모습을 볼 수 있었다. 이번에(2019년 11월) 우한에 오면서, 상대적으로 교통이 편리한 위치를 택한 덕에 드나들기는 훨씬 편해졌다. 다만 편리한 곳에 있기는 해도 내가 여전히 우한에서 상대적으로 고립되어 있는 탓에, 일기 쓰기가 내가 지역적 봉쇄를 깨고 훨씬 더 많은 이와 연결될 수 있는 기회가 되어 주었다.

BBC 뉴스에서 내 일기를 소개한 뒤, 세계 각지의 수많은 사람이 내게 관심을 보내 주었다. 해외에 사는 중국인부터 전염병 사태를 궁금해하는 외국인까지, 이들의 관심은 내게 생각지도 못했던 감동을 선사해 주었다. 봉쇄 초기, 우한에 대한 사람들의 관심은 인도주의적인 것이었다. 그러나 전염병이 확산하면서 많은 국가에서 코로나19 확진 사례가 나왔고, 일본, 한국, 이탈리아, 이란을 비롯한 세계 여러 나라의 상황도 아주 심각해졌다. 더 많은 이의 삶이 코로나19의 영향을 받게 되었고, 기업 파산, 대규모 실업, 차별 등 수많은 사회 문제가 뒤를 이었다.

재난 그 자체가 파괴적인 괴멸을 초래하는 상황에서, 재난을 처리하는 방식이 합리적이지 않으면 그 상황에 처한 사람들은 심각한 상처를 입는다.

이번 전염병 사태에서도 불필요한 희생과 불공정한 죽음을 피해 가지는 못했다. 가족을 잃은 고통, 불공정에 대한 분노, 살아남았다는 죄책감까지, 살아남은 사람들이 느끼는 온갖 복잡한 감정들을 어떻게 해야 할까? 그리고 정부는 어떻게 재난, 그리고 그에 수반되는 2차 재난에 대응해야 할까?

코로나19가 초래한 공포가 이 사회에 만연해 있다. 그리고 거기에서 초래된 차별과 폭력도 일어나고 있다. 수많은 후베이(湖北)

사람들이 다른 지역에서 격리되거나 폭력의 대상이 되고 있다.*

  공포를 극복한다는 건 쉽지 않은 일이다. 최선을 다해 바이러스 관련 정보, 방역 정보 등 많은 정보를 파악해서 나를 지키고 다른 이를 지켜야만 한다.

  봉쇄 기간 중 많은 사람이 함께 네트워크를 만들었고, 다양한 취약 계층이 필요로 하는 것에 관심을 기울였으며, 대규모 자원봉사 활동에 나섰다. 이 어둠 속의 빛이 우리의 앞길을 밝혀 주고 있다. 나 역시 사람들 사이의 접점이 되기 위해 노력하는 중이다. 그런 의미에서 이 일기를 출간할 기회를 얻을 수 있었던 건 행운이라고 생각한다.

  비록 공간적으로는 격리되어 있지만, 우리가 인터넷을 통해 서로를 연결하고 함께 행동할 수 있으리라고, 곤경 속에서도 통제감을 찾고 함께 희망을 만들어 갈 수 있으리라고 믿는다.

귀징

2020년 3월 4일, 우한에서 쓰다

---

*   우한은 후베이성의 성도(省都)이다. (옮긴이 주)

1장

도시가
순식간에 멈춰 서다

난 일이 터져도
냉정한 사람이다

나는 일이 터져도 냉정하고 침착한 편이다.

1월 20일, 우한에서 새로 확진된 사례가 100건을 넘어서고 다른 성에서도 확진 사례가 나타나고 나서야, 나는 어찌할 바를 몰라 갈팡질팡하기 시작했다. 이전에 공표된 정보에 명백한 허위 보고 정황이 존재했다. 그리고 그날부터 우한 길거리에 마스크를 쓴 사람들이 돌연 급증하기 시작했고, 여러 약국에서 의료용 마스크가 동이 나 버렸으며, 많은 사람이 감기 예방 및 치료제를 사들이기 시작했다.

내가 감기에 걸린 게 바로 이때였다. 거의 다 나았는데도 마스크를 사려고 줄을 섰다가, 앞 사람이 독감 치료제인 타미플루를 네 상자 사는 모습을 보고 나도 62위안(한화 약 1만 원)을 주고 한 상자를 사 버렸다. 좀 비싸기는 했다.

요 며칠 계속 마음을 졸이고 있다. 각지에서 업데이트된 소식을 보니, 확진자 대부분이 15일 이전에 우한에 다녀간 이들이었다. 우한은 전 세계에서 대학생 인구가 가장 많은 도시인데, 마침 1월 중순에 대학들이 방학에 들어갔다. 게다가 설까지 다가온 참이라 역을 오가는 유동 인구가 어마어마하게 많을 수밖에 없다. 그렇지만 우한 기차역에서 엄격한 관리와 감독은 전혀 찾아볼 수 없다.

나는 원래 설에 고향 집에 가지 않을뿐더러, 이런 때에는 내 집에 있는 게 제일 안전하다. 하지만 오늘 아침 잠에서 깨어 도시 봉쇄 소식을 접했을 때는 뭘 어찌해야 할지 막막하기만 했다. 이게 무슨 의미일까, 봉쇄가 얼마나 길어질까, 뭘 준비해야 할까? 아무것도 예측할 수 없었다.

요 며칠 분노를 자아내는 소식을 숱하게 접했다. 확진된 뒤에도 병원에 입원하지 못한 사람이 한둘이 아니었다. 열이 나는데도 치료를 받지 못한 환자가 차고 넘쳤다. 그런데 후베이성위원회 서기이자 성 인민대표대회 상무위원회 주임인 쟝차오량(蔣超良), 성 위원회 부서기이자 성장인 왕샤오둥(王曉東) 등의 고위 관료들이 1월 21일에 후베이성 신년 축하 공연을 단체 관람했다고 한다.

친구들은 나보고 얼른 나가서 뭐라도 좀 사 두라고 했다. 배달 앱 어러머(餓了麼)에 들어가 보았다. 아직 주문을 받고 있기에 일단 주문부터 해 두었다. 그러면서도 배달 서비스가 혹시라도 중단될까 봐 걱정스러웠다.

별로 나가고 싶지는 않았지만 바깥 상황을 좀 살펴보자는 마음으로 문을 나섰다. 거리에 나온 사람들은 대부분 중장년층이었고 젊은 사람은 상대적으로 적었다. 근처 마트에 갔더니 엄청 많은 사람이 계산을 하려고 줄을 서 있었다. 쌀, 국수 같은 생존 필수 식량은 진열대에 이미 얼마 남아 있지 않았다. 당황스러운 와중에 나도 대충 몇 가지를 집어 들었다.

소금을 엄청 사 대는 남자를 보고 누군가 물었다. "소금 그렇게 많이 사서 뭐 하시게요?" 그 사람이 대답했다. "봉쇄가 1년이나 이어지면 어쩌나요!"

나올 때 별 생각 없이 배낭도 매지 않고 카트도 끌고 오지 않은 나는 가져갈 수 있는 게 얼마 없었다. 그래서 나중에 한 번 더 나왔는데, 그때부터 물건을 놓고 경쟁할 때 느끼는 절망 섞인 기쁨을 의식하기 시작했고, 무섭다는 생각도 들기 시작했다. 길에서 마주친 노인들은 결코 건강하지 않았다. 그분들은 이런 상황에서 훨씬 더 힘겨울 것이다.

도시가 봉쇄된다 해도 일상생활 용품은 분명히 공급될 거라는 생각에, 두 번째 나갔을 때는 요거트, 꿀 같은 '사치품'을 조금 사들였다. 집으로 오는 길에 약국에 들렀는데, 약국은 진입 인원수를 제한하기 시작한 참이었다. 약국의 마스크와 알코올은 이미 동이 난 뒤였고, 감기약도 구매 제한이 걸려 있었다. 살

걸 사고 약국을 나서려는데, 약국 주인이 더 이상 사람들이 들어오지 못하게 막아섰다. 어느 중년 여성이 나를 붙잡더니 대신 알코올을 좀 사 달라고 했다. 살기 위해 지푸라기라도 잡으려는 듯 간절함이 가득한 말투였다.

나는 먹을거리를 사서 쟁여 놓은 뒤에도 충격에 휩싸여 있었다. 길 위의 차량과 행인 들이 점점 줄어들었다. 한 도시가 이렇게 순식간에 멈춰 서 버렸다.

이 도시가 언제 다시 살아날까?

독자 댓글

ㄴ 궈징 씨, 마스크 있으세요? 없으시면 제가 좀 보내 드릴 수 있어요.

세상이
무서울 정도로 고요하다

세상이 무서울 정도로 고요해졌다.

혼자 사는 나는 어쩌다가 가끔 복도에서 들려오는 소리를 듣고서야 다른 사람들이 살고 있다는 사실을 확인하게 된다.

앞으로 어떻게 살아가야 할까? 정말 많은 시간을 이 생각을 하며 보낸다. 나에게는 그 어떤 사회적 자원도 인맥도 없다. 병이 나면 나도 다른 많은 평범한 사람들과 마찬가지로 치료를 받지 못할 것이다. 그래서 내 목표 중 하나는 가능한 한 병에 걸리지 않는 것이다. 계속 몸을 단련하려고 한다. 그 외에, 살려면 식량도 꼭 필요하니까 생활필수품 공급 상황을 알아봐야 한다. 현재 정부는 도시 봉쇄가 얼마나 오래 이어질지도, 도시 봉쇄 이후 도시가 어떻게 돌아가게 할 것인지도 알려 주지 않고 있다. 현재 감염자 수로 봤을 때 도시 봉쇄가 5월까지 계속되리라보는 사람도 있다.

생존하려면 내가 사는 곳의 주변 상황을 이해해야 한다. 영화 〈트루먼 쇼(The Truman Show)〉 같은 세상에서 살아서는 안 된다는 생각에, 오늘 나는 문을 나섰다.

단지 입구에 있는 약국과 편의점은 다 문을 닫았다. 채 1킬로미터도 떨어져 있지 않은 근처 마트 쪽으로 발길을 돌리다가 어머 배달원이 여전히 음식을 배달하는 모습을 보고 조금은 위안을 받았다. 마트에서는 여전히 많은 사람이 물건을 사재기하고 있었고, 국수류는 거의 다 동이 나 버린 상황이었지만, 그나마 쌀은 좀 남아 있었다. 기왕 왔으니 조금이라도 사 두자 싶었다. 채소류는 무게를 달아야 하는데, 무게 재는 곳에만 20~30명이 줄을 서 있어서 소시지와 반찬, 만두, 고기류만 조금 샀다.

이어서 약국에 갔는데, 마스크와 알코올은 여전히 없었다. 집에 상비약이 거의 없어서 발포 비타민C와 요오드 소독약을 집어 들었다. 딱히 아픈 데는 없지만 당분간 발포 비타민C를 계속 먹어 볼 생각이다. 줄 서서 계산을 하는데, 마스크를 두 겹으로 쓴 사람들이 아주 많이 보이기에 나도 따라 해 보기로 했다. 앞에 서 있던 부부가 뭘 더 사야 할지 이야기하다가 밖에 나갈 때 끼고 나가면 되겠다며 일회용 의료 장갑을 샀다. 정말 똑똑한 생각이다 싶어서 나도 얼른 한 상자 집어 들었다. 나중에 의료용 마스크가 도착했다. 한 상자에 100개가 들어 있었다. 원래 두 상자 사려고 집어 들었는데, 점원이 한 상자에 198위안(한화 약 3만 4천 원)이라고 해서 조용히 한 상자를 내려놓았다. 계산할 때 보니까 한 상자에 99위안(한화 약 1만 7천 원)밖에 하지 않아서 후회가 됐다. 그렇긴 하지만, 그래도 더 살아갈 수 있겠다는 자신감이 붙었다.

결핍은 사람을 불안하게 한다. 특히 이렇게 생사가 갈리는 극단적인 상황에서는 더더욱.

그러고 나서 시장에 갔더니, 문을 연 노점이 반이나 줄어 있었고 파는 식재료도 적었다. 나는 셀러리와 마늘종, 달걀을 샀다. 드문드문 문을 연 가게들이 있었다. 얼큰한 소고기탕면 집 사장님은 오늘 안에 가게를 잠시 닫을 예정이라고 했다. 화환을 파는 집은 사스(SARS) 다큐멘터리를 보고 있는 것 같아서 물어보지 않았다. 꽃집도 하나 눈에 띄었는데, 문을 열어 둔 걸 보고 정말 놀랐다. 다음에 나왔을 때도 문이 열려 있으면 화분을 하나 사야겠다.

집에 돌아온 뒤, 입고 있던 옷을 다 빨고, 샤워도 했다.

지금은 청결과 위생 유지가 특히 중요하다. 하루에 대략 스무 번에서 서른 번 손을 닦는다.

이렇게 한나절을 보낸 뒤 밥을 하기 시작했다.

한번 나갔다 오니 이 세상이 아직 연결되어 있다는 생각이 들었고, 다른 사람들로부터 생존 팁도 배울 수 있었다. 이 전쟁에서 사람들 대부분은 각자도생할 수밖에 없다. 시스템이 보장해 주는 게 없다. 독거노인과 장애인처럼 상대적으로 더 취약한 사람들은 어떻게 해야 이 전쟁에서 살아남을 수 있을까? 상대적으로 더 젊은 편인 나로서는 가늠조차 되지 않는다.

독자 댓글

└ 우리 오빠도 혼자 우한에 있어요. 제가 매일 전화 걸어서 안전하게 잘 있는지 확인하고 있답니다. 정말 슬퍼요. 이 전쟁에서 얼른 승리하길 바라고 있어요.

└ 제가 있는 이창(宜昌)도 봉쇄되었어요. 쌀과 기름을 좀 사 두세요. 그리고 감자, 당근, 양파처럼 오래 보관할 수 있는 것들도 사 두시고요. 고기는 안 먹어도 상관없지만 채소는 안 먹으면 안 돼요. 쌀과 기름만 있으면 밥 볶아 먹으면서 살 수 있잖아요. 저랑 남편은 아직 쌀과 기름이 충분해서 물건 사재기하러 나가지는 않았어요.

└ 님이 다음에 외출할 때는 이 도시가 이미 살아난 뒤면 좋겠어요. 그래서 화분을 사서 우한의 부활을 축하하길 바라요.

가 본 적 없는 길

우한은 딱 지금 상황처럼 날씨가 음울하다.

어제는 섣달그믐이었고 오늘은 설날이다. 예전부터 명절에 별다른 흥미가 없기도 했지만 이제 명절은 나와는 더 관계가 없어졌다.

어제 요 이틀 동안 내가 경험한 일들과 느낀 바를 글로 써서 올렸는데, 예상 밖으로 정말 많은 사람이 관심을 보였다. 이런 관심이 나와 세상을 연결해 준다.

친구가 우한에서의 경험을 써 보라고 했지만, 처음에는 좀 망설였다. 많고 많은 이유 중 하나는 철저하게 비참한 피해자로 비치고 싶지 않다는 것, 다른 사람에게 '저 여자 정말 비참하겠다!'는 인상을 남기고 싶지 않다는 것이었다.

작년 11월에야 이사를 온 까닭에 모르는 사람 천지인 낯선 도시 우한에서, 많은 사람의 관심 어린 인사말에 딱히 응하고 싶지도 않았다. 그 사람들 가운데는 나를 도와주고 싶어 하는 사람도 있었겠지만, 다른 사람들에게 폐를 끼치고 싶지는 않았다. 그런 관심의 대상이 되는 것도 좀처럼 적응이 되지 않는 일이었다.

솔직히 말하면, 지금 가장 비참한 건 내가 아니다. 실질적인 관심이 필요한 환자들은 훨씬 더 많다. 하지만 내가 아주 비참한 상황에 놓여 있다는 사실을 인정하고 싶지 않다는 게 더 근본적인 이유일지도 모른다. 내가 약자라는 걸 인정하려면 용기가 필요하니까. 그렇지만 성평등을 외치는 활동가로서, 사회 문제를 하나 해결하려면 누군가 목소리를 내야 한다는 점을 누구보다 잘 알고 있기에, 모든 걸 기록해 나가기로 결심했다. 내가 정말 도움이 필요한 상황이기도 하고.

일기를 공개한 뒤, 실용적인 생활 팁을 포함해서 정말 많은 메시지를 받았다. 예를 들면, 그래도 발포 비타민C를 매일 먹지는 말아라, 마스크와 장갑을 벗는 방법에 주의해야 한다, 타미플루를 함부로 먹으면 안 된다, 와 같은 것들이었다. 감동적이고 마음에 위로가 되는 내용도 있었는데, 어떤 사람은 난징의 옌수이야(鹽水鴨, 오리를 소금물에 삶아서 만든 난징 지방의 냉채 요리―옮긴이)를 보내 주겠다고 했다. 마트에서 파는, 유명 브랜드에서 만든 옌수이야가 아니라 평소 줄 서서 사 먹는 루웨이(滷味, 여러 향신료를 넣어 끓인 육수에 다양한 재료를 삶아 먹는 중국 음식―옮긴이) 가게에서 파는 옌수이야인데, 그 맛으로 서민들의 사랑을 듬뿍 받는 음식이라며 진공 포장해서 보내 줄 수 있다고 했다. 잊지 말고 립글로스를 바르라고 알려 주는 사람도 있었고, 마스크와 알코올을 보내 주는 사람도 있는가 하면, 돈을 보내 준 친구도 있었다.

요 이틀 밥을 하면서 음식 양을 조절하기 시작했다. 음식을 볶을 때 볶는 양을 평상시의 반으로 줄였다. 짠지밖에 못 먹는 일상이 그렇게 빨리 찾아오지 않기만을 바라면서 말이다. 섣달그믐 밤에는 저녁으로 옥수수와 채소, 돼지고기로 속을 채운 만두 300그램에, 간장에 졸인 닭 날개 다섯 개를 먹었다. 물론 어제저녁에는 식사량을 줄이지 않았다.*

밥을 먹으면서 친구들과 화상 채팅을 했다. 다들 코로나19라는 화제를 피해 가지 못했다. 사실 각 지역 사람들 모두 많든 적든 영향을 받고 있었다. 우한의 지급시(地級市)**에 머물고 있는 친구도 있었고, 코로나19 탓에 고향 집에 돌아가지 않기로 한

---

* 중국에서는 설 전부터 온 가족이 모여 다양한 음식을 만들어 먹는다. 전염병이 확산하던 시기라 재료의 양을 줄여 가며 음식을 하기 시작했지만, 그래도 섣달그믐인 만큼 먹는 양을 줄이지 않고 배부르게 먹었다는 뜻이다. (옮긴이 주)

** 중국의 행정 구역 단위 중 하나로, 성(省)과 현(縣) 사이의 행정 구역이다. (옮긴이 주)

다른 지역 친구도 있었다. 어떤 친구는 온 가족이 "죽음을 무릅쓰고" 모였다고 했다. 다행히 우리의 대화가 코로나19에 완전히 점령당하지는 않았다. 화상 채팅 도중 한 친구가 기침을 하자, 다른 친구가 화상 채팅창에서 퇴장해 달라고 농담을 하는 여유도 있었다.

우리는 이성애를 디스해 보자는 생각으로 '낯선 사람들이 순식간에 서로 사랑에 빠지게 하는 36개의 질문'*이라는 걸 해 보기 시작했다.

첫 번째 질문. "이 세상 누구든 임의로 선택할 수 있다면, 누구를 저녁 식사에 초대하고 싶습니까?" 두 친구가 나를 초대하고 싶다고 해서 좀 민망했다. 친구들이야 당연히 진심이었을 것이다. 나는 이 도시에 얼마나 갇혀 있어야 할지 알 수 없는 사람이니까. 민망한 마음에 중간에 끼어든 나는 이 질문에는 자기의 우상, 스타, 성적으로 환상을 품은 대상을 대답으로 내놓는 게 맞다고 했다. 그랬더니 다들 아주 특별한 대답을 내놓았는데, 중난산(鍾南山)**을 고른 친구도 있었다.

---

* 심리학자 아서 아론(Arthur Aron)의 실험에서 비롯되었다. 이 이론에 따르면, 사람과 사람 사이에서 친밀한 관계가 형성될 수 있는지는 함께 나눈 즐거운 경험이 아니라 서로가 서로에게 내비친 약점에 따라 결정된다. 총 세 개의 세트, 36개의 질문으로 구성되어 있으며, 세트가 진행될수록 질문이 깊어진다. (원서 편집자 주)

** 중국에서 호흡기 질병의 최고 권위자로 손꼽히는 전문가. 사스 퇴치의 영

두 번째 질문. "유명해지고 싶습니까? 어떤 방식으로 유명해지고 싶은가요?" 유명해지고 싶지 않다는 대답이 나오면 이 놀이를 계속할 수 없기 때문에, 우리는 이 질문을 "유명해진다면, 어떤 방식으로 유명해지고 싶은가요?"로 바꿨다. 뒤이어 질문이 몇 개 더 이어졌지만 그다지 흥미를 느끼지 못했는지 다들 심드렁해했고, 놀이는 얼마 못 가 끝이 났다.

무슨 이야기를 해야 하나 싶은 참에, 한 친구가 최근 곤혹스러움을 느낀 일들이 몇 개 있다며 같이 토론해 보고 싶다고 했다. 우리는 사람들이 왜 다들 우시(吳昕)*** 개인을 공격하는지, 연인 혹은 부부 관계에서 여성이 약한 척하는 걸 어떻게 생각하는지와 같은 심각한 이슈들에 대해 토론했다. 내 페미니스트 친구들은 늘 단순히 어떤 사람의 언행만 보는 게 아니라, 여성이 처한 환경을 본다. 개인을 때려잡는 쪽이 훨씬 더 쉬운 법이지만, 우리가 사회 구조 속에 있다는 점을 기억해야 한다. 가령 내가 지금 느끼는 절망감은 그 책임을 어느 특정 개인에게 돌릴 수 없는, 부패한 사회 제도와 구조에 대한 실망이다. 자원과

웅으로 불리며, 코로나19 퇴치를 위해 활약하면서 유명세를 떨치고 있다. (옮긴이 주)

*** 중국의 유명 여성 MC로, 남성 연예인들과의 연이은 스캔들과 메이크업 전문 프로그램에 나온 일반인 참가자에 대한 외모 평가가 논란이 되면서 중국 네티즌들에게 큰 비난을 받았다. (옮긴이 주)

권력을 가진 정부가 뭔가 해야 하는데 현실은 정반대이니까.

채팅 막바지에 이르렀을 때, 한 친구의 가족이 꼬치구이를 배달시켰다. 화면 속의 친구는 내 눈치는 아랑곳 않고 꼬치구이를 먹으며 행복해했다. 친구들이 날 개의치 않으니 나도 덩달아 기분이 좋았다. 정말이지 내 눈치를 볼 필요는 전혀 없으니까. 각자 자기 일상을 잘 살아가는 게 정말 중요하니까.

밤 11시가 넘어서까지 이야기를 나누었으니 대충 세 시간쯤 수다를 떤 셈이었다. 찰나의 행복을 느낀 나는 만족감 속에 잠들 수 있으리라 생각했다. 그런데 눈을 감으니, 최근 일어난 온갖 일들이 머릿속에 펼쳐지는 게 아닌가. 정말 이 모든 게 마법 같았다.

'내가 왜 이런 일을 겪고 있을까?' 이런 생각이 떠올랐지만 얼른 멈춰 버렸다. 이런 생각을 한다는 게 별로 좋은 징조는 아니니까. 덮어놓고 의심의 눈초리로만 삶을 바라보면 무력감만 늘어날 뿐이다. 정말 어렵다는 걸 알지만, 그래도 더 중요한 건 '어떻게 할 것인가?'이다. 생각을 하고 또 하다가 나도 모르게 눈물을 흘리고 말았다. 무력감, 분노, 감동, 슬픔 같은 여러 감정이 복잡하게 깃든 눈물이었다. 생각이 죽음에까지 미쳤다. 삶에 큰 후회는 없다. 나는 이미 내가 가치 있다고 생각하는 일을 하고 있으니까.

내가 인생에서 거머쥔 가장 큰 행운은, 바로 페미니스트가 돼서 마음 맞는 동료들과 함께 일하며 서로 버팀목이 되어 주고 있다는 것이다. 그래도 삶이 끝나는 걸 바라지는 않기에 머릿속에서는 또다시 '봉쇄가 해제되면 뭘 할까?'와 같은 생각이 튀어

나왔다. 봉쇄가 해제된다는 건 어떤 행복일까? 이 고비를 넘기고 나면 내 인생은 또 한 단계 올라가겠지? 잠시 뒤 이런 생각들을 끊어 버렸다. 어쨌거나 이제 겨우 봉쇄 이틀째에 불과하다. 생각을 얼마나 오래 이어갔는지 모르지만, 결국 잠에 들기는 들었다.

오늘 아침 7시가 넘어서 잠에서 깨기는 했는데 일어나고 싶지 않아서 한동안 침대에서 꾸물거리다가, 잠이 오지 않아서 결국 일어났다.

아마 지금은 병에 걸린 건 아닌지 의심하게 되는 건강염려증이 가장 큰 심리적 장애물일 것이다. 아침에 코를 풀다가 피가 나서 깜짝 놀랐다. 휴지를 버린 뒤에도 머릿속에서는 병에 걸렸을지 모른다는 근심이 가시지 않았고, 12월 말부터 지금까지 일어난 의심스러운 현상들이 모조리 재생되었다. 12월 30일에는 퉁지병원 안과에 가서 검사를 받았고, 1월 9일에는 구이린(桂林)에 놀러 갔다가, 당시 감기 걸린 친구에게서 감기를 옮고 말았다. 1월 13일 우한으로 돌아왔을 때는, 약은 먹지 않았지만 감기가 호전된 게 확실히 느껴졌다. 그 뒤 한 친구가 우리 집에 며칠 머물다 갔고, 같은 기간 중 다른 친구도 몇 명 만났지만, 그 친구들은 지금 다 괜찮다. '나가면 안 되는 건가?' 이런 생각도 들었다. 하지만 열은 전혀 나지 않았다. 식욕도 넘치고, 친구랑 훠궈도 먹고 싶고, 병이 든 건 아닌가 싶은 의심의 소용돌이 속에 날 가둬 둘 수는 없어서 피트니스 앱 킵(Keep)을 켜고 운동을 하기 시작했다. 운동을 하고 나서 문밖으로 나섰다.

바깥은 여전히 무척이나 스산했다.

소용없다고, 그럴 필요 없다고 하는 사람들이 많기는 하지만, 그래도 나가면서 마스크를 두 장 겹쳐 썼다. 질 떨어지는 가짜 상품이면 어쩌나 싶어 걱정스러웠지만, 아무리 쓸모가 없다 해도 마음은 더 놓을 수 있겠다 싶었다.

나가면서 엘리베이터 거울에 얼굴을 비췄다. 눈곱이 끼어 있었지만, 괜히 손으로 건드렸다가 감염 위험이 높아질 수도 있으니 건드리지 않는 게 낫겠다 싶어서 그냥 뒀다. 길을 걷다 보니 야오화면(腰花麵, 돼지 콩팥을 넣고 만든 국수―옮긴이) 집이 문을 열었기에 안으로 막 들어가려고 했는데, 사장님이 영업 안 한다는 뜻으로 손을 내저었다. 화환 가게는 아직 열려 있었고 입구에 국화까지 놓여 있었으나, 여기에 특별한 메시지가 담겨 있는 건지는 알 수 없었다. 화환 가게에서 5미터 떨어진 골목 입구에 똑같은 국화가 놓여 있었고, 노인 한 분이 서 있었다. 뭔가 좀 엄숙한 느낌이 들어서, 지나가고 난 뒤에야 조심스럽게 고개를 돌려 사진을 찍었다.

전에 다녀온 마트에 갔다. 채소 진열대는 거의 텅 비어 있었고, 만두와 국수도 얼마 남아 있지 않았다. 오늘은 무게 달려고 줄 선 사람들이 딱히 없어서 고구마를 좀 샀다. 마트에 가니 꼭 뭔가를 사야 할 것 같은 기분이 들었다. 사실 쌀이 이미 7킬로그램이나 있는데도 2.5킬로그램을 더 사들였고, 참지 못하고 만두, 소금에 절인 달걀, 소시지, 팥, 녹두, 좁쌀도 더 샀다. 딱히 소금에 절인 달걀을 좋아하는 건 아닌데, 만일을 대비해 저장해 두자는 취지였다. 봉쇄가 해제될 때까지 소금에 절인 이 달걀들이 남아 있으면, 다른 사람에게 나눠 줄 생각이다.

문득 이게 좀 병적인 행동 아닌가 싶은 생각이 들었다. 집에 비축해 둔 식량만으로도 적어도 한 달은 충분히 먹을 수 있을 거다. 그렇지만 이런 상황에서 어떻게 가혹하게 자책을 할 수 있겠는가.

전에 갔던 약국에도 갔다. 알코올 있느냐고 물었더니 점원이 없다고 대답하고선 이렇게 물었다. "혹시 어제도 오시지 않았나요?" 그렇다고 답하면서, 속으로 매일 오게 될 거라고 생각했다.

꽃집은 아직 열려 있었지만, 남아 있는 화분들은 하나같이 별로 푸릇푸릇하지 않았다. 집에도 병든 페퍼민트 화분이 하나 있는데 잎이 누렇게 뜨기 시작했다. 처음 길러 보는 거라 어찌 된 영문인지도, 어떻게 해야 하는지도 모르겠다. 그건 그렇고 일단 키우기 쉬운 스킨답서스 중 반점이 좀 있는 걸로 하나 골라잡았다. 뒤이어 시장에 갔지만, 오늘은 영업을 하지 않았다.

오늘은 강가를 걸어 볼 계획이었다.

나올 때 물을 좀 마셨더니, 마트를 돌아다닐 때 신호가 왔다. 물건까지 들고 있던 참이라 계획을 포기하고 싶은 마음도 들었다. 하지만 일상이 정말이지 따분해도 너무 따분하다 싶었다.

마트에서 강가까지 거리는 대략 500미터였다. 마트 옆길을 돌아서 강가로 가는데, 구멍가게 두 집이 문을 열고 영업 중이었고 개를 데리고 산책하러 나온 사람도 있었다.

가 본 적 없는 길이라, 뜬금없이 내 세계가 조금은 더 열리는 듯한 기분이 들었다.

강가에 산책 나온 사람들이 드문드문 보였다. 나처럼 갇혀 있고 싶지 않은 사람들이었으리라.

마지막 지푸라기를 붙잡는 심정으로 매일 마트에 간다. 하지만 매일같이 마트에만 갈 수는 없는 노릇이고, 마음을 느슨하게 풀 시간도 있어야 한다. 해가 나면 마트에 갈 게 아니라 강가를 걸어야겠다는 생각이 들었다.

독자 댓글

└ 해가 나는 날이 와서 님이 강가로 걸으러 나갈 수 있게 되길 바라요.

└ 이게 정말 포위된 도시에서의 삶이군요.

└ 오늘 BBC 차이나 홈페이지 첫 페이지에서 님의 글을 봤어요. 님은 혼자가 아니에요. 님의 글을 읽은 수천수만의 독자가 조용히 님을 응원하고 격려하고 있어요.

봉쇄된 사람들의
목소리

지금 봉쇄되고 있는 건 도시만이 아니다. 사람들의 목소리도 봉쇄되고 있다.

첫째 날 일기를 웨이보에 올리는데, 글이 올라가지 않아서 어쩔 수 없이 글을 이미지로 바꿔서 올렸다. 어제는 글을 이미지로 바꾼 것도 위챗 모멘트에 올려지지 않아서 그걸 웨이보에 게시했는데, 그렇게 한 뒤 트래픽이 현저히 제한되었다. 1월 24일 웨이보에 게시한 일기는 5천 명 가까운 사람들이 퍼 갔는데, 어제 퍼 간 사람은 겨우 45명밖에 되지 않았다. 내가 일기를 너무 못 쓴 건 아닌지 순간 의심이 들었다.

인터넷 검열과 제한이 어제오늘 일은 아니지만, 요즘 같은 때에는 그런 행동이 더 잔인하게 느껴진다. 도시 봉쇄로 수많은 사람이 집에 갇힌 상황에서, 다들 외로운 섬이 되지 않으려고 인터넷을 통해 정보를 얻고 가족, 친구와 연락을 유지한다. 24일 웨이보에 글을 게시한 뒤 CCTV(중국중앙방송국) 프로그램 〈뉴스조사〉 PD가 전화를 걸어 와서는, 내 웨이보를 봤다면서 내가 우한에 있는 줄은 몰랐다고 했다. 작년에 취업 성차별에 관한 프로그램을 제작한 사람인데, 내가 요 몇 년 계속 그쪽 관련 일을 하고 있어서 나를 인터뷰했었다. 그 뒤에는 거의 연락을 주고받지 않다가 이렇게 전화를 받으니, 좀 놀라우면서도 기뻤다.

지난 이틀 동안, 내게 자기들이 현재 처한 상황을 알려 준 사람들도 있는가 하면, 내게 관심을 보이며 행운을 빌어 준 사람들도 있었다. 처음 일기를 쓰기 시작할 때는 내가 일기를 매일 계속 써 나갈 수 있을지 확신할 수 없었지만 이제 계속 써 나가겠다고, 또 열심히 글을 올리겠다고 약속한다. 혹시 나중에 봉쇄가 더 이어지더라도, 누군가가 나를 지켜보고 있다는 걸 내가 알 수 있도록 사람들이 내 일기를 보고 퍼 나르고, 잊지 않고 내 계정을 팔로우해 주면 좋겠다.

어제저녁 밥은 고구마와 요거트, 그리고 가지 볶음이었다.

어젯밤에 또 친구들과 화상 채팅으로 세 시간 동안 수다를 떨었다. 이번에도 우리는 "이 세상 누구든 임의로 선택할 수 있다면, 누구를 저녁 식사에 초대하고 싶습니까?"라는 질문에 각자 답을 내놓았다. 그저께 나와 함께 저녁을 먹겠다고 했던 친구는 어제 초대할 사람을 바꿨다.

"너랑 있을 때는 매일 우쿨렐레 연습을 했는데, 혼자 집에 있으니 연습을 안 하게 되더라." 며칠 전 우리 집에 잠깐 있다 간 친구가 채팅 창을 통해 이런 말을 했다. 몸을 꾸준히 단련하는 일도 그렇다. 다들 그 중요성을 알기는 하지만 혼자 있으면 운동을 계속하기가 정말 어렵다. 말이 나온 김에 다 같이 화상 채팅을 하면서 운동을 해 보자고 했더니, 정말로 여럿이 달려들었다.

베이징(北京)에 있는 한 친구 말로는 베이징의 버스 운송 업체인 청지다바(城際大巴)가 운행을 중단했다고 한다. 광저우의 친구도 광저우가 봉쇄될 거라는 항간의 소식을 접했다고 한다. 다들 나보고 일상용품 구매 목록을 적어 두라고 했다.(이 일기 맨 끝에 적어 두었다.) 여러 자원봉사 단체에 관해서도 이야기를 나누었는데, 물품을 기증하는 단체가 있는가 하면, 정보를 정리해 주는 단체도 있었다.

우리는 코로나19 사태 속에서 돌봄 노동자처럼 사회의 사각지대에 있는 여성들의 지위와 여성들의 말이 홀대당할 수 있다는 점도 걱정했다. 그래서 나는 페미니즘 시각을 바탕으로 토론하고 행동하기를 바라는 마음으로 '코로나19 페미니스트'라는 단톡방을 만들었다.

이처럼 어떻게 해야 할지 함께 토론하다 보면, 개개인이 느끼는 무력감을 극복하는 데 도움이 된다.

삶에 큰 변화가 일어난 상황에서 일상을 새롭게 구축하는 건

커다란 도전이다. 아침에는 계속 피트니스 앱 킵을 이용해 운동을 했다. 오늘 운동을 하던 중 킵에서 보낸 푸시 알림에 정신을 차리고 보니, 원래는 버드 독 자세를 할 차례에 하이 플랭크 자세에서 한쪽 손을 들어 다른 쪽 어깨에 가져다 대는 동작을 하고 있었다. 운동을 하면서 집중을 하지 못하고 머릿속을 채운 온갖 것들에 정신없이 끌려다니고 있었던 것이다. 새로운 일상을 구축하기 위해서는 생활을 통제하는 감각을 되찾아야 하고, 건강을 유지하기 위한 노력도 아끼지 말아야 한다.

나갈 준비를 하다가 어제 나갈 때 입은 옷을 빨기만 하고 널기를 깜빡했다는 걸 알았다. 어쩔 수 없이 외출용 옷을 다시 준비해야 했다.

단지를 나선 순간, 스산한 느낌이 얼굴을 덮쳤다. 길 양쪽의 가게들이 전부 닫혀 있었다. 눈에 띈 사람은 거리 환경미화원 한 사람, 경비원 한 사람, 행인 한 사람, 이렇게 세 명뿐이었다. 나는 속으로 오늘 마주치는 사람 수를 세기 시작했다.

집에서 500미터 떨어진 야오화면 집까지 가는 동안 길에서 총 여덟 명과 마주쳤다. 야오화면 집은 아직 문이 열려 있었는데, 알고 보니 포장 판매를 하고 있었다. 화환 가게는 영업을 하지 않았다. 어제 그 노인은 마스크를 쓰지 않은 채 여전히 골목 입구에 서서 드문드문 지나가는 사람들을 바라보고 있었다. 마트는 아직 열려 있었지만 채소, 국수, 쌀이 놓여 있던 진열대는 텅텅 비어 있었고, 오늘은 무게를 재려고 줄을 선 사람이 다시 많아졌다. 마트를 한 바퀴 돌았지만 물건을 더 사들이지는 않았다. 그런 내가 좀 대견하게 느껴졌다. 꽃집 점원은 배달을 나간 참이었고, 꽃 시장은 여전히 열려 있었다.

매일 꼭 걷는 코스를 다 걷고 나니, 돌연 집에 가기가 싫어졌다. 일상을 일정한 범위 안에 가둬 두고 싶지 않았다. 그래서 좀 더 걸어 보기로 했다.

우한에 온 지 두 달이 좀 넘었지만, 쏘다니는 걸 좋아하지도 않고 이 도시에 딱히 친구라고 할 사람도 없어서 거의 외출을 하지 않았다. 12월 말에 다른 지역에서 놀러 온 친구가 나를 집 근처에 있는, 온라인에서 유명한 윈화린(曇華林) 거리로 데려간 적이 있다. 그때 내가 나중에 친구들이 찾아오면 친구들을 데리고 이곳에 오면 되겠다고 말했던 기억이 나서, 윈화린 거리로 가는 방향 표시 안내판을 보면서 따라 걸어갔다.

교통 신호등이 아직 켜져 있었다. 빨간불을 본 나는 의식적으로 잠시 걸음을 멈췄다. 그러다 길에 차가 아예 없다는 사실을 깨닫고 흠칫 놀라서 계속 걸어갔다. 안내 표지판이 나를 한 청중춘(城中村)*으로 이끌었다. 비좁은 길을 걸어가면서 내 발걸

---

* '도시 속의 농촌'이라는 말로, 개혁 개방 시기, 농촌에서 도시로 이주한 이들이 밀집 거주하게 된 지역. 혹은 도시가 확장되는 과정에서 주변 농촌이 도시에 편입되어 생겨난 지역이다. 급격한 도시화와 도시 내 빈부 격차를 상징하

음 소리를 듣고 있으니 우한을 조금이나마 더 이해하게 된 것 같은 기분이 들었다.

문 하나가 열려 있었는데, 그 안쪽에 영정이 모셔져 있었다. 코로나19로 돌아가신 분인지는 알 수 없었다.

미궁 같은 청중춘 안에 있다 보니 내가 어디에 있는지 알 수 없었다. 어디까지 걸어갔는지는 모르겠지만, 어쨌든 원화린 거리까지는 가지 못했다. 그렇지만 애초부터 꼭 원화린 거리에 갈 생각은 아니었다. 1킬로미터쯤 걸은 것 같았다. 집으로 돌아가는 길에 보니 영정이 모셔져 있던 방은 문이 닫혀 있었다. 네댓 집의 문 앞에 만련(輓聯, 세상을 떠난 이를 애도하는 글귀를 적어 기둥이나 벽 따위에 붙여 놓은 것—옮긴이)이 붙어 있었다. 처음 지나칠 때는 전혀 알아채지 못했던 것들이다.

마트에서부터 수를 정확히 세진 못했지만, 오늘은 백여 명 정도 마주친 것 같다.

집으로 돌아와서는 늘 그렇듯 옷을 빨고, 샤워를 하고, 바닥을 닦고, 밥을 했다. 밥을 다 먹고 난 뒤에야 숨을 돌릴 수 있었다. 좀 피곤했다. 이게 다 가정주부들이 일상적으로 하는 일들일 텐데……. 매일 똑같은 일과를 반복하는 게 정말 대단한 거라는 생각이 들었다. 주부들 정말 대단하다.

는 빈민촌으로 여겨진다. (옮긴이 주)

곧바로 잠들 생각이었지만 오늘을 기록할 생각에 잠이 오지 않았다. 난 계속 목소리를 내야 하고, 그렇게 봉쇄를 깨야 한다. 이 일기를 읽는 분들이 희망을 품기를 바란다. 여러분, 기회가 된다면 우리 만나서 이야기해 보자고요.

★ 구매 목록

— **생존 마지노선**: 쌀, 국수, 짠지, 소금에 절인 달걀 등 (반드시 구비해 두어야 하는, 생명을 유지해 주는 음식물들로, 아주 오래 보관할 수 있다.)
— **기본 생활용 식자재**: 감자, 당근, 양파, 셀러리, 마늘종, 고기 등 (일상적으로 밥을 할 때 필요한 식자재들로, 상대적으로 오래 보관할 수 있다.)
— **사치품**: 마른 멸치, 말린 두부, 육포, 꿀, 요거트 등 (결핍감을 어느 정도 줄여 줄 수 있는 식품들로, 그저 생존을 위해서만 사는 게 아니라는 걸 느끼게 해 준다.)

독자 댓글

ㄴ 모든 게 나아지기 시작할 거예요. 라면 좀 쟁여 두세요! 전 친황다오(秦皇島)에 있는데, 여기가 관광 도시이기도 하거든요. 저희는 라면을 여섯 상자 쟁여 뒀어요. 오늘은 나가서 당근도 열 개 샀어요. 오래 보관할 수 있는 채소는 두고두고 먹을 수 있잖아요. 전기, 물, 가스도 다 충분한 상태예요.

ㄴ 정말 곁에 같이 있어 드리고 싶네요. 저도 우한에 있는데, 온종일 잠을 못 이뤄요. 먹는 것도 도대체 뭘 먹어야 할지 모르겠어요.

2장
다시금
내 자리를 찾다

이렇게 터무니없는
세상에서

어제는 일기를 쓰고 나서 녹초가 되어 침대에 두세 시간 쓰러져 있었다. 일기 쓰는 게 이렇게 기운 빠지는 일일 줄이야. 이번 봉쇄로 시간과 공간은 조용히 멈춰 서 버렸지만, 뭔가를 느끼는 감각은 더 예민해졌고 감정은 오히려 더 확장되었다.

살면서 이렇게 나 자신에게 집중해 본 적이 없다. 지금은 많고도 많은 세세한 생각의 갈피를 순식간에 흩어 버리기가 너무 힘들다. 평상시에는 자신의 부정적 정서를 조절하고 해소하거나, 그로부터 도망칠 수 있는 방법이 아주 많다. 그런데 봉쇄 와중에는 그러기가 너무 힘들다. 예전에는 모임, 게임, 흥미와 취미 활동 등 숱하게 많은 방식으로 자기 자신을 통제할 수 있었지만, 지금은 다 힘들다.

거대하고도 음울한 그림자가 우리 삶을 점거해 버렸다. 그냥 무시하고 넘어갈 방법이 없다.

게임을 즐겨 하는 친구가 하나 있는데, 최근 직장을 잃었다. 초조하고 불안해서 게임이고 뭐고 하고 싶은 생각이 들지 않는다고 한다. 게임은 그 친구가 삶에서 도망치는 일상적인 방식의 하나였는데, 도망도 칠 수 없을 정도로 직장을 구하는 게 중요해지자 게임이 의미를 잃고 만 것이다.

침대에 누워 휴대폰 화면을 넘기는데, 별안간 이웃집에서 웃음소리가 들렸다. 그 웃음소리가 유난히 소중하게 느껴졌다.

요 며칠 밖에서 본 건 전부 긴장과 불안이었다. 그래도 인터넷에는 웃픈 이야기들이 돌아다녔다. 예를 들면 이런 것. 어떤 사람이 창문을 열고 크게 외쳤다고 한다. "맞은편에 사람 있나요? 나와서 처 싸우기라도 해 보자고요!" 어떤 사람은 본인과 배우자가 같이 집에 갇혀 있는데, 할 게 없어서 섹스만 하는 것도 짜증이 날 정도라고 했다.

어제저녁에는 국수를 먹었다.

지난밤에도 친구들과 화상 채팅을 하며 세 시간을 떠들었다.

최근 귀를 뚫은 친구는 귀걸이 침이 떨어져 나갔다며, 지금은 사러 나갈 엄두가 안 나서 대신 찻잎 나뭇가지를 쓰고 있다고 했다. 뤄양(洛陽)에 있는 친구는 아버지가 유난히 침착하신데 아마 이런저런 일들을 수없이 겪어서 그런 것 같다고 말했다. 사실 친구의 아버지뿐 아니라 우리도 2003년의 사스,

2008년의 원촨(汶川) 대지진과 같은 재난을 이미 경험했다. 그러고 보면 재난은 인류가 벗어날 수 없는 굴레인지도 모르겠다.

어쩌다가 그리되었는지는 모르지만, 이후 우리의 수다는 드레스를 입고 참석하는 고급 파티 이야기로 넘어갔다. 누군가 우한 봉쇄가 풀리면 나를 위해 파티도 열어 주고 한턱 쏘겠다고도 했다. 한턱 쏜다는 말에는 훠궈를 먹겠다고 답했는데, 파티 이야기에는 다들 드레스가 너무 비싸다고, 평상시에 입기도 편하지 않은 게 드레스 아니냐고 했다.

누군가 내년 설은 뭔가 좀 달라지지 않겠느냐고 물었다. 명절에 그렇게 많이 모이질 않을 테니, 그 많은 낯선 친척들과 어색한 대화를 나눌 필요도 없어지지 않겠느냐고 말이다. 다들 그럴 일은 절대 없을 거라고 입을 모았다. 아마 이번에 못 한 것까지 다 갚기라도 하겠다는 듯이 여럿이 모여서 밥 먹고 결혼하라고 재촉할 거라고, 올해 코로나19 때문에 주선하지 못한 선이 내년에는 아마 배로 늘어날 거라고 말하는 친구도 있었다.

잠자리에 들어서는 몇몇 친구들과 함께 여행 떠나는 꿈을 꿨는데, 꿈에서도 코로나19가 돌고 있었다. 우리는 밥을 먹으러 나갈 예정이었고, 영업 중인 가게도 분명히 있었다. 나는 가게 안에서 먹으면 마스크를 벗어야 하니까 가게 안에서 먹는 건 절대 안 된다고 한사코 반대하며 음식을 포장해 오자고 했다. 어떻게 된 건지는 모르겠으나, 결과적으로는 가게 안에서 밥을 먹었다.

여전히 흐리기는 하지만, 오늘은 날이 좀 개었다. 문 열고 몇 발짝 나갔을까. 종말이 다가온 듯한 살풍경이 너무나 강렬했다. 폐허에서 고양이 두 마리가 보였다. 우리는 서로를 응시했다. 그 녀석들과 마주 보던 순간, 마치 이 세상에 나와 고양이 두 마리만 남겨진 것 같았다. 안타깝게도 이번에는 먹을 것을 들고 나오지 않았지만, 다음부터는 미리 좀 챙겼다가 거리를 떠도는 고양이와 개를 만나면 나눠 주는 것도 괜찮겠다고 생각했다.

야오화면 집은 여전히 포장 판매를 하고 있었다. 어제 화환 가게 입구에 놓여 있던 화환 두 개가 오늘은 보이지 않았다. 그 저께 골목길 입구에서 본 노인도 오늘은 없었다. 마트의 채소, 쌀, 국수 진열대는 여전히 물건이 부족한 상태였고, 소금 진열대도 텅 비어 있었다. 오늘은 무게를 재려고 줄 선 사람들이 훨씬 더 많았다. 쟁여 둘 것들을 좀 더 챙기려고 하는 사람도 있을 것이고, 그냥 나와서 돌아다니는 김에 좀 사 두려는 사람도 있을 것이다.

마트에서 락스를 팔기에 락스만 두 병 사고 먹을거리는 더 사지 않았다. 그래서인지 이번에는 결핍감을 어느 정도는 이겨 냈다는 생각이 들었다.

사실 그저께는 너무 많이 쟁여 둔 건 아닌가 싶으면서도 참지 못하고 또 사 버렸다. 이런 습관은 가난과 관련이 있을 것이다. 나는 할인점과 창고 정리 할인 판매점 입구에서 발길을 멈추곤 한다. 싸게 팔 때 사 두는 게 이득이라는 생각에 결국 쓰지도 않을 것들을 늘 사들인다. 원래는 절약하려고 이렇게 하는 건데, 나중에 가면 오히려 낭비를 한 셈이 되고 만다.

약국에는 여전히 마스크와 알코올이 없었다. 꽃집은 배달을 나간 상태였다. 시장은 문을 닫았지만, 두세 명이 노점을 열고 채소를 팔고 있었다.

오늘은 원화린 거리까지 걸어갔다. 그곳 골목 입구에서도 누군가 채소를 팔고 있었다. 원화린 거리에 들어서자 꽤 괜찮아 보이는 작은 식당에서 향긋한 냄새가 흘러 나왔고, 식당 입구에 사람이 한 명 서 있었다. 가게가 문을 연 줄 알고 놀랍고 반가운 마음에 주인장에게 한 마디 던졌더니, 지금 이런 상황에서 어떻게 가게 문을 열겠느냐는 답이 돌아왔다.

원화린은 온라인에서 유명해진 문화 예술 거리로, 커피숍, 음료수 가게, 액세서리 숍 등이 즐비해 있다. 원래는 사람들이 한가롭게 시간을 보내는 곳이지만 오늘은 거리 전체가 한산했다. 어느 노인이 위층에서 창문을 열어 놓고 바깥세상을 보고 있었다. 원화린 역사문화거리의 어느 뜰에서 조롱박 피리 소리가 들렸다. 뜰에 들어가서 보니, 남아 있는 건 봄 시즌 장식 소품들뿐이었다. 몇몇 가게 입구에 걸려 있던 유리 풍경(風磬)들이 바람결을 따라 맑고 깨끗한 곡을 울렸다. 풍경에는 일, 학업, 사랑,

건강에 관한 사람들의 소망들이 걸려 있었다. 평상시 같으면 다 너무 가식적이라고 생각했겠지만, 오늘은 셀 수 없이 많은 사람이 진지하게 자신의 소망을 써 내려 가는 장면이 떠올랐다.

원화린에서 나오니 프레시히포 마트가 보였다. 들어갔더니 입구에 체온을 재는 사람이 있었다. 훨씬 큰 마트인데도 채소 진열대는 역시나 텅 비어 있었다. 마트에서는 실 연휴 노래들이 흘러나오고 있었다. 뭘 사야 한다는 압박감 없이 그냥 내 멋대로 돌아다니다가 훠궈 반조리 식품 진열대 앞까지 발길이 닿았다. 오늘 밤엔 삶의 질도 좀 올려 보고 게으름도 피우고 싶다는 생각이 들어, 큰마음 먹고 훠궈 반조리 식품 한 봉지와 우렁이 쌀국수를 65.7위안(한화 약 1만 1천 원) 주고 샀다. 결제하려고 기다릴 때는 심지어 음악에 맞춰 몸을 흔들기도 했다. 나는 광장 댄스(넓은 실외에서 중장년층이 건강을 위해 단체로 추는 춤―옮긴이)를 좋아하는데, 광장 댄스는 리듬감이 강하고 좀 경쾌한 편이다. 광장 댄스를 추는 사람들도 다들 힘이 넘쳐서, 보고 있으면 기분이 아주 좋아진다.

마트에서 나올 때는 발걸음이 경쾌해져서 노래까지 흥얼거렸다.

우창구(武昌區) 인민정부 청사 입구까지 걸어갔더니, 한 중년 여성이 노란색 공유 자전거를 탄 채 입구에서 소리치고 있었다. 우한 사투리로 소리를 치고 있어서 알아들을 수 있는 말이라고는 "지도자를 만나게 해 달라!"와 "스무 해 남짓"을 비롯한 몇 마디밖에 없었다. 여자는 계속해서 소리쳤다. 차량 몇 대가 잇따라 들어왔고 안전 요원도 있었지만, 아무도 여자를 상대해 주지 않았다. 투명 인간 취급을 받는 듯했다.

요즘 같은 상황에서도 굴하지 않고 정부 청사 입구까지 와서 고집스레 소리치는 걸 보면, 이렇게 한 게 오늘이 처음도 아니었을 거고, 오늘이 마지막 날도 아니겠지.

순식간에 마음이 무거워지기 시작했다. 100여 미터를 걸어 나왔는데도 여전히 뒤에서는 지도자를 만나게 해 달라는 외침이 들려왔다.

그렇게 파출소까지 걸어갔는데, 입구에 걸린 스피커를 통해 한 아나운서가 격정적으로 읽는 구호가 흘러나왔다. "코로나19 바이러스 감염 방역 전쟁은 이미 시작되었습니다. …… 우리가 위험 앞에서 서로 돕고 마음을 모아 협력하면 상당한 위력을 발휘할 수 있습니다. 코로나19 바이러스 감염 사태가 불러온 이 방역 전쟁에서 반드시 승리할 수 있을 것입니다!" 텅 빈 거리에 구호가 반복해서 방송되는 모습이 아이러니하기 그지없었다.

단지 입구에 돌아오니, 어떤 사람이 큰소리를 치고 있었다. "나와서 말 좀 합시다. 몸에 곰팡이 피겠어!" 몇 사람이 옆에서 킬킬거렸다. 나도 참지 못하고 웃기 시작했다.

나로서는 일관된 마음으로 일기 전체를 써 내려갈 방법이 없다. 이렇게 터무니없는 세상에서 내가 할 수 있는 건, 이 터무니없음을 하나하나 기록해 나가는 것뿐이다.

<hr />

독자 댓글

└ 세상이 이렇게 터무니없네요. 기록해 주셔서 고맙습니다.

우리가
연결망이 되어 보자

봉쇄는 공황을 불러왔고, 공황은 사람들 사이의 단절을 강화했다.

수많은 도시가 공공장소에서 반드시 마스크를 착용해 달라고 요구하기 시작했다. 보기에는 코로나19를 예방하고 통제하기 위한 조치 같지만, 실제로는 권력 남용을 불러왔다. 어제 광저우에서 마스크를 착용하지 않은 시민들이 지하철에서 끌려나와 후추 스프레이 세례를 받았다. 우리야 그 사람들이 왜 마스크를 끼지 않았는지 알 수 없다. 마스크를 사지 못했을 수도 있고, 반드시 마스크를 착용해야 한다는 안내를 보지 못했을 수도 있다. 어쨌든 간에 그 사람들이 외출할 권리가 박탈당해서는 안 된다. 모든 시민이 마스크를 구비할 수 있도록 확실히 보장한다든가 외출하지 않는 시민에게 장려금을 지급하는 식으로,

정부가 시민들이 외출을 삼가도록, 공공장소에서 마스크를 쓰도록 독려할 수 있는 방법은 얼마든지 많이 있지 않나.

인터넷에 올라온 또 다른 영상에서는 사람들 무리가 자가 격리 중인 사람이 사는 집의 문을 봉해 버리고 있었다.

후베이 사람들은 외지에서 쫓겨나고 있다. 갈 데가 없다. 정말 끔찍한 일이다. 코로나19 대응이 사람이 사람을 막아 버리는 식이 되면 안 되는 것 아닐까.

동시에, 자기들이 먼저 나서서 외지에 있는 후베이 사람들에게 머물 곳을 제공하고, 장벽을 부수기 위해 노력하는 사람들도 있다.

봉쇄 와중에 신뢰를 쌓고 사람들과 연대하는 건 결코 쉬운 일이 아니다. 어제 다른 사람과 왕래할 생각이 있는지 묻는 한 기자의 질문에, 나는 모르겠다고 답했다. 온통 무거운 분위기에 뒤덮인 도시 안에 있으니 나도 모르게 조심스러워져서 다른 사람과 마음대로 교류할 엄두가 나지 않는다. 봉쇄는 사람들의 삶을 원자 상태로 만들고, 타인과의 접점을 잃게 한다. 하지만 사람들은 지금의 이 상황에 만족하지 않았다.

어제저녁 8시 무렵, 창밖에서 외침이 울려 퍼졌다. 사람들이 다 같이 창문을 열고 소리를 질렀다. "우한, 힘내라!" 이런 집단적인 외침은 개개인에게 힘을 북돋아 준다. 사람들이 집단적인 외침 속에서 연결 지점을 찾고 힘을 얻는 거다.

어제저녁에는 미니 훠궈를 먹었다.

저녁을 먹은 뒤, 늘 그렇듯 친구들과 수다를 떨었다. 매일 친구들과 대화한다는 게 정말이지 쉽지는 않은 일이다. 할 말도 금세 동이 나 버린다. 그래서 우리는 돌아가면서 비밀을 털어놓기로 했다. 베이징의 비컴(Bcome)*이 만든 〈질의 말(Our Vaginas, Ourselves)〉**[중국판〈버자이너 모놀로그(The Vagina Monologues)〉]***에 이런 대사가 있다. "우리가 말하지 않는 게 비밀이 되지. 이런 비밀들이 수치심과 공포를 유발하고 신화를 만들어 내는 거야."

우리는 각자의 독특한 생활 습관을 이야기했다. 예를 들어, 자기는 샤워하는 걸 싫어한다고 한 친구가 있는가 하면, 자신과 식구들의 관계, 가족의 비밀 등등을 이야기한 친구도 있었다. 우리는 지름신이 내려왔을 때 뭘 미친 듯이 사 대는지, 어떤 신기한 물건들을 사 봤는지도 이야기했다. 한 친구는 고추 고약

---

* 2012년에 설립된 젊은 여성 페미니스트들의 지원 단체로, 구성원들이 다양하다. 주요 활동으로는 〈질의 말〉(2013년) 창작과 상연이 있으며, 2015년부터 독립적으로 운영되기 시작했다.

** 〈질의 말〉은 창작자의 일상 경험과 사회 이슈에 대한 견해 및 관점에서 비롯된 이야기로, 주목받지 못하는 여성의 몸의 경험을 보여 준다. 2013년부터 여러 지역에서 상연되고 있으며, 누적 관객 수가 3,500명에 달한다.

*** 〈버자이너 모놀로그〉는 미국 작가 이브 엔슬러(Eve Ensler)가 쓴 극본으로, 1996년 초연되었으며, 1997년 오비상(Obie Award) 최우수 극본상을 받았고, 지금까지 50여 종의 언어로 번역되어 140여 개 국가에서 상연되었다.

을 사 봤다면서, 다이어트 효과가 있고 몸에 바르면 열이 난다고 주장했다. 물론 코로나19 이야기를 피해 갈 수는 없었다. 다 같이 자기가 본 정보를 공유하다가, 도시의 기능을 유지해 주고 있음에도 소외당하는 집단에 관한 이야기가 나왔다. 그래서 나는 그 사람들에게 필요한 게 무엇인지 알아보기로 했다.

요 며칠 생존에 대한 내 불안은 서서히 사그라지고 있다. 매일 더 멀리까지 걸어가 보고는 있지만, 이곳 사람들과 연결되지 못한다면 아무리 멀리 간다고 한들 그게 무슨 의미가 있을까? 사회 참여는 인간의 중요한 욕구이다. 사람은 자신의 사회적 역할을 갖고 있어야 하고, 자신의 사회적 가치를 발휘하고 자기 삶에 의미를 부여할 수 있어야 한다. 난 이 고립된 도시에서 내 위치를 새롭게 찾아가야 한다. 설사 이 도시에서 내가 가진 자원이 많지 않고 인맥도 넓지 않으며, 차도 없고 행동 공간이 제한된다 하더라도.

어제 공유 자전거를 탄 사람을 보고서, 나도 자전거를 몰고 밖에 나가 볼 수 있겠다고 생각했다.

오늘 드디어 우한이 맑게 개고 해가 났다. 꼭 내 마음 같았다.

단지에서 나가니 눈에 띄는 사람들이 좀 늘어나 있었다. 단지 직원이 두세 명 보였는데, 외부인을 검사해야 한다며 순서대로 무슨 검사를 하고 있는 것 같았다. 그중 한 아주머니에게 마스크 지급받고 하는 거냐고 물었더니 아니라는 대답이 돌아왔으나, 남자 하나가 얼른 와서 지급받았다고 했다.

이어서 여덟 명의 환경미화원을 인터뷰했다. 여성 여섯에 남성 둘이었는데, 그중에 우한 사투리를 쓰는 분도 있었다. 내가 알아듣기 힘들어하니까 한 아주머니가 참지 못하고 마스크를 벗었지만, 이내 다시 마스크를 착용하고 인터뷰를 계속했다. 이분들이 하루에 일고여덟 시간 일하고 받는 급여는 한 달에 대략 2,300위안(한화 약 39만 원)에서 2,400위안(한화 약 40만 원)으로, 세후 급여는 2,000위안(한화 약 34만 원)이 되지 않았다.

그분들에게 코로나19 확산 이후 급여에 변화가 있느냐고 물었다. 설 연휴 중 사흘은 급여가 두 배 올랐다고 하는 분이 있는가 하면, 아예 아무것도 모르는 분도 있었다. 지금은 락스와 여러 번 사용하는 장갑을 매일 지급받고 있었다. 일회용 장갑은 없고, 보통은 마스크가 부족한 상황이었다. 상황이 좋은 분은 한 번에 마스크 스무 장을 받아 다 쓰고 나서 다시 지급받았고, 상황이 제일 안 좋은 분은 도시 봉쇄 이후 지급받은 마스크가 달랑 두 장이었다.

다들 아주 선량한 분들이었다. 일회용 의료용 마스크가 없어서 목도리로 입을 싸맨 분도 있었다. 그분께 외출 대비용으로 갖고 있던 의료용 마스크 세 장을 나눠 드렸다.

직접 마스크를 준비해 온 분은 이렇게 말씀했다. "가족을 위해서, 우리 모두를 위해서, 나라를 위해서 준비해 왔지요."

그분들에게 가족들이 걱정하지 않느냐고 물었다. 한 아주머니가 가족들이야 당연히 걱정한다면서, 본인은 이미 아들 며느리와 따로 살고 있다고, 아들 내외가 집 밖으로 나오지 않는 대신 본인이 필요한 걸 사다가 집 문 앞에 가져다 두기는 하는데, 본인도 불안하고 심리적 스트레스가 이만저만이 아니라고 했다. 급여도 얼마 되지 않고 기본적인 보호도 받지 못하면서 여전히 일을 하고 있는 분들, 우리가 이분들의 꾸준한 노력에 걸맞은 사람들일까?

배달원 세 명과도 이야기를 나눴는데, 모두 남성이었다. 이들의 업무 시간은 일정하지 않았고, 다들 마스크는 적어도 하루에 두 장 지급받았으며, 배달 상자도 매일 소독하고 있었다. 배달 앱 서비스 메이퇀배달(美團外賣)에서는 배달원에게 손 소독제도 지급했다. 급여가 올랐느냐고 물었더니 배달은 분류가 좀 복잡하다면서, 급여는 판매업체와 배달 물품의 무게에 따라 다르다고 했다. 메이퇀배달에 직접 고용된 배달원은 한 건당 평상시보다 3.5위안(한화 약 600원)을 더 받고 있고, 어러머 배달원은 한 건당 평상시보다 4위안(한화 약 680원)을 더 받는다고 했는데, 다른 한 사람은 변화가 없다고 했다.

편의점에도 가 보았다. 편의점은 새벽 5시에 문을 열어 밤 11시에 문을 닫는데, 점원은 하루에 N95 마스크 한 장을 지급받고 있었고, 알코올은 좀 부족한 편이었다. 지금은 주로 배달 앱 서비스 어러머의 주문을 받고 있었다.

제가 사람들을 연결하는 접점이 되어 보려고 합니다. 그래서 이 일기에 제 위챗 QR코드를 추가했으니, 다들 저를 추가해 주시면 좋겠습니다.

님이 우한에 계시다면, 봉쇄를 무너뜨리는 데 일조하고 싶으시다면, 소외된 집단을 위해 할 수 있는 일을 함께해 나갈 수 있을 겁니다. 다른 지역에 계신데 마스크 등 필수품을 기부하고 싶은 분이라면 저한테 보내주셔도 됩니다. 제가 나가서 필요한 사람들에게 나눠주면 되니까요.

우리 함께 연결망을 만들어 봐요.

독자 댓글

└ 제가 딱 그 음식물 사다 가져다주신다는 아주머니와 반대예요. 저희는 저와 남편이 식자재를 구입해서 친정 부모님과 시부모님께 가져다드려요. 얼굴은 보지 않고 문 앞에 두고만 오죠. 저희야 젊으니까 견딜 수 있을지 몰라도 부모님은 정말 너무 취약하시니까요.

└ 사실, 다른 지역 사람들도 마스크를 못 사고 있어요. 사회에 민폐를 끼칠까 봐 집에 박혀서 나가지 않는 것도 마찬가지고요. 제가 님보다 훨씬 덜 나가요. 채소는 거의 눈 깜짝할 새에 사라지는 편이라 저는 포도랑 유

채(油菜)밖에 못 샀어요. 여기는 확진 환자가 우한만큼 많지는 않아요. 병에 걸리지 않으려고 노력하고 있어요. 우리 시와 후베이의 필요한 분들을 위해 의료용품과 의료진을 남겨 놓는 게 제가 할 수 있는 유일한 일이에요.

└ 착한 분들이 일평생 평안하시기를 바랍니다.

넌 혼자가 아니야

2017년 말, 나는 직장에서 성차별을 당하는 여성들을 법적으로 지원하기 위해 '074직장여성법률핫라인'을 설립했다. 어제 오후, 임신으로 인한 차별을 당했다는 상담 전화를 한 통 받았다. 전화를 건 사람은 남성으로, 아내인 판(潘) 모 씨가 국영기업의 행정 직원으로 일하고 있는데, 2019년 7월에 업무에 배치되어 현재 임신 3개월에 접어들었다고 했다. 판 씨는 입덧과 구토가 심한 편이라 의사로부터 쉬라는 권유를 받았다. 그 바람에 휴가를 여러 번 냈더니, 회사에서 판 씨가 일에 맞지 않는다며 이직하라는 무언의 메시지를 던졌고, 판 씨는 심한 심리적 압박감을 느꼈다고 한다. 회사에서 아직 대놓고 이직하라고 한 건 아니었으므로, 일단 계속 일을 하면서 차별의 증거를 모아 두라고 권하는 수밖에 없었다. 공교롭게도 이 부부 역시 우한에 살고 있는데, 그나마 식량은 좀 비축해 두었다고 한다. 봉쇄가 풀리고 나서 만날 기회가 있으면 좋겠다.

요즘, 사람들은 일자리 문제로 전전긍긍하고 있다. 지금은 설 연휴가 2월 2일까지 연장되었지만, 만일 전염병 확산세가 계속된다면 사람들이 안심하고 일터로 돌아갈 수 있을까? 대기업이야 재정이 충분하니 계속 운영할 수 있겠지만, 중소기업과 개인 사업자들은 연휴가 길어지면 막중한 손실을 입게 될 것이다. 남는 것도 얼마 되지 않는데 점포 월세 압박에 직원들에게 줘야 할 급여 압박까지 더해지면, 아마 직원들을 자를지도 모른다. 그리고 여성 직원은 늘 1순위 해고 대상이다. 따라서 다들 어느 정도 위험을 무릅쓰고서라도 출근하는 쪽을 택해야 할 것인지, 아니면 출근을 하지 말아야 할 것인지 고민하게 될 것이다. 이들 중에는 주택 대출금 압박을 받는 사람도 있을 것이고, 가정을 돌봐야 하는 사람도 있을 것이다. 이런 문제들을 어떻게 해결해야 할까? 결국은 국가가 나서서 책임을 져야 한다. 기업의 세금을 감면해 주고, 개인에게 기본 생활 보조금을 지급하는 거다.

어제 1년 넘게 연락이 닿지 않았던 고등학생 시절 절친의 소식을 접했다. 이 친구는 현재 간호사이다. 그 친구가 이런 메시지를 보내왔다.

네가 쓴 일기 한 편 한 편 다 읽어 보고 있어. 무슨 말로 널 위로해야 할지 모르겠다. 마음이 온통 무겁기만 해. 너한테 하고 싶은 말은, 내가 오늘 병원에 최전선으로 일하러 가겠다는 신청서를 냈다는 거야. 가능하다면 우한에 가서 너와 함께 이 전쟁을 치르고 싶어. 넌 혼자가 아니야. 중국은 나날이 발전하고 있어. 아직 완벽하지 않은 부분도 있겠지만, 그래도 네가 사랑과 희망을 잊지 않길 바라. 내 머릿속에는 여전히 깡말랐지만 강인한 네가 남아 있어. 네가 전염병과의 전쟁에서 이기고 평안히 돌아올 수 있으리라 믿어.

글을 읽는데 눈물이 흘렀다.(덧붙이자면, 제가 지금은 깡마른 몸이 아니랍니다.)

어제저녁은 죽과 셀러리 닭가슴살 볶음이었다.

'밤의 채팅'은 어제도 이어졌다. 샤워하는 걸 좋아하지 않는다는 친구는 이미 일주일 넘게 샤워를 하지 않았다면서 내일은 씻을 거라고 말했다. 광저우에서는 셀러리 500그램에 10위안(한화 약 1,700원)이 넘는단다. 베이징에 있는 친구는 크고 작은 감자 다섯 개를 10위안 주고 샀다고 했다. 마인드 컨트롤을 위해 코로나19 관련 정보를 잠시 차단하고 오디오북으로 추리소설을 듣기 시작한 친구도 있었다.

환경미화원들을 위해 우리가 뭘 할 수 있을지 토론해 보았다. 마스크 착용 안내문을 만들어서 돌려 보자고 제안한 친구가 있었지만, 환경미화원들의 상황을 생각해 보니 그분들 중에는 글을 읽을 줄 모르는 분도 계실 것 같았다. 게다가 하나 있는 프린터가 하필이면 지금 이 시점에 고장이 난 것도 문제였다. 환경미화원들에게 전해 달라며 내게 돈을 보내온 독자가 두 명 있어서, 환경미화원들을 위해 모금을 해야 할지 말지도 친구들과 토론해 보았다. 일개 개인인 나로서는 투명성과 공신력을 보장하기가 너무 어렵다. 나한테 기부금을 관리할 자격이 있는 것도 아니다. 그래서 이미 받은 돈은 기부하고, 더는 환경미화원들에게 보내는 돈을 받지 않기로 했다. 그리고 환경미화원들에게 지금 필요한 건 기부금이 아닐 수도 있다. 어떤 면에서는 돈을 기부하는 건 쉬운 일이다. 그보다 중요하고도 훨씬 어려운 건 그분들의 삶에 깊은 관심을 기울이는 것이다.

오늘도 여전히 날이 맑았다. 아침 7시가 좀 넘어서 잠이 깨기는 했지만, 너무 졸려서 다시 자 버렸다. 그렇게 몽롱한 상태로 10시가 다 될 때까지 자고 말았다. 자리에서 일어난 뒤에는 늘 하던 대로 운동부터 했다.

어젯밤에 한 친구가 우한물류협회 지원 단체의 연락처를 보내 주었다. 아침을 먹고 나서 그 단체에 연락을 해서 도와줄 수 있는지 물었다.

오늘은 환경미화원들과 이야기를 좀 더 많이 나누려고 했다. 맨 처음 만난 환경미화원은 아들과 며느리에게 물건을 사서 가져다주신다는, 어제 만난 그 아주머니였다. 처음에 아주머니는 나를 경계하면서 뭐 하는 사람이냐고, 목적이 뭐냐고 물었다. 나는 그냥 자원활동가일 뿐이라고, 환경미화원들의 삶을 이해하고 기록하고 싶어서 그런다고 말씀드렸다. 아주머니는 그래도 이해가 안 가는지 사진 촬영과 녹음을 허락하지 않았고, 이름도 알리지 않으려 했다. 우한 토박이인 아주머니가 사투리를 쓰는 탓에 완벽하게 알아듣기 힘든 부분들이 있어서, 기록에도 한계가 있었다.

아주머니는 입담이 좋았다. 환경미화원으로 일한 지 1년 좀 넘었을 뿐인데도 할 이야깃거리가 아주 많았다. 예전에 공장에서 경리로 일하다가 마흔다섯에 퇴직했으며, 지금 일하는 직장에서는 사회보험을 들어 주지 않는다고 했다. 그럼 병이라도 나면 어떻게 하느냐고 물었더니, 몸은 아직 괜찮은 편이라고 했다. 일주일에 하루 쉬는데, 일을 시작한 뒤로 단 한 번도 휴가를 써 본 적이 없었다. 비가 오나 바람이 부나, 폭염이 기승을 부리나 한파가 몰아치나 늘 거리를 쓸고 치우는 거다. 하루 중 일하는 시간의 99퍼센트는 서 있는데, 온종일 서 있으니 밤이 되면 다리 전체가 쑤시고 아프다. 어떤 때는 빨래고 밥이고 뭐고 다 귀찮다.

남편은 여러 해 전에 세상을 떠났고, 아들이 하나 있는데 심장병에 걸려서 재작년에 광저우에 있는 병원에서 수술을 했다. 아직도 약을 먹는데, 매월 병원비에 약값만 수천 위안이 들어간다. 아들은 건강 상태가 좋지 않다 보니 할 수 있는 일이 제한적이어서 차를 임대해 디디추싱(滴滴出行)* 기사로 일하기 시작했는데, 어떤 때는 며칠 일하면 며칠 쉬어야 하고, 수입도 불안정하다. 아주머니는 월급으로 본인 생활비를 충당하는데, 아들한테 보태 줘야 할 때도 있다.

환경미화원마다 자기 관할 구역이 있는데, 아주머니는 대략 500미터 정도의 거리를 책임지고 있다. 환경미화원들은 대기 시간에 잘 드러나지 않는 구석에 숨어서 본인 관할 범위를 살펴보고 있다가 더러워지는 곳이 있으면 바로 나가서 청소한다. 그래서 청소할 때가 아니면 사람들 눈에 띌 일이 별로 없다고 한다. 쉴 때도 인근 구역의 동료와 수다를 떨어서는 안 된다. 그래서 온종일 말 한 마디 못하는 경우가 다반사라고 한다.

길 물어보는 사람을 자주 만나는데, 무례한 사람이 참 많다. 심지어 멀리서 차를 몰면서 당신에게 건너오라고 손짓을 하는 사람도 있다고 한다. 어떤 사람은 당신에게 길을 묻고 나서 또 다른 사람에게 묻더란다. 아주머니가 본인이 제대로 맞게 알려 준 거라고 했더니, 글쎄 그 사람이 돌아와서 아주머니를 나무라며 이렇게 말했다나. "환경미화원밖에 못 해 먹는 주제에!" 그래서 길 물어보는 사람을 상대하고 싶지 않을 때도 있다고 한

---

* 디디추싱은 공유 택시 서비스로, 애플리케이션 플랫폼에서 호출을 받고, 기사가 일정 비율만큼 수익을 떼어 간다.

다. 길을 가르쳐 줘야 할 의무가 있는 것도 아니고, 당신은 그냥 좋은 마음으로 도와주는 건데 그런 사람들은 그걸 당연시한다며, 외로움과 존중받지 못한다는 사실이 정말 사람을 기운 빠지게 한다고 했다.

아주머니는 우한이 봉쇄된 뒤에도 생존을 위해 계속 일을 해야 했다. 매일 오전 11시에 출근해서 오후 6시에 퇴근한다. 집 근처 마트는 10시나 되어야 문을 여는데, 장을 봐서 그걸 들고 출근을 할 수는 없으니 퇴근하고 나서 장을 볼 수밖에 없다. 그런데 그사이에 가격이 오르는 것들도 있어서 살 수 있는 게 거의 없다. 다행히 근처 호텔에서 식재료를 좀 싸게 팔아서 감자와 꽃양배추를 좀 샀다.** 198위안(한화 약 3만 4천 원)을 주고 마스크를 100장 샀는데, 쉬는 시간에 도둑맞았다는 이야기도 들려주었다.

더 많은 사람과 연대해서 함께 행동할 수 있기를 바라는 마음으로, 어제 제 위챗 QR코드를 공개했습니다. 그런데 QR코드가 스캔되지 않는다는 분이 있더라고요. 다른 분에게도 같은

** 중국인들은 설 전날 밤에 온 가족이 모여 식사를 하며 설을 맞이한다. 요즘은 아예 호텔에서 이런 설맞이 가족 모임을 여는 경우가 많아서 호텔들이 이 대목을 맞아 대량의 식자재를 미리 준비해 둔다. 올해는 호텔들이 예상치 못한 전염병 사태로 설 특수를 포기해야 하는 상황이 되었고, 이로 인한 손실을 메우기 위해 식자재를 내다 파는 호텔들이 나타났다. (옮긴이 주)

문제가 발생한다면 위챗 번호로 저를 추가해도 됩니다. 제 위챗 번호는 1461177244입니다.

무력감과 공존하는
방법을 찾아서

조심조심 살얼음 밟듯이 사는 건 반인간적이다.

매일 긴 시간을 들여 방역 조치를 하는 게 좀 신물이 난다. 매일 꼭 환기를 해야 하는데, 며칠 전에는 날씨가 음산하고 추워서 이러다가 감기 걸리면 어쩌나 걱정까지 했다.

나는 귀찮은 건 딱 질색인 사람이어서 일상생활에도 그리 신경 쓰지 않는 데다, 어린 시절을 농촌에서 보내서인지 음식에 관해서도 '좀 더러운 거 먹는다고 어떻게 안 된다'는 태도를 갖고 있다. 음식에도 이러니 옷은 더 개의치 않는다. 평상시에는 외출만 안 하면 머리도 며칠은 안 감는다. 그런데 요새 내가 너무 깔끔을 떨기 시작했다는 생각이 들었다. 그래서 요 이틀은 바닥을 닦지 않았다.

어제저녁에는 감자 가지 볶음과 죽을 먹었다. 너무 피곤해서 딱히 입맛도 없었다. 밥을 하고 나서 한참 동안을 젓가락도 건드리지 않았다. 마음 깊은 곳의 무력감에서 비롯된 피로감 탓이었다.

밤의 채팅에서 만난 친구들은 다들 매일 이렇게 채팅을 하는 게 참 사치스러운 일이라고 생각하고 있었다. 모두 자기가 하루하루를 어떻게 보내는지 이야기했다. 어제부터 운동을 시작한 친구도 있었고 공부를 하기 시작한 친구도 있었다. 어떤 친구는 평소에는 전혀 외출하고 싶은 마음이 들지 않았는데 요즘은 오히려 매일 나가고 싶어진다고 했다. 문밖으로 나가는 일이 소중한 일이 되었고, 더는 밖에 나갈 수 없는 날이 올까 두려워서 그렇다 한다. 식량이 떨어질까 봐 걱정되어, 그나마 먹을 게 있을 때 한 끼라도 제대로 먹어 두겠다는 마음으로 한 끼 한 끼를 배불리 먹으려고 애쓰는 친구도 있었다.

재수생이 될 허난성(河南省)의 수많은 고3 학생들이 어마어마한 스트레스에 시달리게 되었다는 이야기가 나왔다. 대학 교수들 상당수가 강의 시간에 책을 그대로 읊어 대고, 잡담을 떠는 교수들도 있는 상황이니, 대학이 우리의 인생관과 가치관 형성에 도움이 되지 않는다는 이야기도 나눴다. 심지어 대학에서 우정을 쌓기 힘들어하는 사람도 아주 많다. 이발소와 미용실이 여성 고객에게 치는 전형적인 덫에 관한 이야기도 나왔는데,* 외

---

* 한국의 이발소는 주로 남성 고객을 상대하지만, 중국에서는 여성도 이발소

모를 폄하해서 여성 고객이 위기감을 느끼고 불안해지게 해서 자리를 뜨지 못하게 한다는 거였다. 요즘 드라마에 나오는 배우들 연기가 너무 형편없다는 이야기도 했다. 한 친구가 드라마 〈대명궁사(大明宮詞)〉가 엄청 재미있다고, 배우들 연기며 대사도 아주 뛰어나고 무측천(武則天)도 극 중에서 아주 지혜롭게 나온다고 했다.

우리는 다들 근심에 휩싸여 있었다. 이 전염병 확산 사태에 많은 사람의 계획이 망가졌다. 직장을 잡으려고 했던 계획이 망가진 친구도 있었고, 운전을 배우려고 했던 계획을 부득이하게 보류하게 된 친구도 있었다. 우리 모두 여전히 이 갑작스러운 변화에 적응하는 중이다.

무력감을 없애는 게 정말 힘들다. 어쩌면 우리가 해야 할 일은 무력감을 없애는 게 아니라 무력감과 공존하는 방법을 찾는 것일지도 모른다. 나도 행동하려고 노력하고 있기는 하지만, 매일 끊임없이 늘어나는 확진자 숫자를 보고 있자면 내가 얼마나 보잘것없고 미약한 존재인지 느끼지 않을 도리가 없다. 그래도 최선을 다해 내가 할 수 있는 일을 하려고 한다. 그러니 난 밖에 나가야만 한다.

를 이용한다. (옮긴이 주)

오늘은 햇살이 밝았다. 더 많은 환경미화원과 안면을 트고 그분들의 이야기에 귀 기울이고 싶었다. 롄(鎌)씨 아주머니와 마주쳤을 때, 아주머니는 출근 카드를 찍으러 가는 길이었다. 환경미화원들이 처한 상황을 알고 싶다고 하니, 잠시 기다리라고 했다. 아주머니가 카드를 찍고 청소 도구를 가지러 갈 때 함께 걸으면서 이야기를 나눴다.

아주머니는 올해 예순다섯인데, 환경미화원으로 일한 지는 8년 정도 되었고 사회보험에는 들어 있지 않았다. 매일 30분을 걸어서 오전 11시까지 출근한다. 자전거 몰고 가다가 다른 사람을 쳐서 치료비 물어 줘야 할까 봐 겁나서 자전거 탈 엄두가 안 난다고, 걸어가는 게 무난하다고 했다. 농촌 분인데, 8년 전에 아들네 손주 봐 주러 우한에 왔다가 더는 고향에 가서 설을 보낼 수 없게 되었다.

아주머니에게는 아들이 둘 있다. 큰아들은 식자재를 배송하는 운전기사이다. 남편과 둘째 아들, 며느리까지 모두 환경미화원으로 일한다. 예전에 둘째 아들과 며느리가 호텔에서 일할 때는 사회보험에 들지 못했는데, 나중에 환경미화원도 사회보험에 들 수 있게 되면서 환경미화원으로 일하게 되었다. 남편은 등이 심하게 굽은 장애인이다. 둘째 아들네가 8년 전 아이를 낳으면서, 남편과 함께 우한에 도와주러 왔다. 손주를 돌보기 위해, 며느리는 오전 당신은 오후 이렇게 둘이 엇갈려서 출근한다.

서로 눈치 안 보고 평상시에 좀 덜 싸우려고 부부가 따로 산다. 한 달 월세는 350위안(한화 약 5만 9천 원)이고, 침대 하나, 수납장 하나 빼면 방에 발 디딜 틈도 거의 없다. 이 집 식구들과 다른 네 집 사람들이 부엌 싱크대 하나와 화장실 하나를 같이 쓴다.

우한이 봉쇄된 뒤, 일하는 곳에서 마스크를 다섯 장 받았다. 봉쇄 이후 다른 채소는 너무 비싸서 포도, 비트, 양배추만 샀다. 요즘 밖에 나오는 게 무섭고 불안하기는 하지만 모든 걸 하늘에 맡길 수밖에 없다고 생각한다. 하루 급여가 70위안(한화 약 1만 2천 원)밖에 안 되는데, 일을 하지 않았다가는 하루에 150위안(한화 약 2만 5천 원)을 까인다.

봉쇄가 시작되고 나서, 아주머니의 남동생이 안부 확인차 전화를 걸어 와서는 본인들은 밖에 나갈 엄두도 못 내고 있다고 말한 적이 있다고 한다. 이에 아주머니는 당신은 위에서 얘기가 없으면 일해야 한다고 대답했다. 한 행인이 아주머니에게 죽는 게 두렵지도 않느냐고 물으니 아주머니가 하는 말씀이, 죽는 게 두려워도 방법이 없다고, 더럽고 치사하면 정규직이 되어야 한다는 거였다. 지금 청소 일 하는 사람들은 다 임시직인데, 원래도 평상시에 다른 사람과 거의 말을 하지 않았지만 요즘엔 더 말을 하지 않게 되었다면서, 요즘처럼 전염병이 돌 때는 말을 하는 게 다른 사람에게 좋은 게 아니라고 했다.

렌씨 아주머니와 헤어질 무렵, 어제 이야기를 나눴던 아주머니가 와서 말을 걸었다. 내가 아주머니들을 알고, 아주머니들이 나를 안다는 느낌이 좋았다.

화환 가게를 지나가는데, 뜻밖에도 가게가 열려 있어서 왠지 모르게 기분이 좋아졌다. 야오화면 집도 여전히 영업 중이었다. 야오화면 집 사장님은 난창(南昌) 분인데, 이분도 우한에 갇힌 신세다. 사장님에게 음식 사 가는 사람이 있느냐고 물었더니 거의 없다고 했다. "그럼 문은 왜 여세요?" 이렇게 물었더니, 수심 가득한 얼굴로 말씀했다. "집에서 잠만 자다가 병이 다 날 지경이에요!"

마트에 갔더니 채소 진열대에 피망, 감자, 당근, 버섯류가 조금 남아 있었고, 쌀과 국수 진열대는 가득 차 있었다. 이상하게도 소금이 진열되어 있던 진열대 한 층은 텅 비어 있었다. 마트에서 마스크를 쓴 채 머리에 비닐봉지를 뒤집어쓴 남자와 마주쳤다. 시장 아래층에서 노점을 열고 식재료를 파는 분들이 몇 있었는데,* 싱싱한 생선에 신선한 연근까지 파는 품목도 다양한 편이었다. 거기에서 옥수수를 세 개 샀다. 시장 입구에는 '마스크 폐기 전용' 쓰레기통이 비치되어 있었다.

약국에 갔더니 입구에 책상을 놓고 안으로 사람이 들어가지

---

* 중국의 시장은 다층 건물의 한 층을 차지하고 있는 경우가 있어서, 종종 아래 층이 있다. (옮긴이 주)

못하게 했다. 밖에서 점원에게 살 물건을 알려 줘야 했다. 마스크를 팔고 있었는데 열 개들이 한 상자에 19.8위안(한화 약 3,350원)이었고, 한 사람당 두 상자까지 살 수 있었다. 한 부부가 입구에서 마스크가 있느냐고 물었다. 남자가 입구에서 좀 떨어진 곳에 서 있으니까 여자가 말했다. "이제 보니까 당신 말이야, 사람 많은 곳에만 오면 매번 한쪽에 뚝 떨어져 있더라."

한 아이 엄마가 아이를 데리고 햇빛이 가득 쏟아지는 정원에서 노는 모습이 보였다.

순간, 모든 게 예전으로 돌아간 것 같았다. 도시가 봉쇄되었다는 사실을 잊어버리기라도 한 듯이.

독자 댓글

⌐ 전 우한에 있지 않지만, 님의 기록을 읽고 있으면 꼭 제가 이 일들을 겪고 있는 것만 같은 느낌이 들어요. 님은 정말 접점이 되셨어요.

⌐ 전 말레이시아 사람이에요. 친구가 우한에 있는데, 그 친구 상황도 비슷해요. 다만 그 친구와 가족은 대부분 밖에 나가지 않고 집에만 있어요. 환경미화원 이야기에서는 정말 느껴지는 게 많네요. 그분들, 도시가 위기에 처한 상황에서도 쥐꼬리만 한 급여를 받고 계시잖아요. 평상시에 소외당하면서도 제도 때문에, 책임감

때문에 묵묵히 일하시는 이분들 덕에 도시가 청결을 유지하는 거예요. 하지만 봉쇄가 풀려도 이분들은 계속 소외당하시겠죠. 갑작스레 찾아온 이 비상시기를 여러분이 하루빨리 넘길 수 있기를 바랍니다.

└ 전 허난 사람이에요. 이미 재수생이 됐고요. 뭘 어떻게 해야 할지 모르겠네요.

3장
갇힐 수는 있어도
멈출 수는 없다

판타지 같은 일상생활

전염병 발생 지역에서 도움을 요청하는 건 매우 도전적인 일이다.

한 독자가 아마존에서 일회용 의료 마스크를 2천 장 샀다면서 나한테 보내 주고 싶다고 했지만, 대규모의 의료 물품은 우선 병원에 공급하는 게 맞다 싶었다. 나는 대량의 물품을 받을 수 없다. 차도 없고, 접촉할 수 있는 일선의 근무자도 제한적이다. 요 며칠 내게 소량의 물품을 보내 주고 싶어 하는 독자가 몇 명 있었지만, 그것도 거절했다. 소규모의 우편 발송도 자원 낭비로 이어질까 봐 걱정스러웠다. 우한의 자원봉사 조직들과 연락을 취해 보려고 시도 중이다. 하루빨리 병원과 협력하는 자원봉사 단체와 연락이 닿으면 좋겠다.

도시가 봉쇄된 뒤, 우한의 몇몇 병원들이 모금을 하기 시작했고, 수많은 자원봉사 단체가 사회적 역량을 동원해 병원에 물자를 운송하고 있다. 이후 정부가 모금 작업을 이어받았고, 시민들이 사기당하는 일을 피해야 한다며 모금 작업에 협조할 공공기관을 다섯 곳 지정했다. 하지만 후베이적십자회, 그리고 여기 추가로 배치된 총 60여 명의 근무자가 후베이 전체 병원을 담당하고 있고, 우한시자선총회에서는 400만여 명이 보낸 5억 위안(한화 약 846억 4,500만 원) 상당의 모금액을 받고도 어제까지 한 푼도 쓰지 못하고 있다. 해외에서 보내오는 의료 물자의 경우, 세관에서 자선총회나 적십자와 연락이 닿아야만 통과시켜 준다.

어제 일기를 쓰고 나서 갑자기 공부가 하고 싶어졌다. 어디서 그런 힘이 났는지 모르겠다. 요즘 사법고시 영상을 보고 있기는 한데, 집중이 안 돼서 억지로 30분 공부하는 게 다다.

저녁밥은 마늘종 고기 볶음과 죽이었다.

오늘 밤의 채팅 주제는 최초의 기억이었다. 어떤 친구는 여자애라는 이유로 하마터면 다른 집 남자애와 바꿔치기당할 뻔했던 기억이 있다고 했다. 이야기를 하다 보니, 다들 어렸을 때 한 번은 물건을 훔쳐 본 모양이었다. 또 한 친구는 편식을 한다고 부모님이 의사 선생님에게 데려갔는데, 도리어 의사 선생님이 그럼 애가 좋아하는 음식을 해 주면 된다고 이야기한 기억을 떠올렸다. 이런 걸 보면 아이가 물건을 훔치고 편식을 하는 건 아이의 문제가 아니라 어른이 어떻게 대응하느냐의 문제라는 생각이 들었다. 내가 이런 생각을 하는 사이 각자 어릴 적 부르던 이름 이야기가 나왔는데, 참고로 내 아명은 마오뉴(毛妞)였다.

요즘은 다들 일종의 죄책감을 느끼고 있었다. 안전한 지역에서 사는 것이 일종의 특권처럼 여겨졌고, 이런 전염병 확산 사태 속에서 사회에 기여하는 것도 무척 어렵게 느껴진 탓이었다. 우한에 있는 나 역시 여전히 죄책감에 젖어 있다. 한 친구는 세상에 기여할 수 있는 일들을 하겠다며, 사적인 일상에서라도 더 친환경적으로 살겠노라 결심했다고 했다.

오늘 알게 된 분은 예순다섯 되신 우한 출신의 우(吳)씨 아주머니다. 철거지 주민이어서 집을 분양받은 아주머니는, 마흔두 살 때부터 환경미화 일을 하기 시작했고 사회보험에 들어 있었다. 현재 임시직으로 일하는데, 한 달에 1,500위안(한화 약 25만 4천 원)의 퇴직금과 2,300위안(한화 약 39만 원)의 급여를 받는다. 남편분도 환경미화원이었는데 2015년에 병이 나는 바람에 잇따라 세 차례 입원했고, 지금은 집에서 쉬면서 할 일이 없으면 마작을 하러 다닌다. 집안일 중 장 보고 밥하기는 남편이, 빨래는 아주머니가 책임진다.

우씨 아주머니에게는 딸이 하나 있고, 딸에게는 열다섯 살 난 아이가 하나 있다. 전업주부인 딸은 아이를 키운다. 사위는 경비이고 급여도 많지 않다. 우씨 아주머니는 매월 딸 대신 1,000여 위안(한화 약 17만 원)의 사회보험비를 내 주고 있었다.

봉쇄 이후, 우씨 아주머니는 직장에서 총 일곱 장의 마스크를 받았다. 평상시에도 먼지를 막기 위해 마스크를 썼는데, 지금은 마스크 위에 하얀 천을 휘감는다. 요즘 대중교통 운행이 중단된 데다가 자전거도 탈 줄 모르는 탓에 매일 9시 40분에 문을 나서서 한 시간 넘게 걸어서 출근한다. 아주머니도 코로나19에 감염될까 두렵지만 일을 하지 않으면 수입이 없다. 몸은 괜찮다면서, 다른 사람이 견딜 수 있으면 당신도 견딜 수 있다고 했다.

햇살은 여전히 밝았고, 오늘은 길에 사람도 차도 많아졌다. 야오화먼 집 입구에서는 여전히 국수를 팔고 있었다. 화환 가게는 문이 반 정도 가려져 있었다. 누군가 밖에 널어 둔 옷과 고기도 보였다. 문을 연 식당이 하나 있기에 걸어 들어갔다가 수북하게 쌓인 배달 주문서를 봤다. 마트에서는 역시 채소가 제일 빨리 팔리는데, 오늘은 꽃양배추, 오이, 연근이 있었다. 국수 진열대 앞에서는 점원이 재고를 채우는 중이었다. 사들인 물건으로 차 트렁크를 가득 채우는 사람이 있는가 하면, 그냥 손에 잡히는 대로 두어 봉지 사서 집으로 들고 가는 사람도 있었다.

이 모든 게 판타지처럼 느껴졌다. 사람들의 일상이 회복되고 있는 것처럼 보이는데도 도무지 믿을 수가 없었다.

자전거를 타고 양쯔강 인접 도로 쪽으로 달렸다. 2킬로미터 조금 못 되게 가니 우한의 양쯔강대교에 다다랐다. 가는 길에 마스크를 쓰고 달리기하는 사람을 봤다. 도로 중간 가드레일에 500미터 간격으로 "과학적으로 방역하고, 당황하지 말고, 헛소문으로 방해하지 말자!" 같은 표어가 쓰인 플래카드가 한 장씩 걸려 있었다. 도시가 봉쇄된 뒤에도 문을 연 인쇄소가 있다니, 텅 빈 거리에 이 많은 선전 구호를 걸어 둔 인력이 있다니, 놀라울 따름이다.

강가에서 햇볕을 쬐는 사람도 있었고, 운동을 하는 사람도 있었다. 〈영산홍(映山紅)〉이라는 노래를 부르는 사람도 있었다.

겨울날 가장 행복한 일 중 하나가 한가롭게 햇볕을 쬐는 거다. 강가까지 걸어갔더니 햇빛이 몸으로 쏟아졌고 살짝 땀이 났다. 강물이 물가의 암석을 두드리는 소리를 듣는데, 그게 이상할 정도로 몽환적이었다.

독자 댓글

ㄴ 오늘도 뉴스를 보고 화가 폭발했어요. 어이도 없고 원망스럽고! 후베이 사람들 생각에 너무 가슴이 아파요! 생명은 평등한 겁니다!

ㄴ 그 상황을 겪고 있는 시민이 진짜 느끼는 바를 느낄 수 있게 글로 써 주셔서 고마워요. 외출할 때는 부디 조심하세요. 마스크, 장갑, 안경 다 끼고 다니시는 게 그래도 안전할 거예요. 평안하시기 바랍니다!

불확실한 상황에서
살아간다는 것

불확실한 상황에서 산다는 건 거대한 도전이다.

사람은 불확실하면 불안해한다. 불확실성을 통제할 수 없을 때는 특히 더 그렇다.

이 전염병은 2020년 설에 폭발했다. 많은 사람이 희망을 가득 품고 새해의 업무 목표, 학습 계획을 세우던 때였다. 그런데 이 모든 게 한순간에 중단되고 말았다. 언제가 돼야 출근할 수 있는지도 모른 채 집에 갇힌 사람이 수두룩하다.

문득 내 책상 위의 일력도 1월 22일에 멈춰 있었다는 사실을 깨달았다. 지금은 계획을 세울 수 없다. 심지어 내일 어떻게 될지도 알 수 없다. 그냥 최선을 다해 하루하루를 잘 살아가는 수밖에.

어제 한 독자가 일회용 마스크 2천 장을 기부하고 싶어 한다는 이야기를 일기에 적었다. 나중에 한 의사 가족이 내게 연락을 해 와서 병원 쪽 수요를 알려 줬다. 우리도 순펑택배(順豐快遞) 쪽에 의료품을 바로 병원으로 배송해 줘도 된다고 확인해 주었다. 이 일로 성취감을 느꼈고 가치 있는 일을 했다고 생각했다.

어젯밤에는 표고버섯 고기 볶음에 밥을 곁들여 먹었다.

밤의 채팅은 이제 빼먹을 수 없는 일과가 되었다.

한 친구는 오늘 우쿨렐레 연주하는 법을 배웠고, 다른 친구는 나가서 달리기를 했다고 했다. 또 다른 친구는 날씨가 좋은 틈을 타서 바깥세상을 구경하러 나갔다 왔다고 했다. 우리는 〈릭 앤 모티(Rick and Morty)〉라는 애니메이션 1화를 함께 봤다. 여럿이 돌아가면서 이야기 하나를 만드는 놀이도 했고, 본인이 생각하는 이상적인 장례식 이야기도 나눴다. 어떤 친구는 화장을 해 주면 좋겠다면서, 땅에 묻히면 영혼결혼식으로 맺어 주려고 할까 봐 무섭다고 했고, 다른 친구는 죽고 나서 다른 사람한테 민폐만 끼치지 않으면 좋겠다고 했다. 뼛가루를 바다에 뿌려 주면 좋겠다는 친구도 있었다.

나는 영화 〈120BPM (120 Beats Per Minute)〉에서처럼 해 주면 좋겠다. 영화 속에서 에이즈 활동가가 죽자 파트너가 그의 뼛가루 일부를 보험회사의 파티에 가서 뿌린다. 보험회사가 HIV 보균자들을 차별했기 때문이다.

오늘은 날씨가 흐리고 불안정했다. 아침에는 햇살이 밝았는데 11시가 넘으니까 흐려졌다.

밖에 나갔다가 환경미화원 장(張)씨 아저씨와 마주쳤다. 이분은 렌씨 아주머니(1월 30일 일기에 쓴 환경미화원)의 남편으로 올해 예순이고, 역시 환경미화원을 8년간 해 오고 있다. 1990년에 고향에서 집을 짓다가 건축 자재에 몸이 깔리는 사고를 당해 등이 굽었고 그 뒤 힘든 일은 할 수 없게 되었지만, 바닥 쓰는 일 정도는 아직 괜찮다고 했다. 고향 집에 여든여덟이 된, 렌씨 아주머니의 노모가 아직 살고 계신데 건강도 괜찮은 편이고 혼자서도 잘 지내셔서, 아주머니와 아저씨가 타지에서 일할 수 있는 거라고 덧붙였다.

장씨 아저씨는 아침 근무라 새벽 4시에 출근해서 아침 11시에 퇴근한다. 렌씨 아주머니는 아침 11시에 출근해서 오후 6시에 퇴근하고. 아침에는 렌씨 아주머니가 밥을 하고, 저녁에는 장씨 아저씨가 밥을 한다. 두 분 다 보온도시락에 밥을 챙겨 와서 일터에서 끼니를 해결한다.

봉쇄 이후, 일하는 곳에서 장씨 아저씨에게 지급한 마스크는 열 장이다. 아저씨가 나한테 장갑이 있느냐고 물어서 없다고 말씀드렸다. 아저씨는 당신이 산 가죽 장갑을 끼고 있었는데, 자기 몸은 자기가 알아서 챙겨야 한다고 했다. 출근을 해야 할지 말아야 할지 두 분이 이야기해 본 적은 없다. 일하는 곳에서 출근하지 말라고 하면 두 분에게는 선택지가 없는 거다. 장씨 아저씨와 이야기를 나누는데 렌씨 아주머니가 걸어왔다. 아주머니 말씀이, 듣자니까 청소하는 사람 중에 코로나로 죽은 사람이 있다는데, 진짜인지 아닌지는 알 길이 없지만 너무 무섭다고 했다. 설사 진짜라고 하더라도 이분들은 평소대로 출근을 할 것이다.

자전거를 몰고 야오화면 집을 지나가는데 뜻밖에도 영업을 하지 않고 있었다. "세상에!" 나도 모르게 소리를 질렀다. 자전거에서 내리니 입구에 붙은 게시물이 보였다. "후베이성 각 기업은 2월 13일 24시 이전에 영업을 재개할 수 없음." 믿을 수가 없어서 한동안 입구 앞을 서성거렸다. 옆에 있는 가게 입구에는 "설 연휴 기간, 한 달 휴업"이라고 쓰인 게시물이 붙어 있었다. 입구에 "점포 임대"라고 써서 붙인 가게들도 몇몇 눈에 띄었다. 보지 못했던 풍경이었다. 어쩌면 세를 놓으려는 가게들을 내가 미처 알아채지 못했던 것인지도 모르지만.

계속 문을 열었던 술, 담배 파는 가게 입구에는 "출장 배달 중, 용건 있을 땐 전화 연락 요망" 이렇게 씌어 있었다. 입구에 있던 남자 셋 중 한 사람은 통화 중이었다.

화환 가게는 여전히 반은 가려져 있었다.

오늘부터 마트 입구에 사람이 나와 손님의 체온을 재기 시작했다. 채소 진열대에는 어제 없던 토마토, 마늘종, 홍채태(紅菜苔)까지 수많은 채소가 놓여 있었다. 채소를 볶을 때 토마토 넣는 걸 좋아해서 토마토를 사고 싶었지만, 무게 재려고 줄 선 사람들이 많기도 하고 집에 채소가 좀 남아 있기도 해서 사지 않고 포기했다.

어제 문을 열고 포장 판매를 하던 '스상톈'이라는 식당은 오늘도 영업 중이었고, 입구에 아예 채소까지 깔아 놓고 팔고 있었다. 렌씨 아주머니 내외에게 공짜로 채소를 준다는 식당이 여기다.

시장 정문은 닫혀 있었지만, 작은 과일 노점 쪽 쪽문으로 들어갈 수는 있었다. 과일을 파는 사람이 있었지만, 채소를 파는 사람은 없었다.

약국 두 군데를 들렀는데, 마스크와 알코올을 파는 곳은 없었다.

어떤 사람이 약국 입구에서 솽황롄(雙黃連)이 있느냐고 묻자, 계산대 직원이 다 팔렸다고 답했다. 시민들이 판단력이라고는 없이 떼 지어 몰려가서 솽황롄 사재기나 한다고 비난하는 사람들이 참 많다. 하지만 《인민일보(人民日報)》도 웨이보 계정에 솽황롄이 코로나19 바이러스를 억제할 수 있다는 글을 올린 적이 있다. 다들 매일매일 끝도 없이 늘어나는 확진자 수를 보고 있으니, 바이러스를 억제하는 약물이 있다면 좋은 일이라고 생각하는 거야 당연하지 않을까. 《인민일보》는 나중에 억제가 예방과 치료의 동의어는 아니라고 해명한 바 있다. 우한 정부 역시 처음에 정보를 발표할 당시 완치 사례가 있다고는 하면서도 어떻게 완치됐는지는 명확히 밝히지 않아, 코로나19를 치료할 약물이 있다는 잘못된 인식이 사람들 사이에 퍼지는 데 일조하고 말았다. 나중에 밝혀진 바에 따르면, 완치된 사례의 상당수가 저절로 그렇게 된 경우였다. 아마 면역 체계가 좀 더 강한 사람들이 있어서 그런가 보다.*

심란한 마음에 강가로 갔다.

강가에 도착했을 때는 날이 이미 흐려진 뒤였다. 어제보다 사람이 좀 적었다. 운동 기구가 있는 곳에서 운동하는 사람도 두 사람밖에 되지 않았다.

어떤 사람이 강가에서 태극권을 연습하고 있었다.

어제의 햇살이 그리워지기 시작했다.

독자 댓글

∟ 오늘 상하이에 있는 약국에 알코올 사러 갔더니 거기도 물건이 없더라고요.
∟ 요 며칠이 감염 정점기라 집에 계시는 게 그나마 안전할 거예요.

---

* 쐉황롄은 마시는 물약으로, 인동덩굴, 개나리, 황금(黃芩)으로 만든 한약 약제이다. 주로 감기 치료제와 해열제로 쓰인다. 1월 31일, 한 언론에서 중국과학원상하이약물연구소와 우한바이러스연구소의 공동 연구 결과 쐉황롄 드링크제가 코로나19 억제 작용을 한다는 초보적인 결과가 나왔다고 보도하자, 이 소식이 인터넷에서 급속도로 퍼져 나가면서 쐉황롄 사재기 열풍을 불러일으켰고, 관련 기업의 주가가 올라갔다. 심지어 '쐉황롄룽(雙黃蓮蓉) 월병'까지 전부 다 팔려나갔다는 언론 보도도 있었다. (원서 편집자 주) 그러나 쐉황롄이 코로나19에 효과가 있다는 주장은 이후 사실무근으로 밝혀졌다. (옮긴이 주)

2월 2일 ——

누군가
다리에서 뛰어내렸다

최근 코로나19 관련 소식을 보고 분통이 터져서 잠을 못 잔다고 하는 친구들이 수두룩하다. 정말이지 분노로 치가 떨리는 일들이 많아도 너무 많다.

가족이 격리된 뇌성마비 환아를 단지 직원들이 소홀히 돌보는 바람에 아이가 집에서 굶어 죽었고, 어떤 고양이는 주인이 격리되면서 단지 직원 손에 생매장당하고 말았다.

분노도 분노지만 경악, 슬픔, 무력감 등 우리는 너무나 복잡한 감정에 시달리고 있다. 감정을 조절할 통로라고는 없이 오랫동안 이런 감정에 휩싸여 있으면 몸과 마음의 건강이 영향을 받는다. 전염병 확산 사태로 인한 패닉과 무력감을 없앨 방법은 없어도, 그것을 약화시킬 수는 있다. 하지만 이런 걸 알고 입으로 떠드는 거야 쉬워도, 안다고 해서 일상의 문제가 즉시 사라지지는 않는다.

한 이틀 기침이 잦아진 느낌이 들었고 가끔가다 머리도 아파서 걱정스러웠지만, 긴장한 탓이라는 생각에 계속해서 일상을 이어 갔다. 갇히는 거야 어쩔 수 없더라도 그 때문에 멈춰 설 수는 없다. 뭔가 할 일을 찾아서 행동해야 한다.

어디에 있든, 능력만 있다면 전염병 확산 사태에 대항해 할 수 있는 일들이 있을 거다. 아직 자기 자리를 찾지 못했다 해도 다들 자기 일상을 잘 살아가면 좋겠다.

어제 저녁밥은 셀러리 건두부 볶음과 죽이었다.

밤의 채팅 주제는 중학생 시절의 일상이었다. 청춘 소설을 읽었다는 친구도 있고, 명작을 읽었다는 친구도 있었다. 다들 중학생 때 외로움과 열등감, 답답함을 느끼면서도 다른 사람과의 관계, 세상과의 관계를 탐색하려 애썼다. 어떤 친구는 아주 반항적이어서 권위에 도전하기를 즐겼고, 선생님과 맞섰다고 한다. 나중에 한 친구가 앞날에 관한 이야기를 해 보자고 했지만, 다들 지금은 앞날을 이야기하기가 너무 힘들다고, 아마 5분 떠들면 끝날 거라고 입을 모았다.

그러고 나서 어떤 친구가 집 안에서의 불평등을 말했다. 여성들은 매일 긴 시간을 들여 식사 준비를 하는데, 이걸 말리고 싶어도 그게 너무 어렵다는 이야기였다. 여성들은 공적인 일에 참여할 수 있는 경로와 방식이 부족하다. 그렇다 보니, 이를테면 식사 준비하기 같은 대가가 주어지지 않는 노동이 여성들이 가정 안에서 지위를 획득하는 유일한 방법이 되어 버렸다.

대화 주제가 금방 동날까 봐, 새털같이 많고 많은 밤 떠들거리가 바닥날까 걱정되어 채팅하는 시간을 줄여 보기로 했다. 다들 많이 아쉬워했다. 채팅창을 먼저 떠나면서 다른 친구들이 하는 중요한 이야기를 놓치게 되는 건 아닌지 걱정하는 친구도 있을 정도였다.

아침에, 어떤 사람이 쓰먼커우(司門口) 다리에서 뛰어내렸다는 소식을 접했다. 내가 사는 곳 근처에서 벌어진 일이다. 목격자가 위챗에서 밝힌 바에 따르면, 사망자는 코로나19에 감염된 것으로 확진된 뒤 집에 있을 엄두가 나지 않아 병원에 갔으나 병원에서도 받아주지 않았고, 막다른 지경에 이르자 다리에서서 한참을 울다가 다리에서 뛰어내렸다고 한다. 설 연휴 전에 거기 가 보고 싶다고 한 친구도 있었는데, 거기서 사람이 뛰어내려 목숨을 끊었다니.

나는 코로나19 이외의 소식을 찾아보기 시작했다. 마침 샤오메이리가 자기 친구와 함께 운영하는 팟캐스트 '전원 속으로(into the fields)'를 업데이트했기에, 아침을 먹으면서 잠시 들어 보았다.

이번 회는 마침 지금의 내 상황과 맞아떨어지는 부분이 있었다. 한 페미니스트가 더우반(豆瓣, 중국의 문화 예술 콘텐츠 평점 및 리

뷰 사이트―옮긴이)에서 '부엉이 메일함'이라는 이름의 메일 계정을 공개했다. 이 메일 계정으로 여성들의 투고를 받아 사연을 보낸 여성들의 이야기에 귀를 기울이고, 그 여성이 맞닥뜨린 곤혹스러운 문제에 답해 주었다고 한다. 그 사람이 부엉이 메일함을 개설한 이유 역시 본인이 자기 자리를 찾아가는 과정에서 의미 있는 일을 하고 싶었기 때문이었다.

오늘은 날씨가 흐려지기 시작했다. 아래층으로 내려가다 밖에서 가랑비가 내리는 모습을 보기는 했는데, 우산 가지러 돌아가기도 귀찮고 해서 그냥 나갔다.

요 며칠은 밖에서 긴 시간을 보내지 않았고, 밖에서는 마스크도 벗지 않았다. 강가에서도 마찬가지였다. 오늘은 밖에 좀 더 오래 있고 싶어서 옷과 물을 갖고 나갔다. 하지만 나중에 빗방울이 점점 거세져서 두어 시간 만에 집으로 돌아왔다.

오늘은 환경미화원 네 분을 인터뷰했다.

그중 한 분은 쉰여덟이 된 판(潘)씨 아저씨로, 우한 분이다. 판씨 아저씨는 청소 일을 4~5년 하셨고 지금은 폐기물 적환장 운전기사로 쓰레기 운반 일을 하는데, 한 달 월급은 5,000위안 (한화 약 84만 3천 원)이다. 운전기사로 일한 지는 1년밖에 되지 않았다. 업무 시간은 일정하지 않고 주로 쓰레기 양에 따라 결정되는데, 하루에 보통 여덟 시간 근무한다. 단지 직원으로 일하는 아내 분은 전염병 확산 시기라 홍보 업무와 주민들에게 찬

거리를 사다 주는 일을 하고 있다.

전염병이 폭발적으로 퍼진 이후, 아저씨는 매일 집에서 샤워를 하고 옷은 하루나 이틀에 한 번씩 빤다. 빨래와 식사는 아내분 담당이다.

일하는 곳에서는 일회용 의료용 마스크만 나눠 줘서, 판씨 아저씨는 N95 마스크를 당신이 직접 사서 쓴다. 전염병 확산 사태는 별로 걱정하지 않는다. 개인 방역 조치만 제대로 하면 된다고 생각하고 있다. 요즘엔 사람들이 다들 장이나 보러 밖에 나오고 장만 보고 나면 집으로 돌아가기 때문에 서로 말도 하지 않으니 전염될 일 없다고 덧붙였다. 아울러 밖에 나오는 게 그나마 좀 낫지 집에만 있으면 너무 답답하다고도 했다.

길을 가다가 한 다가구 주택지 입구에서 채소를 파는 모습을 보았다. 토마토와 파슬리, 옥수수, 상추를 좀 샀다. 토마토와 파슬리는 500그램에 10위안(한화 약 1,700원)이었고, 상추는 500그램에 8위안(한화 약 1,350원), 옥수수는 하나에 7위안(한화 약 1,200원)이었다. 나중에 당원군중서비스센터*를 지나가다가 안에 방호복을 입은 사람을 몇 명 보았다. 보아하니 식재료를 분배하고 있는 것 같았다.

---

* 각 지역에서 지역별 당 조직을 위한 업무, 당원 관리 및 학습, 당원들 간의 교류 등 종합적인 서비스 업무를 진행하는 센터. (옮긴이 주)

공원 호숫가에서 낚시하는 사람도 있었다.

다가구 주택지 입구에는 자원봉사자 두 명이 앉아서 휴대폰을 들여다보고 있었고, 한쪽 스피커에선 선전 문구들이 흘러나왔다.

여전히 문이 닫혀 있는 야오화면 집 입구에 사장님이 쭈그리고 앉아 있었다. 사장님 말씀이 정부에서 영업하지 말라고 통지가 내려왔다고, 그렇다고 어디 갈 데도 없으니 따분해서 죽을 지경이라고 했다.

오후에 도움을 요청하는 전화를 한 통 받았다. 도움을 청한 사람 말로는 우한에 여든이 넘은 외할아버지와 외할머니가 계시는데, 두 분 다 흉부 CT를 찍고서 확진 판정을 기다리고 있으며, 핵산 검사(Nucleic Acid Test)를 해야 하는 상황이었다. 도움을 청한 분의 이모가 이 두 노인을 돌보고 있는데, 일회용 장갑과 소독약이 필요하다고 했다.

집에 장갑과 소독약이 조금 있기도 하고, 그분 외할아버지와 외할머니가 계신 곳이 집에서 그리 멀지 않은 편이라 자전거를 몰고 가서 가져다드리면 되겠다고 생각했다. 그런데 도움을 청한 분이 제발 직접 가져다주지 말라고, 특수한 시기이니 개인 방역 잘해야 한다고 했다. 택배 회사에 연락했더니 택배기사분 말씀이, 우한 시내로는 택배 발송이 가능하지만 시외로는 불가능하고, 외지에서도 우한으로는 의료품만 보낼 수 있으며, 지금은 항공 운송만 가능한 탓에 액체는 발송할 수 없다고 했다. 나중에는 오늘은 그나마도 발송조차 할 수 없다면서, 무인 택배함에 가져다 놔도 물건을 가지러 갈 방법이 없으니 반드시 택배 접수처까지 물건을 가져가서 보내야 한다고 했다. 그래서 내일 가려고 했더니, 도움을 청한 분이 가족들이 의료품을 손에 넣었다고 알려 줬다.

독자 댓글

└ 요 이틀간 본 뉴스에 정말 분통이 터져 죽을 것 같아요. 그 바람에 두드러기가 또 도졌지 뭐예요. 화만 나면 온몸이 가렵다니까요! 어김없이 글을 업데이트하시는 모습을 보니 정말 기뻐요. 하지만 님 계정의 트래픽이 제한된 것 같아요! 매일 님 글 보러 오고 있어요. 힘내세요!

└ 매일 님의 일기를 보다 보면, 정말 기가 찰 때가 있습니다. 우한에 있는 님은 매일같이 밖에 나가는데, 쓰촨(四川) 소도시에 사는 우리는 겁이 나서 단지 밖으로도 못 나가니 말입니다.

타인과의 연결을
모색하다

매일 밖에 나가는 게 내 중요한 일상이 되었다.

사실 꼭 밖에 나갈 필요는 없다는 생각이 들지만, 그래도 고집스레 외출을 강행하고 있다.

난 무슨 고집을 부리고 있는 걸까? 이 도시에 내려진 봉쇄 조치가 내일 갑자기 풀릴 리도 없고 바깥세상이 하루 사이에 천지개벽할 일도 없다. 이건 사실 일종의 소소한 반항이다. 정보가 봉쇄된 상황에서 진짜 정보를 찾고, 격리된 와중에 타인과의 연결을 모색하고, 불확실한 상황에서 어떤 확실성을 찾아가려는 것이다.

어제저녁에는 마늘종 고기 볶음과 죽을 먹었다.

밤의 채팅에서 어떤 친구는 어제 엄마와 함께 춤을 추었다고 했다. 또 다른 친구는 레고 블록을 쌓으며 버지니아 울프(Virginia Woolf)의 오디오북을 들었다면서, 여성은 자신과 현실의 관계에 주의를 기울여야 한다고 말했다. 베이징에는 눈이 내렸다고 한다.

채팅을 하면서 중간중간 온라인 연락 자원봉사를 했다. 친구들의 대화를 놓치고 싶지는 않아서 화상 채팅창을 켜 놓고 친구들의 목소리를 들으면서 했더니, 마음이 푹 놓였다.

아침이 되어, 밖에서 짹짹 울어 대는 새소리에 잠이 깼다. 침대에서 일어나 창밖을 보니 바깥이 희뿌옜다. 10시가 넘어서야 날이 개기 시작했다. 운동을 마치고 아침을 먹은 뒤 문 열고 나갈 준비를 하다가, 내가 마스크를 쓰지 않았다는 걸 깨달았다. 경계심을 내려놓고 사는 것도 참 어려운 일이다. 아파트 아래에서는 누군가 줄넘기를 하고 있었다.

요 이틀 사이에 거리의 환경미화원들이 일회용 마스크를 착용하기 시작했다. 오늘은 환경미화원 두 분과 관리사무소의 청소 담당자 한 분을 인터뷰했다. 올해 쉰 살이 된 류(劉)씨 아주머니는 남편이 우한 분으로, 결혼 후 이곳으로 이사를 왔다. 한 단지에서 일을 하는데, 매일 20~30분을 걸어서 출근한다. 아주머니는 방호복 차림에 3M 마스크를 쓰고 있었는데, 관리사무소에서 방호복과 마스크를 지급해 주기는 한다지만 수량이 부족해서 제때 지급이 안 되다 보니 방호복도 낡은 상태였다.

지금은 주민들이 다들 밖에 나오지 않고 청소 담당자들이 가져가도록 쓰레기를 입구에 내놓는다. 아주머니 말씀에 따르면, 청소 일을 하는 사람들 대부분이 나이가 많은데, 코로나에 전염될까 봐 무서워서 출근하지 않는 사람이 수두룩하다. 그런데 왜 계속 일을 하느냐는 내 물음에 아주머니는 "누군가는 해야 하지 않겠느냐."라고 답했다.

방호복을 입고서 일하는 탓에 쉼 없이 땀이 흐르고 온몸이 푹 젖어 버려서, 집에 가면 꼭 매일매일 샤워를 해야 한다. 락스 같은 소독제로 집 안 소독도 하는데, 그 일도 다 당신 몫이라고 했다.

해가 나서 잠시 강가를 걸었다.

잠깐 쉬는 사람도 있고, 운동하는 사람도 있었다. 1단 철봉을 넘을 줄 아는 노인이 한 분 있었는데, 몸이 아주 건장했다. 마흔을 살짝 넘겼을 무렵 3고(고혈압, 고지혈, 고혈당)가 시작됐고 당뇨병까지 얻었는데, 그때부터 약은 먹지 않고 운동을 시작한 덕분이라며, 전염병이 퍼진 기간에도 매일 나와서 운동을 한다고 했다. 한 집에 3대가 같이 사는데, 가족들은 모두 집 밖으로 나오지 않는다. 하지만 당신은 무섭지 않다면서, 건강이 괜찮은 편이라 밖에서 찬거리 사 가는 일을 맡고 있다고 했다.

오후에는 봉쇄 상황에서 내가 어떻게 살고 있는지 공유하는 팟캐스트 1회분을 친구와 함께 녹음했다.

일기를 쓰기 시작해서 다행이다. 일기 쓰기 역시 내 일상의 한 부분이 되었으니 말이다.

4장
살아 있다는 건
우연이자 행운일 뿐

개도 마스크를 썼네

며칠 전에 어떤 사람이 위챗 모멘트에 올린 글이다.

도시와 촌을 봉쇄한 지 이제 겨우 며칠, 미치기 일보 직전 상태가 된 젊은 남자들이 수두룩하다. 일 년 사계절 이런 삶을 사는 여자들이 얼마나 많을지 한번 생각들 해 보시길.

봉쇄는 여성들이 공적 생활에 참여하지 못하며 느끼는 바를 남자들이 어느 정도 체감하는 계기가 되었다.

수많은 기혼 여성이 결혼 후 어쩔 수 없이 가정 안에서 쳇바퀴를 돌며 살기 시작한다. 풀타임으로 직장 생활을 하는 여성들도 퇴근하면 빨래와 밥을 하고, 아이를 돌보며, 주목받지 못하는 수많은 가사 노동을 한다. 이들의 공적 생활은 끊임없이 축소된다. 동료 및 친구와 대화할 시간은 점점 줄어들고, 자기 자신보다 가정에 더 많은 관심을 쏟아붓는다.

어제 저녁밥은 셀러리 닭가슴살 볶음과 죽이었다.

밤의 채팅에서는 2008년 원촨 대지진 이야기를 나눴다. 그저께 청두(成都)에서 지진이 일어났기 때문이다. 친구들은 2008년 당시 자기들의 상황을 이야기했다. 당시 상당수가 아직 고등학생이었는데, 어떤 친구는 역사 교과서를 들고 교실을 뛰쳐나왔다고 했고, 다른 친구는 진동이 심하게 감지되지 않는 도시에 있었던 까닭에 계속 수업을 했다고 했다. 또 다른 친구는 자기가 곧 죽겠다 싶어서, 죽은 뒤에 폼페이 같은 유적이 되어 사람들의 연구 대상이 될 거라는 공상에 빠졌다고 했다.

지진과 관련해 기억에 남는 뉴스 이야기도 나왔다. 예를 들면, 구조된 뒤 콜라를 마시고 싶어 했던 아이 소식 같은 것들 말이다. 학생들을 대피시키지 않고 혼자서 먼저 교실을 떠나 버린 교사인 판파오파오(范跑跑)*를 떠올리는 친구도 있었다. 당시

판파오파오는 집단적으로 욕을 먹었다. 하지만 이제 와서 보니 판파오파오가 그렇게 괘씸하게 느껴지지는 않는다.

우리는 집단주의와 영웅주의를 다시 살펴보았다. 재난이 일어나면, 무조건 희생하는 영웅을 만들어 내고 소위 '이기적인' 행동을 비하하는 문화가 있다. 하지만 이기적으로 보이는 수많은 행동이 실은 자기 자신을 지키기 위한 행동에 불과하다.

집단주의에는 강력한 정서적 전염성이 있어서 혐오를, 더 나아가 증오를 조장한다. 중국인이 일본인을 싫어하는 것이 바로 그런 예이다. 이런 감정은 그 상황 속에 있는 사람을 보지 못하게 만든다. 이번 코로나19 사태에서는 우리가 의료진의 노고를 칭송하는 데 그치지 않고 그들의 연약한 면도 들여다보고 있으니, 정말 다행스러운 일이다.

오늘은 환경미화원 세 분을 인터뷰했다.

천(陳)씨 아주머니는 올해 마흔넷, 이 일을 한 지는 1년 되었다. 샤오간(孝感) 출신이며 남편도 환경미화원인데, 세 식구가 우한에서 세를 들어 살고 있다. 아주머니가 환경위생국과 맺은 계약에는 사회보험이 포함되어 있다. 도시가 봉쇄된 뒤, 일하는 곳에서 마스크를 모두 열여섯 개 지급해 주었지만 그걸로는 부

판파오파오('줄행랑 판'이라는 뜻 — 옮긴이)라고 놀림을 당하게 되었다. (원서 편집자 주)

족하다. 마스크 외에도 작업용 장갑이 지급되었는데, 익숙하지 않아서 여전히 당신의 털장갑을 끼고 일한다. 아주머니는 요즘 매일매일 샤워를 하고, 옷을 갈아입고, 집을 소독한다. 집안일은 주로 아주머니 몫이다.

요즘은 거리에 마스크 폐기 전용 쓰레기통이 비치되어 있는데, 아주머니 말씀으로는 방호복을 입은 전문가가 와서 깨끗이 처리한다고 한다. 아주머니와 이야기를 나누는데, 제복 입은 사람 몇 명이 걸어왔다. 뭐 필요한 거 있으시냐는 물음에 아주머니는 딱히 필요한 건 없다고 했지만, 나는 얼른 아주머니에게 마스크 한 꾸러미를 건네고서 자리를 떴다.

대충 100여 미터 정도 자전거를 몰고 가다 보니 경찰 병원이 한 곳 보였다. 밖에서는 별다른 이상한 점이 눈에 들어오지 않았다. 단지 하나를 지나갔는데, 식재료가 엄청 쌓여 있는 입구에서 경비가 주민들 체온을 재고 있었다. 나와서 식재료를 가져가는 주민은 체온을 잰 뒤에야 단지로 들어갈 수 있었다.

폐쇄된 화실과 호텔도 지나쳤다. 방호복을 입은 사람 여럿이 밖에 서 있었다. 길가에 세워진 차에 "전염병 확산 사태를 통제하자. 시민들의 편리를 도모하자. 단지를 위해 복무하자."라는 표어가 붙어 있었고, 기사는 차에서 쉬고 있었다. 문이 닫힌 우한시 적십자회 훈련 센터와 여전히 영업 중인 순펑택배가 보였다. '우타이산하오자오터우작명소'라는 이름의 점포는 문이 열려 있었다.

맛집 거리인 후부샹(戶部巷)도 지나갔는데, 마지막으로 왔던 때가 2012년경이었을 거다. 인파로 북적이던 곳인데 지금은 사람이 드문드문 얼마 되지 않았다. 문이 열려 있던 향토 가정식 식당에 제복 입은 사람이 와서 포장 음식을 가져갔다.

강가에서 집으로 걸어갔다. 개를 데리고 달리는 사람이 있었는데, 개도 마스크를 쓰고 있었다. 강가에서 섹스를 하는 것 같은 사람들도 있었다. 여자는 강가의 돌의자에 앉아 있고 남자는 여자 위에 누웠는데, 남자 바지가 반은 열려 있었다.

두 노인이 강가로 의자를 들고 나와서 햇볕을 쬈다.

사방에 사람 하나 없는 곳에서 마스크를 벗고 잠시 편하게 숨을 쉬다가 마스크를 쓰던 찰나, 다시금 속박되는 느낌이 들었다.

독자 댓글

└ 후부샹 부근에 사세요? 거기 제가 어린 시절 살았던 곳에서 엄청 가까운데.

└ 곧 단지도 봉쇄될 거예요. 앞으로는 아마 밖으로 못 나가실 듯.

"다 지나간다"고
쉽게 말하지 마세요

계속 일기를 써 나가기가 쉽지 않다.

일기 쓰는 습관도 없고, 이 나이 먹도록 일기 한 권을 끝까지 다 써 본 적도 없다. 게다가 일기를 쓰지 않은 지 이미 여러 해이고, 써도 특별한 일들, 감정적인 기복 같은 거나 기록하는 정도에다 밑도 끝도 없이 끄적인 것들도 많아서, 나중에 다시 보면 도대체 그때 무슨 일이 일어난 건지 나조차도 기억이 나지 않을 정도이다. 일상생활이라는 게 결국 여러 자질구레한 일들의 반복으로 이루어지다 보니 지루해지기 마련이지만, 그래도 우리가 기록한 일들이 어느 시점에서는 우리에게 특별한 의미를 던져 준다고 생각한다.

어제 저녁밥은 우렁이 쌀국수였다.

한 친구가 밤의 채팅에서 다들 매일매일 어떻게 지내는지를 알고 싶어 했다. 어차피 매일 채팅에서 만나기 때문에 서로의 일상이야 다 꿰뚫고 있는데 여전히 다른 사람의 일상에 호기심을 느낀다고 하니, 참 대단하다 싶었다.

잠이 오지 않으면 일어나서 일을 한다는 친구도 있었고, 그럴 땐 즈후(知乎, 지식공유 플랫폼 사이트 — 옮긴이)를 들여다본다는 친구도 있었다. 열흘 넘게 이어진 가족들과의 밀월 기간이 끝나가는 친구도 있었고, 어떤 친구는 월경대를 안쪽에 붙이는 DIY 마스크 제작 방법을 생각해 냈다고 알려 주기도 했다.

또 한 친구는 책을 한 권 읽었는데, 그 책에 페미니즘과 감정에 관한 부분이 있다면서 내용을 소개해 줬다. 작가가 말하길, 희망이 고통을 끝내 준다고 착각하는 사람이 많은데 희망은 지금 이 순간과 과거를 부인하는 게 아니라 지금부터 앞으로 나아가는 거라 했다고. 전염병이 확산되는 지금 상황에서 다른 사람에게 쉽게 "다 지나간다."고 해서는 안 된다. 그렇게 쉽게 지나가지 않을 테니까.

그러고 나서 우리는 관계에 관한 이야기를 나눴다. 사회가 여성들에게 독립적인 삶을 권하기보다는 관계에 더 치중한 삶을 권한다는 말이 나왔다. 여학생들이 화장실에 같이 가는 경우가 있는데, 한 친구는 고등학교 다닐 때 화장실에 가고 싶지 않은데도 다른 친구와 함께 화장실에 간 적이 있다고 했다. 관계를 유지하기 위해 그런 식으로 노력해서 상대방의 인정을 받고 싶었던 것뿐이었단다.

부모와의 관계에서 불만을 느끼면서도 어쩔 도리가 없다고 생각하는 사람들이 많다. 부모와의 관계에는 부모가 영원히 자녀 곁을 떠나지 않는다는 잠재적인 규범이 존재하는데, 이것이 심리적인 안정감이 결핍된 사람에게는 무엇보다 중요하다. 이 점에서 부모 자식 관계는 굉장히 특수한 면이 있다. 노인 복지 제도가 완비되지 않은 탓에 중국의 노인들은 가정의 돌봄에 기댈 수밖에 없다. 이는 곧 자식이 노인들을 돌본다는 의미이다. 부모 자식 관계의 속성상 구속이 어느 정도 존재할 수밖에 없다는 뜻인데, 부모와 학교 친구를 고를 수 있는 게 아니니 이런 관계에서 문제가 생긴다 한들 떠날 방법이 없다.

경제적으로 독립하기 시작하고, 뜻이 맞는 친구와 사귀기 시작하고, 상대적으로 평등한 관계 속에서 감정적으로 기대고 상대를 받아들이게 될 때가 되어서야 점차 이 구속에서 벗어날 수 있다.

어젯밤에는 뜻밖의 일이 터졌다.

작년에 안과 검사 결과 원추각막 진단을 받았다. 원추각막은 되돌릴 수도 없고 치료도 안 되는 안과 질환으로, RGP 렌즈(가스 투과성 경성 렌즈)를 껴서 질환의 진행을 억제해야 한다. 그래서 3,800위안(한화 약 64만 원)을 들여서 값비싼 RGP 렌즈를 샀고, 요즘은 매일 그걸 끼고 지낸다.

이 렌즈는 흡착기를 써서 꺼내는데, 어젯밤에는 왼쪽 눈에 있던 렌즈를 꺼내려고 한참을 시도해 봐도 렌즈가 나오지 않았다. 쉬지 않고 흡착기로 왼쪽 눈을 흡착했고 흡착력도 상당했는데 렌즈의 흔적을 찾을 수 없었다. 예전에도 비슷한 상황이 벌어진 적이 있지만 그때는 결국 꺼내는 데 성공했었다.

지금은 병원에 갈 수 없는 상황이니 인내심을 발휘해 가며 흡착기로 렌즈를 꺼내는 수밖에 달리 도리가 없었다. '렌즈가 아직 내 눈에 있기는 한 걸까?' 차차 이런 의구심이 들기 시작했다. 눈에 눈물이 가득 고인 탓에, 앞이 또렷이 보이지 않는 이유가 뭔지 판단하기 어려웠기 때문이다.

예전에는 실수로 렌즈를 바닥에 떨어뜨려도 나 대신 렌즈를 찾아 줄 사람이 있었다. 그렇지만 지금은 혼자서 안경이 있는 책상까지 걸어가야 했다. 렌즈가 바닥에 떨어져 있기라도 하면 책상까지 가면서 렌즈를 밟아 버릴 위험도 있었지만, 다른 선택지가 없으니 도박을 걸어 볼 수밖에. 무사히 안경을 끼고 렌즈를 꺼낸 수납장 위와 그 옆을 여러 번 살펴봤지만 렌즈는 보이지 않았다. 그래서 탐색 범위를 조심조심 넓혔다. 결국 1미터쯤 떨어진 바닥에서 렌즈를 찾았다. 기적 같은 일이었다.

어제 만가연(萬家宴)을 연 바이부팅(百步亭) 단지의 여러 동에서 코로나19 의심 환자와 확진자가 나왔다.* 친구가 메시지를 보내 알려 준 소식이다.

오늘은 볕이 아주 좋았다. 이런 날 밖에 나가지 않는 건 시간을 버리는 일이다.

아침에 밖으로 나가는데, 단지 경비실에 체온 측정소 관련 정보가 붙어 있었다. 동네 밖 의자 위에는 고양이 한 마리가 묶인 채로 햇볕을 쬐고 있었다.

자전거를 타고 가던 중 격리 관찰 대상인 해산물 요릿집을 지나쳤다. 길가에 자전거를 세웠다가 1~2킬로미터 더 몰고 가봤지만 환경미화원과 마주치지는 못했다. 호수 하나를 지나친 뒤 자전거에서 내려 호숫가를 따라 한 바퀴 걸었다. 호숫가 저쪽을 돌다가 알게 되었는데, 여기가 바로 며칠 전 지나친 네이사후공원이었다. "공원 입장 시 마스크를 착용해 주십시오."라는 안내 문구가 붙은 곳이 보였다.

마주친 사람은 네 명밖에 되지 않았고, 그중 둘은 호숫가에서 뭔가 열심히 토론을 벌이고 있었다. 그 사람들을 보고 있자니

---

* 바이부팅 단지의 만가연은 1월 19일에 열렸고, 총 4만여 가정이 참여했다. 코로나19 감염 사태가 터진 뒤였음에도 평소대로 진행했기 때문에 당시 적지 않은 논란을 불러일으켰다. 이후 2월 4일부터 이 단지에서 다수의 코로나19 의심 사례가 나오면서 지역 사회 감염 의혹이 일었다. (원서 편집자 주)

나도 모르게 서글퍼졌다. 예전에는 사람 많은 곳은 질색이라 명절이나 휴일이 되면 되도록 사람 없는 곳을 골라 도망치곤 했다. 공원에 사람이 적어 서글퍼지는 오늘 같은 날이 오리라고는 단 한 번도 생각해 본 적이 없다.

자전거 타고 집에 가던 길에 순평택배 접수처를 지나쳤다. 라면을 먹는 사람도 있고 엎드려서 쉬는 사람도 있었다. 쓰메이찐 빵집 문이 열려 있어서 얼른 자전거에서 내려 건너가서 살펴봤지만, 영업을 하고 있지는 않았다.

그러다가, 일을 하고 있던 환경미화원 츄(秋)씨 아주머니와 마주쳐 잠시 이야기를 나눴다. 봉쇄 이전에는 매일 아침 6시면 일어나서 밖에 나가 장을 본 다음 집에 돌아가서 이런저런 잡다한 집안일을 하다가 밥해서 먹고 10시 넘어 출근하러 문밖을 나섰는데, 요즘은 오히려 아침에 잠도 더 잘 수 있다고 했다. 매일 밤 집에 돌아가면 락스로 집 안을 싹 소독하고, 밥그릇과 수저는 전부 세정제로 닦는다고도 했다.

집에 가면서 아주머니에게 마스크를 좀 드렸더니 아주머니가 물었다. "아가씨 쓸 거는 충분해요?"

독자 댓글

ㄴ 햇볕 쬐는 고양이가 우리 집 고양이와 좀 비슷하네요.
하하하하하!

└ 나갈 때도 개인 방역 조치 단단히 하셔야 해요!

└ 봉쇄 풀리면 식당에 가서 우렁이 쌀국수 한 그릇 먹고
  싶네요.

└ 요즘 같은 때 유기묘, 유기견 들 정말 너무 불쌍해요.
  길가에 사람이 드무니 먹이도 찾을 수 없을 거예요.

사탕 한 알의 행복

어제 '전원 속으로'와 함께 녹음한 팟캐스트가 공개된 뒤, 웨이보에 근심으로 가득한 온갖 댓글들이 올라왔다.

"회사가 버티지 못하고 망할 것 같아 걱정이에요. 직장을 잃으면 어떡하죠. 매달 내야 하는 주택 대출금이 8,000위안(한화 약 136만 원)이고 월세가 2,000위안(한화 약 34만 원)인데……. 사는 게 정말 너무 힘드네요!"

"벌써 살이 3킬로그램 넘게 빠졌어요. 매일같이 전염병 확산 관련 자료를 보고 있으니 온몸이 덜덜 떨려요. 코로나 관련 소식이면 전국 소식이든 제가 사는 성이나 시의 소식이든 상관없이 다 몸이 떨리네요."

안 그래도 사는 게 정말 만만치 않은 봉급생활자들이 한둘이 아니다. 살려고 있는 힘을 다해 발버둥 쳐도 숱한 풍파를 견뎌 낼 재간이 없다. 그렇지 않아도 자기 삶을 통제하고 있다는 느낌이 없이 사는데 여기에 전염병까지 덮치면서, 그간 잠재되어 있던 수많은 문제가 수면 위로 떠올랐다. 그런데 이를 해결해 줄 공적 해결 방안과 조치가 나오지 않으니 개인은 더욱 무력해질 수밖에.

어느 네티즌은 이렇게 말했다. "국민은 정부가 책임질 줄 알고 믿음을 줄 때, 국민에게 관심을 기울일 때, 비로소 상황이 통제되고 있다고 느끼는 겁니다."

어제저녁에는 연근 볶음과 죽을 먹었다.

밤의 채팅에서 한 친구는 사법고시 영상을 보기 시작했다고 했고, 다른 친구는 훠궈를 먹었다고 했다.

우리는 어젯밤에도 관계에 대한 토론을 이어 갔다. 관계 속에서 어떻게 자아를 확립할 것인지 이야기를 나눴는데, 부모 자식 이야기가 다시 나왔다. 부모들 중에 자기 아이를 폄훼하고 부정하는 사람들이 있다. 그런 부모 밑에서 자란 아이는 쉽게 열등감에 빠지고, 자기가 잘하고 있는지, 맞게 하고 있는지 늘 의심한다. 반면, 아이를 격려하는 부모도 있다. 이런 부모 밑에서 자란 아이들은 상대적으로 자신감이 넘친다. 한 친구는 자신감이라는 건 마르지 않는 우물 같아서 다른 사람이 좀 떠 가도 계속 샘솟기 마련이라고 했다.

다들 한때는 비좁은 테두리 안에서 제한적인 관계를 맺으며 지냈고, 그 관계가 세상의 전부인 줄 알았다. 그렇다 보니 그 안에서 일희일비하고 자기 자신을 갈아 넣을 수밖에 없었다. 그런데 이제 와서 보니, 자기 자신을 갈아 넣는다고 관계의 기초가 다져지는 건 아니었다. 그보다 더 중요한 건 서로 공감하는 것이었다.

오늘은 비가 내려서 결국 나가지 않기로 했다.

아침에 한 네티즌의 도움 요청 메시지를 받았다. 그의 남편과 시부모가 코로나19 확진 판정을 받았고 시부모 두 분은 이미 돌아가셨는데, 집에 네 살짜리 아이와 생후 한 달밖에 되지 않은 아기까지 아이가 둘 있다고 했다. 본인도 코로나19 의심 증상이 있어서 현재 격리 중이라, 두 아이 돌보는 게 걱정이라고 했다. 전화를 걸어 상황을 물었더니 당분간 아이를 돌봐 줄 사람이 생겼다는 답변이 돌아왔지만, 말투에 근심이 가득했다. 격리 이후의 상황을 불안해했고, 아이가 계속 돌봄을 받을 수 있을지 걱정했다.

원래는 차분히 앉아서 요 며칠 동안 진행한 환경미화원 인터뷰를 정리할 생각이었지만, 정신을 집중하기가 힘들었다.

바깥은 여전히 고요하고 쓸쓸했다. 나는 시도 때도 없이 창밖을 바라보았다. 마음에 뭔가 걸리는 게 있기라도 한 것처럼, 뭔가를 확인하고 있었다.

정신을 차리려고 있는 힘껏 노력했다. 잠시 잠깐 일을 하든 짧게나마 공부를 하든, 무엇이든 괜찮았다. 그게 뭐든 시작해야만 했다. 딴생각이 들 때마다, 어떻게 해야 내가 좀 더 나아질 수 있을지를 궁리했다.

비축해 둔 사치품 중에 사탕이 있었다. 한참 동안 입에 물고 있을 수 있는 과일 사탕 같은 거였다.

그 사탕을 한 알 꺼내 입에 물었다. 작은 행복감이 고였다.

공정하지 않은 죽음

유언비어라는 게 뭘까?

유언비어가 뭔지는 누가 그걸 규정하느냐, 누군가에게 그 결재권이 있느냐, 또 어떻게 판단해서 결정하느냐에 따라 달라진다.

그냥 간단히 "난 저 사람이 한 말에 동의할 수 없어. 저건 유언비어야!" 이런 식으로 판단을 내릴 게 아니라, 그게 사실인지 거짓인지 검증하는 과정이 있어야 한다.

어제저녁에는 표고버섯 고기 볶음과 죽을 먹었다.

밤의 채팅 주제는 죽음이었다.

외할아버지와 외할머니가 몇 년 전에 잇따라 돌아가신 뒤로 나는 요즘도 종종 두 분 꿈을 꾸곤 한다. 가족계획 정책 때문에,

엄마는 남동생을 임신한 뒤 나를 외할아버지와 외할머니께 보냈고* 나는 일곱 살 무렵이 되어서야 부모님 곁으로 돌아와 함께 살게 되었다. 열 살이 될 때까지도 매년 설은 외가에서 보냈다.

외할아버지와 외할머니는 나한테 강제로 뭘 하라고 하신 적이 거의 없다. 동네에 내 또래 친구가 없어서 대부분 혼자서 책이나 텔레비전을 보면서 지냈지만, 무척이나 자유로웠다. 나는 한동안 외할아버지와 외할머니가 돌아가셨다는 사실을 마주하지 못했다. 누구에게 이 일을 이야기해야 하는 건지, 어떻게 이야기해야 하는 건지도 알 수 없었다. 죽음을 이야기하는 게 익숙하지 않았다.

우리는 곧 죽음을 맞이하게 될 사람에게 당신이 곧 죽게 될 거라고 알리지 않고 숨긴다. 죽음은 너무나도 무겁다. 나도 죽음에 관한 이야기를 꺼내 다른 사람에게 부담을 주고 싶지 않다.

이미 엄마를 잃은 한 친구가 말했다. "난 가족들과 엄마 이야기를 나누곤 해. 왜냐하면 엄마는 나한테 정말 중요한 존재이고, 계속 우리와 함께 살고 계시니까." 친구들이 하나둘 죽음에 대한 불안을 털어놓았다. 어떤 친구는 죽음 직전에 느낄 고통을

---

* 중국은 1979년 개혁개방과 함께 인구 억제를 위한 강력한 '한 자녀' 정책을 펴 왔다. 아이가 있는데 둘째를 임신하면 처벌 대상이 되었으므로, 아이가 있다는 사실을 숨기려고 아이를 먼 친척집이나 시골집에 보내 숨기고 둘째를 임신하는 경우가 있었다. 이 산아 제한 정책은 2015년에 공식 폐지되었다. (옮긴이 주)

두려워했고, 어떤 친구는 '나'의 소멸과 자아의식의 소멸을 무서워했다. 한때 잠을 자는 게 죽는 것과 너무도 닮았다는 생각에 잠잘 엄두를 내지 못했다는 친구가 있는가 하면, 죽고 나서 자기 재산이 어떻게 처리될지 걱정하는 친구도 있었다.

우리는 암에 걸렸음에도 살기 위해서 싸우는 수많은 암 환자 이야기를, 암을 극복하고 여러 해를 사는 사람들 이야기를 했다. 전염병 확산 사태 속에서 갑작스럽고도 집중적으로 발생한 죽음들도 이야기했다. 이들은 장례식도 치르지 못했고, 사랑하는 사람들과 작별 인사도 나누지 못했다. 임종 간호 같은 건 더 말할 것도 없다.

갑자기 한 친구가 말했다. "리원량(李文亮)**이 죽었어!"

다들 깜짝 놀라 소리쳤다. "뭐라고?!"

또 한 친구가 말했다. "이건 공정하지 않은 죽음이야. 우리가 지금 살아 있는 건 그냥 우연이야. 운이 좋아서일 뿐이라고."

채팅이 끝난 뒤 위챗 모멘트를 훑어봤더니, 다들 리원량의 사망 소식이 유언비어이기를 바라고 있었다. 하지만 유언비어를 우리 멋대로 규정할 수는 없다. 믿고 싶지 않다는 이유로 우리

** 코로나19 바이러스의 위험성을 최초로 경고한 의사. 진료 도중 코로나19 바이러스에 감염되어 진행한 폐렴으로 34세에 사망했다. (옮긴이 주)

멋대로 유언비어로 둔갑시킬 수는 없다.

침대에 누워 있는데 나도 모르게 눈물이 흘러 내렸다. 잠시 뒤 울음이 터져 나왔다. 머릿속은 온통 '왜?'로 가득 차 있었다. 어떻게 잠이 들었는지 모르겠다.

오늘 아침, 잠에서 깨어 엎치락뒤치락하며 다시 몇 번이나 잠을 청하기는 했지만, 자려고 그랬던 건 아니다. 단지 일어나서 세상을 마주하고 싶지 않았던 것뿐이다. 결국엔 일어나서 휴대폰을 켰다. 온통 리원량의 소식으로 도배되어 있었다.

"이해가 가지 않는다!"라고 문구를 써넣은 마스크를 쓰고 사진을 찍은 사람이 있었다. 리원량이 유언비어를 유포했다는 이유로 훈계를 당했는데, 그의 훈계서에 이렇게 쓰여 있었기 때문이다.

경찰　　선생님께서 냉정하게 제대로 성찰하시기를 바라며 엄중하게 경고합니다. 만일 본인의 의견을 고집한다면, 뉘우쳐 고칠 생각을 하지 않고 계속해서 위법 활동을 해 나간다면, 법의 제재를 받게 될 것입니다! 알아들으셨습니까?

리원량　　이해했습니다.

다시 눈물이 흐르기 시작했다. 이렇게 터무니없는 사회에서 어떻게 살아가야 할까?

그래도 열심히 살아가야 한다. 열심히 살아가는 것도 일종의 투쟁이다. 그래서 평소처럼 운동을 했다. 운동을 하고 나서는 집에 있을 수가 없어서 밖으로 나갔다. 나갈 때 보니 엘리베이터에 버튼 누를 때 쓰라고 곽 티슈가 한 상자 붙어 있었다.

다른 사람에게 리원량의 이야기를 해야 한다. 우리는 그 사람을 기억해야 한다.

요즘은 강가에 가는 사람이 거의 없지만, 강가에 자주 가는 나는 강변 관리인과 안면을 텄다. 강가까지 걸어가서 그에게 물었다. "리원량이 어제 사망했다는 사실 아세요?"

말이 떨어지고 나니 드는 생각. '리원량이 대체 몇 시에 죽었는지 내가 알기는 하나?' 어떤 사람 말로는 리원량의 심장이 멎은 건 어젯밤 9시 반 무렵인데, 나중에 체외막산소공급(ECMO) 응급 치료를 받았다고 한다. 우한중심병원 웨이보 계정에 메시지가 올라온 건 오늘 새벽 3시 48분이었다. 리원량이 새벽 2시 58분에 세상을 떠났다는 메시지였다.

관리인이 대답했다. "알죠. 휴대폰에서 봤어요. 근데 그 이야기는 할 수가 없는데."

억울한 마음에 이렇게 말했다. "리원량은 코로나19 소식을 제일 먼저 알린 사람이었어요. 그런데도 유언비어를 유포한 사람 취급을 받았다고요. 그런 사람이 죽다니, 너무 가슴이 아파요."

"그런 일이야 널리고 널렸죠. 일 때문만 아니면 나도 밖에 안 나오고 집에 있을 겁니다."

"전 집에 있자니 너무 답답해서 나와서 걷고 있어요."

"안전에 주의하세요."

"그쪽도요."

오늘 강가에는 유난히 사람이 적었다. 겨우 두 사람 본 게 다였다. 손을 짚지도 않고 1단 철봉을 넘던 그 노인도 보이지 않았다.

집에 돌아와 촛불 하나를 켜 놓고 리윈량을 애도했다.

샤워를 하다가 휴대폰으로 〈인터내셔널가〉를 반복 재생시켜 놓고 목놓아 울었다. 한 번도 느껴 본 적 없는 슬픔이자 한 번도 느껴 본 적 없는 분노였다.

독자 댓글

┗ 후베이성 전체가 폐쇄 관리 체제로 들어갔네요. 리윈량 의사를 추모합니다.

┗ 공의(公義)는 어디 있나요? 리윈량 의사의 명복을 빕니다.

┗ 어제 뉴스 본 뒤부터 계속 눈물을 훔치고 있어요. 정말 가슴을 후벼 파는 고통스러운 소식이에요.

┗ 어떤 때는 삶이 속수무책인 것처럼 느껴져요.

5장
아마도
이게 마지막 외출

서로가 서로에게
빛이 되어 준 밤

어떤 사람은, 전염병 확산 사태가 지나가면 사람들이 이 일을 금세 잊어버릴 거라고 말한다.

왜 망각에 대해 우려하는 걸까?

우리가 이 일을 잊게 되면, 이 사회가 코로나19 확산 사태를 겪고도 개선되지 않고, 다음에 또 이 비슷한 재난이 닥치는 날이 와도 역시나 온전한 방역 체계는 존재하지 않으며, 그래서 누군가는 여전히 부당한 희생을 치러야 하게 될 것이기 때문에 사람들이 망각을 걱정하는 것이다.

하지만 망각이 그렇게 쉬운 일인가. 우리가 모든 사람을 기억할 수는 없겠지만, 우리 대부분은 이 시기를 잊지 못할 것이다. 우리는 여전히 이 시기에 일어난 일을, 이 시기에 만난 사람을 다른 이에게 이야기할 것이다. 우리가 사스를, 원촨 지진을 이야기하듯이.

우리는 앞으로도 이 시기의 기억을 품은 채 살아갈 것이다.

어제저녁에는 아스파라거스 상추 소시지 볶음과 죽을 먹었다.

밤의 채팅에서는 리원량 추모 활동에 대해 이야기를 나눴다. 인터넷에서 어떤 사람이 리원량 추모 활동을 제안했는데, 저녁 8시 55분부터 9시까지 불을 끄고 묵념한 뒤, 9시부터 9시 5분까지는 빛을 내는 거면 뭐든 손에 들고 창밖을 비추면서 다 같이 호루라기*를 불자는 것이었다.(호루라기가 없다면 소리가 나는 뭐든 활용해도 괜찮다.) 다들 앞다투어 호루라기 앱을 내려 받아 시험해 봤는데 소리가 좀 작았다. 한 친구가 호루라기를 직접 만드는 영상을 찾아서 따라 해 봤지만 성공하지는 못했다.

내 방 창문 밖으로 보이는 건물은 평소 빛이 드문드문 얼마 되지 않는다. 그런데 9시가 되니, 몇몇 건물 귀퉁이에서 미약한 빛이 반짝이기 시작했다.

그 순간 어둠 속에서, 우리는 서로가 서로에게 빛이 되었다. 그건 봉쇄를 뚫는 빛이었다.

다들 더 많은 일을 하고 싶다고, 비극적인 희생을 줄이는 데

---

* 중국 사람들이 리원량을 '호루라기를 분 사람'이라고 부르는 데서 착안한 추모 방식이다. '호루라기를 분다'는 건 내부고발을 한다는 뜻이다. (옮긴이 주)

기여하고 싶다고 했지만, 그게 정말 어렵다고 토로했다. 그러자 한 친구가 제안했다. "상상력을 좀 발휘해 보자고. 초능력을 가질 수 있다면 어떤 초능력을 갖고 싶어?"

"밥을 안 먹어도 배가 고프지 않고, 샤워하지 않아도 더러워지지 않는 초능력!" 한 친구가 말했다. 다른 친구는 "사람을 선량하게 만드는" 초능력을 갖고 싶다고 했고, 또 다른 친구는 "나쁜 짓을 반사해 주는" 초능력을 갖고 싶다고 했다. 나쁜 사람이 악한 짓을 저지르면, 그 행위가 그대로 그 자신에게로 돌아가게 하는 능력이라고 했다. 《은하수를 여행하는 히치하이커를 위한 안내서》에 나오는 관점 총(Point of View gun)**이 있으면 좋겠다면서, 이 총으로 동정심 없는 사람이 타인의 고통을 느끼게 하여 남에게 상처 주는 일을 덜 하게 할 수 있다고 말한 친구도 있다.

그러자 한 친구는, 만약 초능력을 얻게 된다면 그 능력이 부당하게 쓰이는 경우가 아주 많이 생길 거라고 지적했다. 초능력은 일종의 권력이고, 제약받지 않는 권력은 남용으로 이어지기 마련이다. 세상에 초능력 따위는 없다는 걸 알면서도 우리는 무력감 때문에 초능력을 갈망하고 갈망했다.

** 《은하수를 여행하는 히치하이커를 위한 안내서》에 등장하는 특이한 무기로 어떤 사람이 이 관점 총을 다른 사람에게 쏘면, 총을 맞은 사람은 총을 쏜 사람의 관점으로 사물을 바라보게 된다. (옮긴이 주)

그래도 무력감과 분노 때문에, 세상에 초능력이라는 게 없다는 사실과, 있다면 남용될 위험이 있다는 걸 알면서도, 우리는 초능력에 대해 열렬히 떠들어 댔다.

사람들은 보통 불공정한 상황을 목도할 때 분노를 느낀다. 그런 분노에는 힘이 있다. 그래서 우리는 우리에게 분노를 불러일으키는 사람과 그런 행동에 대해 이야기했다. 한 친구는 고등학교 때 선생님이 성적이 별로 좋지 않은 어떤 학생을 싫어해서 반 전체 학생들에게 그 학생을 비난하는 글을 쓰게 하고, 그 학생을 쫓아내려고 온갖 방법을 동원한 이야기를 들려줬다. 친구는 그 학생의 장점을 써냈다가, 부모님이 학교에 불려 가는 일까지 벌어졌다고 한다. 다들 비슷한 선생님을, 자기에게 주어진 권력으로 학생을 모욕하는 그런 선생님을 본 적이 있다고 말했다.

우리는 어려서부터 좋은 학생과 나쁜 학생으로 나뉜다. 그리고 이런 분화와 폄하가 갈수록 잦아지면서 사람과 사람 사이에 등급이 형성된다. 그렇게 해서 열등하고 권력이 없다고 분류된 사람은 존중받을 가치도 없다는 듯이 취급을 당한다.

드라마 〈블랙 미러(Black Mirror)〉의 한 회차에 바퀴벌레를 쫓아가서 죽이는 군인들이 나온다. 그런데 그들이 바퀴벌레로 알고 쫓아가서 죽이는 대상은 사실 사람이다. 이 군인들에게 이식된 매스(MASS) 시스템 탓에, 그들 눈에는 유전자에 소위 결함이 있는 사람이 바퀴벌레로 보이는 것이다. 우리가 어려서부터 좋은 학생과 나쁜 학생으로 나뉘듯, 이 드라마에서 군은 인간을 바퀴벌레와 바퀴벌레를 사냥하는 자로 나눔으로써 인간을 소외시키고 더 거창해 보이는 가치를 동원해서 자기들의 살육 행위를 정당화한다.

자기 힘을 믿고 약자를 괴롭히는 사람은 누구나 싫어한다. 사람이라면 진심으로 사람을 대하고 진실을 말하는 사람을 좋아하기 마련이다. 하지만 다들 진실을 말할 엄두를 내지 못하는, 심지어 진실을 말하면 대가를 치르는 사회에서, 진실은 더더욱 값지고 귀해진다.

좋은 학생과 나쁜 학생, 바퀴벌레를 사냥하는 자와 바퀴벌레, 진실을 말하는 자와 진실을 말할 엄두를 내지 못하는 자.

리원량은 진실을 말한 사람이었다.

오늘은 먹을거리가 얼마 남지 않아서 마트에 식재료를 사러 갔다. 나가는 길에 만난 건설 노동자에게 말을 걸어 봤는데, 산둥(山東) 출신의 지하철 건설 노동자로 지하철 역 옆에 세운 컨테이너에 살고 있었다. 마트에 들어가서 체온을 재는데 한 줄기 근심이 머리를 스치고 지나갔다. '열이 나면 어쩌지? 강제로 야전병원에 보내지는 건가? 의료진도, 기본적인 물품도, 음식물도 다 부족해서 오히려 교차 감염이 더 쉽게 일어날 수 있다던데.'

마트에 사람은 많지 않았다. 채소는 충분한 편이었으며 쌀과 국수도 다 있었다. 고기는 남아 있는 게 별로 없어서 닭다리만 두 개 샀다. 직원 말로는 아침에 문 열자마자 모조리 팔려 나갔다고 한다. 요거트 진열대는 좀 비어 있었고 손 세정제는 동이 난 참이었다. 오늘이 정월 대보름인데도 새알심은 충분했다.* 명절 기분이 나지도 않고 특별히 새알심을 좋아하는 것도 아니어서 사지는 않았다.

스샹톈 식당은 병원에 음식을 공급하고 있는 게 틀림없다. 방호복을 입은 두세 명이 와서 음식을 가져갔는데, 가게에 들어가기 전에 알코올로 소독까지 했다. 편의점에는 어제 오후 5시 이후로 잠시 영업을 중단한다는 안내문이 붙어 있었다.

오늘도 날씨는 여전히 음산했지만, 12시가 좀 넘어서 집에 돌아오는 길에 땅바닥에 진 그림자 속에서 햇빛이 반짝거렸다. 빛이 강하지는 않았지만, 그래도 너무 소중했다.

길을 지나가다 보니, 전에 이름을 밝히려 하지 않았던 아주머니가 길바닥에 고인 물을 치우고 있었다. 마스크를 두 개 썼기에 그럴 필요 없다고 말씀드렸더니, 아주머니는 긴장이 역력한 표정으로 이렇게 말씀했다. "라디오 방송에서 이 전염병이 전염성이 아주 강하다던데요. 마스크를 써도 꼭 효과 있으란 법도

---

* 중국에서는 정월 대보름에 찹쌀가루를 동그랗게 반죽한 다음 소를 넣거나 넣지 않은 새알심을 만들어 가족이 함께 나누어 먹는다. (옮긴이 주)

없다고. 나 지금 무슨 일 나면 안 되거든요. 그러면 우리 아들내미는 어쩌라고요."

아주머니의 두려움을 덜어 드릴 방법이 없어 그저 이렇게 물었다. "회사에서 기본적인 방역 교육을 해 주나요?"

"아니요."

마스크를 몇 개 드렸더니 아주머니가 고마워했다. 이번에는 성함을 가르쳐 주셨다. 후(胡)씨 아주머니였다.

독자 댓글

└ 예전에 믿었던 것들이 무너졌다는 생각이 들어요. 게다가 시간이 아무리 많이 지나도 쉽게 원상태로 돌아가지 않을 것 같아요. 정월 대보름 즐겁게 보내세요. 건강 잘 챙기시고요.

└ 제가 있는 이곳까지 긴장감이 점차 확산하고 있어요. 동북 지방에 있는 랴오닝성(遼寧省), 지린성(吉林省), 헤이룽장성(黑龍江省)도 차차 단지들을 봉쇄하고 외출을 제한하기 시작했어요. 전염병 확산 사태가 어서 끝나길, 무고한 사상자가 줄어들길, 우리가 원래 누려야 할 일상을 회복할 수 있게 되길 바라요. 이 전염병 사태를 불러온 잘잘못은 나중에 다시 따지자고요.

인간의 하찮은
비밀 하나

어떤 사람들이 사과를 하지 않을까?

부모들은 거의 사과를 하지 않는다. 사과를 해야 할 때도 늘 "다 널 위해서 그런 거야."라고, 마치 자식들이 그 마음을 알아주지 않는다는 듯, 은근한 질책의 뉘앙스가 담긴 말을 한다.

어느 해 설에, 내가 분명히 선을 보지 않겠다고 했음에도 불구하고 부모님은 선 자리를 잡아 버렸다. 너무 화가 나서 두 분이 나를 존중하지 않았다고, 부모님이 잡아 놓은 선 자리에 나올 사람을 만나러 가고 싶지 않다고 했더니, 두 분은 오히려 예의가 없다며 나를 질책했다.

위챗 모멘트에 이 일을 글로 써서 올렸더니, 어떤 사람이 부모님을 이해해야 한다고, 부모님과 대화를 해 보라고 댓글을 남겼다. 하지만 사실 문제는 내 쪽에 있지 않다. 평등한 대화를 나

혼자서 일방적으로 시작할 수는 없는 노릇이다.

자녀가 이미 성인이 되었는데도 "네가 뭘 몰라서 그래."라는 둥, "내가 살아도 너보다 한참을 더 살았어."라는 둥 여전히 가부장적인 화법을 유지하며 자식을 가르치려 드는 부모들이 참 많다. 부모들은 항상 본인들이 더 높이 서서 전체 상황을 보고 있다고, 본인들이 맞다고 착각한다. 자녀를 자신과 평등하게 보고 존중하지 못한다.

성추행 가해자도 사과하는 법이 거의 없다. 도리어 "당신이 옷을 짧게 입었잖아.", "그쪽이 밤에 외출하지 말았어야지.", "네가 날 꼬셨잖아."와 같이 피해자를 비난하는 발언으로 자신을 변호하면서 본인의 잘못이 아니라고 말한다.

너무나 안타깝게도, 존중받지 못한 사람, 권리를 침해당한 사람은 사과를 받기가 정말 힘들다.

리원량은 사과를 받을 수 있을까?

어제저녁에는 셀러리 건두부 볶음과 죽을 먹었다. 밤에는 리원량 추모 활동에 참여했다.

밤의 채팅 주제는 '종말의 날'이었다. 한 친구가 이런 질문을 던졌다. "만일 인류가 하루 뒤에 멸망한다면 너흰 뭘 할 거야?"

이 문제를 놓고 이야기를 나누다가 깨달았다. 우리에게 살날이 단 하루밖에 남지 않았다면, 세상은 봉쇄된 지금보다 훨씬 더 엉망일 거라는 것을.

생각해 보자. 사람들이 기존의 규칙을 지키는 건 사회 질서를 유지하기 위함이다. 사회는 이를 독려하기 위해, 규칙을 지키는 사람에게는 상을 주고 규칙을 파괴하는 사람에게는 벌을 내린다.

종말의 날이 오면, 사람들은 해 보지 못했던 일을 하고 싶어 할 것이다. 미래가 없으니 윤리도 더는 존재하지 않을 것이다. 종말이 다가온 마당에 다른 사람을 위해 봉사하려는 사람도 없다시피 할 테니, 사람들의 그 많은 낭만적인 상상이 실현되기는 힘들 것이다.

하지만 종말이 찾아온다고 해도 다들 전과 다를 바 없이 욕망과 공포를 느끼겠지. 그러니 서로 애틋하게 그리워하는 사람도 만나려 하지 않을까? 서로 애틋하게 그리워하는 사이란 서로에게 오직 상대방밖에 없는, 어찌 보면 애처롭지만 또 어찌 보면 안전한 그런 관계인데, 문제는 이런 사람을 찾는 게 여간 어려운 일이 아니라는 거다. 내가 애틋하게 그리워하는 그 사람이 나를 똑같이 그리워하리란 법은 없지 않나. 교통까지 마비된 마당에 애타게 그리워하는 그 사람과 함께 있을 수 있게 되리란 법도 없고.

인간은 종말의 날에 대한 공포에 어떻게 대응해야 할까?

한 친구가 말했다. "종교 단체에서는 분명히 집단 의식(儀式)으로 위안을 구할 거야." 다른 친구가 이렇게 물었다. "그럼 우리 같은 무신론자들은 어떻게 하지?" 또 다른 친구가 답했다. "모두의 욕망을 만족시킬 섹스 파티를 열어야 해. 누구든 환영이지."

먹는 문제는 어떻게 해야 할까? 한 친구가 훠궈를 먹으면 된다고 했다. 그렇지만 세상의 종말이 찾아온 마당에, 다른 사람들은 미친 듯이 즐기고 있는데 누가 그걸 바라보면서 묵묵히 식재료나 고르고 씻고 앉아 있겠는가! 이런 걸 보면, 인간의 가장 기본적인 욕구라는 것도 결국 사회와 떼려야 뗄 수 없는 관계에 있다는 걸 알게 된다. 세상에 종말이 찾아오면, 한 상 푸짐하게 차려 놓고 먹을 수 있는 사람은 거의 없을 것이다. 대부분은 마트에 가서 자기가 좋아하는 인스턴트 음식이나 가져다 먹는 게 고작 아닐까.

이야기가 여기까지 이르자, 한 친구가 감탄을 금치 못하며 한마디 내뱉었다. "지금 우리가 인간의 비밀을 하나 발견한 거라니까."

잠들기 전 휴대폰으로 위챗 모멘트를 들여다보다가, 2월 4일 한 공식 계정에 올라온 게시물을 봤다. 산둥성의 한 여성이 우한시장 핫라인으로 걸어 온 전화를 녹음한 내용이었다. 그는 우한 정부가 산둥성에서 기증한 350톤의 채소를 처리한 방식에 불만을 드러냈다. 물자 배분 과정에 대한 의견이라면서, 정부가 그걸 가져다 팔 게 아니라 일선에서 일하는 분들에게 가장 빠른 방식으로 전달해 주길 바란다고 했다. 많은 사람이 무력감에 시달리고 있는 와중에도 끝까지 책임을 묻는 사람, 안 되는 일이라는 걸 훤히 알면서도 행동하는 사람, 그는 그런 사람이었다. 사회는 이렇게 함께 앞으로 밀고 나가는 많은 사람들 덕에 결국 바뀌는 거라고 생각한다.

햇살이 눈부셨던 오늘, 참지 못하고 문밖을 나섰다. 목적지 같은 건 전혀 없었다. 그저 볕이 그리웠을 따름이다.

단지를 나서는데 좋아하는 강가가 떠올라서 가서 좀 걷기로 했다. 언젠가 달리기를 하다가 우연히 가게 된 곳이었는데, 놀랍게도 몇 킬로미터 이어지는 길을 따라 봄날의 초록빛, 여름날의 검푸름, 가을날의 밝은 황금빛, 겨울날의 시들어 버린 누런빛까지 사계절이 모두 펼쳐져 있는 듯한 느낌을 주는 곳이었다. 그곳에 마음을 빼앗겼다.

자전거를 타고 강가로 가던 중 한 단지를 지나쳤다. 아래층에 방호복을 입은 사람이 몇 명 있었는데, 그중 한 사람이 확성기를 들고서 식재료 가지러 내려오라고 사람들에게 외치고 있었다. 두 노인이 식재료를 받아서 올라갔다.

강가 입구에 다다랐을 때, 관리인이 작은 의자에 앉아 앞에 주머니를 펼쳐 놓고 유유자적 해바라기씨를 까먹고 있었다. 내가 물었다. "요즘도 일할 때 두려우세요?" 관리인은 눈살을 찌푸리며 말했다. "무서울 게 뭐 있수. 이 병이야 면역력이 강한지 아닌지가 관건인데."

정말로 걱정을 하지 않는 건지는 알 수 없었지만, 그저 건강 잘 챙기시라고 말씀드리는 수밖에 없었다.

강가 도로 양쪽으로 몇 미터마다 기둥이 까만 가로등이 세로로 서 있었고, 검은색 스피커가 가로등마다 달려 있었다. 이 스피커들에서 1분마다 이런 내용이 흘러 나왔다. "시의 코로나19 지휘부가 발표한 바를 확실히 실행하고 전력으로 위생 방역 작업을 잘 해내기 위해, 시민 여러분과 여행객 여러분께서는 공공 장소에서 반드시 마스크를 착용해 주시기 바랍니다. 공원 구역에서는 반려동물과 산책할 수 없으며, 아무 데나 침을 뱉어서는 안 되고, 집단 활동을 해서는 안 됩니다." 이 안내 방송 탓에 분위기가 확 깨져 풍경이 스산하게 느껴졌다.

봉쇄되기 며칠 전 친구와 함께 이곳에 들렀던 기억이 났다. 마주치는 식물 중 아는 게 없어서, 친구와 식물 식별 앱으로 둥근배암차즈기, 물억새 같은 식물도 찾아보고 그랬다. 그때는 그랬는데…….

강가에는 사람이 아주 적었다. 수시로 마스크를 턱까지 잡아 당겨 잠시나마 자유의 숨결을 느껴 보았다.

강가의 보행로를 걷다가 가끔 달리기를 하는 사람이 있어 마주치곤 했다. 어떤 남자가 휴대한 스피커에서 경쾌한 리듬의 〈여자는 나쁜 남자를 사랑해(男人不壞 , 女人不愛)〉가 흘러 나왔다. 평상시 같으면 저속한 노래라고 생각했을 텐데 지금은 오히려 즐겁고 신이 난다.

누렇게 시든 메타세쿼이아와 노랗게 반짝이는 국화를 지나
쳤다.

길에 연인이 한 쌍 있었는데 여자가 마스크 외에 헬멧까지
쓰고 있었다.

웨량만(月亮灣) 부두까지 걸어갔더니 황소수영클럽이란 곳
이 있었는데, 입구에 걸린 작은 칠판에 이렇게 쓰어 있었다.

수온: 7.4℃
날짜: 2월 7일
즐거운 설 보내시기 바랍니다.
우한, 힘냅시다.

시든 해바라기밭을 지나쳤다. 그중 한 그루가 여전히 완강하
게 생명력을 유지하고 있었다.

집으로 돌아가는 길에 지나친 식당 입구에 생선 열 몇 마리
가 걸려 볕을 쬐고 있었고, 벽에는 이런 글귀가 적힌 포스터가
붙어 있었다. "우한, 하루하루가 다른 곳!" 하지만 지금의 우한
은 하루하루가 똑같다. 길은 텅 비어 있고.

나중에 길옆에 세워진 택시 한 대와 마주쳤다. 기사분이 휴대
폰을 보고 계시기에 자전거를 세우고 여쭤 보았다. "요즘은 환

자를 실어 나르시나요?" 그러자 기사분이 긴장한 채 말씀했다.

"우리는 열나는 사람은 안 태워요. 주로 노약자와 장애인 들이 장 보러 갈 때, 약 사러 갈 때 태우지."

"단지에서 택시를 배정하나요?"

"그렇죠."

"열나는 사람은 어떻게 해요?"

"단지에서 배정해 주면 태워요."

"그럼 단지에서 마스크를 지급해 주나요?"

"마스크는 회사에서."

"그럼 소독 용품은요?"

"우리는 사람 한 번 태우고 나르면 매번 다 소독해요."

소독 용품은 제대로 지급받고 있는지 물어본 건데, 안 그래도 긴장한 모습이 역력했던 기사분이 낯선 사람이 와서 이것저것 묻는 바람에 더 긴장했는지 엉뚱한 대답을 내놨다. 그렇지만 더 캐묻지는 않았다.

"고생하시네요. 건강 잘 챙기셔요."

이 말을 한 뒤 자전거를 몰고 집으로 돌아왔다.

독자 댓글

ㄴ 별안간 사소한 일들이 감동적으로 다가오네요. 계속

끝까지 버텨야 한다는 생각이 들어요. 고맙습니다!

└ 님의 글에 감사해요. 님의 글이 어둠처럼 무서운 한 줄
기 빛이 되어 저를 관통하네요. 진실이 담긴, 고통스럽
지만 힘이 넘치는 글이에요!

└ 생기 넘치는 풀꽃들을 보고 있으면, 바이러스 같은 건
한 번도 찾아온 적 없는 것처럼, 모든 게 아름답기만
하죠. 정말 그렇다면 얼마나 좋을까요.

무언가를
할 수 있다는 것

요 며칠 나한테 지금 우한은 어떠냐고 묻는 사람이 꽤 많다.

관심에서 우러나온 말이겠지만, 미안하게도 난 이 질문에 대답할 방법이 없다.

누가 우한을 대표할 수 있을까? 우한에 있는 사람들을 열거하면 대략 이렇다. 코로나19 바이러스 감염자, 의료진, 각종 만성병 환자(HIV 감염자, 당뇨병 환자 등), 장애인, 독거노인, 환경미화원, 마트 캐셔, 배달원······. 이중 누구에게 묻고 싶으신지?

우한은 지금 혼란 그 자체이다. 전체를 아우르는 명확한 답을 가진 사람은 없다. 내 주변 환경과 몇몇 사람들에 관해 아는 걸 빼면, 나도 다른 사람들과 다를 바 없는 방식으로 정보를 얻는다는 걸 알아주면 좋겠다.

어제저녁에는 표고버섯 소시지 볶음과 죽을 먹었다.

표고버섯은 봉쇄 첫날 산 건데, 냉장고에 열흘 넘게 넣어 놨더니 그중 하나가 검붉은 색으로 변해 있었다. 색이 변한 부분을 잘라 내기는 했지만 그래도 걱정이 돼서 인터넷에서 검색해 봤더니만, 표고버섯이 검붉게 변했다는 건 곰팡이가 났다는 뜻이므로 먹지 않는 게 최선이라고 되어 있었다. 신중해야 한다는 생각에 그 표고버섯을 버렸다. 채소는 너무 많이 쟁여 두면 쉽게 변질되고 결국 낭비로 이어진다. 하지만 요즘 같은 때에 살려면 어쩔 수 없이 쟁여 둬야 하니 난감하기만 하다.

밤의 채팅에서는 이런저런 이야기를 나눴다. 광둥(廣東)에 사는 친구는 음식을 배달시켰더니 배달 영수증에 '안심 배달 카드'라는 게 한 장 붙어 있더란다. 그 카드에는 음식을 만든 사람 이름, 음식을 담은 사람 이름, 배송한 사람 이름, 체온, 그리고 양손 소독 여부가 기록되어 있었다고 했다. 몇몇 친구는 집에서 친척 아이들 숙제를 봐주고 있는데 인내심이 어마어마한 도전에 직면한 느낌이 든다면서, 어떤 때는 자기들도 모르게 아이들에게 성질을 내게 된다고 했다. 그중 한 친구가 하는 말,

"그런데 애들이 너무 착해서 이튿날이면 바로 용서해 주더라고."

아이야 어른에 의존해야만 살 수 있으니 용서할 수밖에.

강박증 이야기도 나왔다. 어떤 친구는 강박적으로 여드름을 후벼 판다고 했고, 또 어떤 친구는 샤워를 하기 전에 매번 욕실을 깨끗하게 청소한다고 했다. 샤워하고 옷을 갈아입지 않으면 자기 침대에 앉지 못하는 친구도 있었고, 현금을 만지고 나서 꼭 손을 씻는 친구도 있었다.

한 친구가 말했다. "강박 행동 이야기만 하면 강박 행동이 한층 더 강화돼."

우리의 행위를 설명할 명사들이 필요하기는 하지만, 이런 명사가 우리 자신을 정의하게 둘 수는 없다. 어떤 때 특정 강박 행동이나 우울증 증상이 발현된다는 것이 우리가 앞으로도 계속 그러리라는 뜻은 아니다. 원인이 사라지면 그런 행위와 증상 역시 사라지는 법이다.

원인 없는 증상이란 없는 법이어서, 우리는 특정 강박 행동이 나타나는 이유는 무엇이고 그 강박 행동의 목적은 무엇인지 이야기해 보았다. 샤워를 하기 전에 꼭 욕실을 청소한다는 친구는, 부모님 집에 있을 때는 그렇게 하지 않는다고 했다. 부모님 집에서는 자기가 청소를 해 봤자 청결한 욕실을 유지할 수 없기 때문이었다. 이와 달리 자기가 세 들어 사는 집에선 스스로 통제할 수 있다는 느낌이 더 강하게 들고, 그래서 강박적으로 청소하는 것 같다고 했다.

결국 강박 행동은, 질서를 구축하겠다는 목적에서, 내가 상황을 통제하고 있다는 느낌과 안전하다는 느낌을 되찾겠다는 목적에서 시작되는 거다.

영국 회계사 자격증 시험을 준비하고 있는 한 친구는, 누구나 기본적인 회계 지식을 갖추고 있어야 한다고 말했다. 영국에서는 납세자들이 직접 세금 신고를 하는데, 그렇게 국가의 세수(稅收) 정책을 이해하고 참여한다고 했다. 불만족스러운 부분이 있으면 그 부분을 딱 지목해서 의견을 낼 수도 있다고. 하지만 중국에서는 대부분 자신의 납세 상황에 관해 아는 거라고는 하나 없이 그저 피동적으로 세금을 내고 있다.

우리는 소위 전문 지식이란 것을 꼭 알고 있어야 하는 건 아니라고 생각한다. 하지만 세상에는 프로페셔널리즘을 내세워 평범한 사람을 소외시키려 하는 사람도 있고, 이런 정보 격차를 이용해 자신의 이익만 도모하는 사람도 있다. 하지만 어떤 전문 분야든 그것을 이해하려면 상당히 긴 시간을 들여 공부해야 한다. 그런데 요즘엔 보통 사람들에게 쉬운 말로 그런 전문 지식을 보급해 주는 사람들이 있다. 이번 전염병 확산 사태에서 방역과 바이러스에 관한 상식을 설명해 준 그 많은 사람들처럼 말이다.

오늘은 날이 흐렸다. 딱히 나갈 필요도 느껴지지 않고 나가고 싶은 생각도 들지 않아서 마음이 좀 가뿐했다.

아침에 자료를 정리했는데 눈 깜짝할 새에 두 시간이 훌쩍 지나갔다.

점심때는 〈재난 극복 프로젝트 생존의 법칙(Surviving Disaster)〉 제1회를 봤다. 며칠 전 한 친구가 추천해 준 다큐멘터리 시리즈 인데, 일상 속에서 일어날 수 있는 재난을 재연하고 생존 방법을 가르쳐 주는 내용이었다. 비행기 납치 테러를 다룬 이번 회에서는 비행기 납치범을 제압하고 자기 자신을 구하는 방법을 사람들에게 알려 주었다. 비행기 납치범의 손발을 묶는 과정에서 진행자가 말했다.

"이제 이들의 감각 능력을 박탈해야 합니다. 이 순간 가장 중요한 건 통제입니다. 할 수 있는 한 이들의 통제력을 빼앗아야 합니다. 보는 능력이나 말하는 능력은 물론이고, 귀도 틀어막아 듣는 능력도 잃도록 해야 합니다. 그러면 이들은 완전히 쓸모없는 무능력자가 될 겁니다."

그 순간, 지금 내 신세가 제압당한 비행기 납치범과 같다는 생각이 들었다. 우리는 비행기 납치범과 같은 취급을 받고 있다. 비록 보고 듣고 말하는 능력을 직접 박탈당하지는 않았지만, 우리는 걸러진 정보를 보고 들으며, 늘 목소리를 내지 못한다. 이미 리원량에 관한 일부 정보가 사라졌다. 사회의 압력 때문에 우리는 스스로를 검열한다. 어떤 사람들은 남도 검열하는데, 본인과는 상관도 없고 다른 어느 누구에게도 해를 끼치지 않는 발언을 삭제하라고 다른 사람에게 강요한다.

오후에는 한 친구와 만났다. 우한에 와서 알게 됐고 겨우 두 번 본 게 다지만 꽤 마음이 맞는 사람이다. 마지막으로 본 게 1월 19일이었는데, 봉쇄된 도시에서 다시 만나게 될 줄이야. 이 얼마나 힘겹게 이루어진 만남인지!

전동 스쿠터를 갖고 있는 그 친구가 나를 데리러 왔다. 나갈 때는 가랑비가 내리고 있었다. 친구는 마스크를 쓰고, 비옷을 입고, 배낭에 방수 커버를 씌우고, 발에 파란색 장화까지 신은 완전 무장 차림이었다. 밖에 사람이 없어 다행이지, 그렇지 않았다면 못 알아볼 뻔했다.

서로 텔레파시가 통했는지 나도 친구를 집으로 부르지 않았고, 친구도 밖에 자리를 잡고 잠시 앉아 있자고 했다. 문을 연 업소를 찾는 건 지금으로서는 불가능한 일이다. 어느 만두집 입구에 차일이 쳐져 있고 그 아래에 의자도 놓여 있어서, 우리는 거기 앉아 대화를 나눴다.

친구도 봉쇄된 우한을 영상으로 찍어 기록하고 싶어 했다. 이 도시를 위해 뭐라도 할 수 있기를 바라는 마음으로 들떠 있었다.

비가 그친 뒤 우리는 강가에서 잠시 걸었다. 강가의 벽돌 담 틈에 푸른 이끼가 자라 있었다.

└ 상처가 다시 통증을 유발하지는 않을지 몰라도 그 상처가 기억에서 완전히 사라지지는 않지요!

└ 님의 일기를 읽으면 늘 마음에 자극이 와요. 이 모든 걸 기록해 주셔서 고맙습니다.

└ 그래도 나가지 않는 게 좋아요! 저 사는 곳에선 건물 밖으로 나가는 것도 안 돼요.

폐쇄형 관리가
시작됐다

많은 독자가 내 식생활에 걱정 어린 관심을 보이기 시작했다. 좀 뜻밖이기는 하다. 나는 내가 꽤 괜찮게 먹고 있다고 생각했으니까.

어릴 적엔 매일 아침이면 모차이탕(饃菜湯)*을 자주 먹었다. 탕은 보통 바이몐탕(白麵湯)이었는데, 밀가루에 물을 약간 넣고 휘저어 뻑뻑하게 풀이 쑤어지면 물을 더 넣어 묽게 풀을 쑤어서는 끓는 물에 풀고 휘저어서 만들었다. 나와 남동생이 바이몐탕을 좋아하지 않아서 가끔은 밀가루 대신 물에 쌀을 넣고 끓여서 국물을 내기도 했지만, 쌀은 거의 찾아볼 수 없었다.

---

* 밀전병 등에 채소와 탕을 곁들인 음식. (원서 편집자 주)

점심에는 국수를 주로 먹었고, 집에서는 명절이나 돼야 고기를 먹었다. 농촌에서는 직접 채소를 기르기 때문에 여름이면 채소 가짓수가 많아졌고, 겨울에는 채소 가짓수가 줄어들어 주로 무, 배추, 감자, 양파를 먹었다.

지금이 겨울이기는 하지만 요즘은 채소도 비교적 다양하고 고기는 거의 매일 먹는다. 내가 매일 죽을 먹는 이유는 귀차니즘 탓이다. 설거지하고 밥하는 시간을 줄이고 과정을 단축하기 위해 아침이면 밤에 먹을 죽까지 한꺼번에 끓여 놓는다. 요리하는 걸 좋아하는 편이기는 하지만 매일 많은 시간을 들여 밥을 짓고 설거지를 하는 게 그렇게 녹록하지는 않다.

일상적으로 밥과 설거지를 하는 건 상대적으로 단조롭고 반복적인 일이다. 그런데 사람은 보통 창조적인 일을 할 때 더 가치를 느끼는 법이어서, 한가한 시간에 처음 시도하는 조리법으로 새로운 음식을 만들 때야 만족감이 크겠지만 매일 배를 채우기 위해 밥을 짓는 일에서는 그다지 큰 재미를 느끼기 어렵다. 남자들이야 태반이 어쩌다가 밥이나 한 번 하는 정도이다 보니, 여성들이 왜 가사 노동에 불평을 늘어놓는지 이해하지 못할 것이다.

이번 코로나19 사망률에서 내내 고공행진을 하고 있는 곳이 있다. 바로 톈먼(天門)시이다. 2월 9일 후베이성 위생건강위원회에서 처음으로 발표한 성 내 각 시와 주의 코로나19 사망자

현황에서, 톈먼시의 사망률이 5.08퍼센트로 성 전체에서 1위이다. 그런데 상급 병원은 3갑(三甲) 병원 두 곳, 3갑 종합병원 한 곳뿐이다. 의료 자원이 제한된 톈먼시에서 사망률이 가장 높게 나온 것이다. 이런 걸 보면 가난은 근본적으로 분배 불균등의 문제라는 실감이 난다. 그 가난에 질병까지 겹치면 죽음은 더 가까워지는 거고.

어제저녁에는 풋마늘 표고버섯 건두부 볶음을 먹었다.

밤의 채팅에서 한 친구는 단지를 나가다가 체온을 측정했는데 34℃가 나왔다고 했다. 가족 중에는 체온이 32℃로 측정된 경우도 있고, 어떤 사람은 체온이 25℃로 나왔다는 이야기도 전해 들었다고 한다. 그런데 체온을 재는 담당자가 사람의 정상 체온이 얼마나 되는지 아예 모르는지 체온은 낮으면 낮을수록 좋다고 말하더라나.

한 친구가 화제를 돌렸다. "봉쇄 풀리면 다들 제일 먼저 뭐 할 거야?" 다른 친구가 인터넷에서 본 우스갯소리로 답했다. "봉쇄 풀려도 하루 더 집에 갇혀 있을 거야. 다음 날 봉쇄 해제가 헛소문이었다는 게 알려지면 어떻게 해." 왜인지는 모르지만 다들 상당히 일리 있는 이야기라고 말했다.

화제가 다시 바뀌어 후회되는 일 이야기가 나왔다. 한 친구가 나한테 선물을 많이 못 한 게 후회된다고 했다. 나는 전부터 늘 선물을 받는 게 큰 부담이었다고, 오는 게 있으면 가는 게 있어야 한다는 사회 규범에 묶여 있다 보니 선물을 받으면 내 쪽에서도 반드시 선물을 보내야 한다는 생각이 든다고, 그런데 선물을 고를 때는 늘 상대가 좋아해 주기를 혹은 상대에게 유용하게 쓰이기를 바라게 되니까 선물 고르는 게 보통 힘든 일이 아니었다고 말했다. 모든 친구들이 한결같이 그런 고충을 경험했다고 맞장구쳤다.

가만 보면 가난한 사람이 선물 보내는 일에 더 연연해하는 것 같다고 했더니 한 친구가 소설 속 이야기를 들려주었다. "장아이링(張愛玲)의 소설에 나오는 한 인물은, 찢어지게 가난했던 시절에는 남의 집에 갈 일만 생기면 늘 이런저런 선물을 가져가. 그런데 집이 부유해지고 나서는 더는 그러지 않아. 더는 다른 사람의 평가에도 신경 쓰지 않고 말이지. 심지어 누군가가 예전에는 늘 선물을 가져오지 않았느냐고, 이제는 예의 같은 건 따지지 않느냐고 하는데도 아랑곳하지 않지."

어릴 적에 보면, 주변 사람들은 하나같이 다른 사람이 보낸 선물로 그 사람과의 관계와 그 사람의 등급을 판단하곤 했다. 부모님은 설 명절에 어느 집에서 어떤 선물을 보냈는지, 혼사가 있으면 어느 친척이 축의금을 얼마나 보냈는지 눈여겨보셨다, 중학교 때 내 일주일 생활비가 10위안(한화 약 1,700원) 정도였는데, 아껴 먹고 아껴 써 가며 친구에게 생일 선물을 사 주고는 나도 내 생일에 선물을 기대하곤 했다.

학창 시절 친구들 가운데는 더는 가까이 지내지 않는 애들이 수두룩하지만, 학교 친구가 결혼을 하면 강한 사회적 압력 속에서 축의금을 보낸다. 선물을 보내는 건 본래 마음을 표시하는 일이건만, 이제는 그러는 대신 대충 해치워 버리는 형식적인 일이 되어 버렸다. 어느 친구는 결혼식에 갈 때면 축의금 대신 손으로 직접 만든 특별한 선물을 주는데도 겸연쩍은 느낌은 피할 수 없다고 했다. 분위기가 이러면 같이 궁상떨고 그럴 친구가 정말 드물어진다. 그런 친구가 있으면 물건도 함께 사면서 흥정도 하고, 저렴한 가격에 득템하면 성취감도 백배로 느껴지고 그러는데.

한 친구가 이런 말을 덧붙였다. 갓 졸업하고 수천 위안은 되는 외투를 산 적이 있는데, 지금 생각하면 그것도 일종의 불안에서 비롯된 행동이었다고, 그런데 비싼 옷을 산다고 해서 그런 불안이 가라앉지는 않더라고.

오늘은 날이 흐려서 나가지 않을 생각이었는데, 우한시 코로나19방역통제지휘부에서 시 전체의 모든 거주지를 폐쇄 관리하기로 했다고 한밤중에 발표한 공지 사항을 보고 말았다.

상황이 이러하니 나가야만 했다. 폐쇄 관리라는 게 정말 시행되기 시작한 건지, 그리고 폐쇄 관리라는 게 도대체 뭔지 확인해야 했다.

단지 입구에 경비 외에 세 사람이 더 있었지만, 나갈 때 나를 저지하는 사람은 없었다. 마트에 가 보니 채소는 아주 많았지만 고기는 거의 동나 있었고, 요거트는 반값에 팔고 있었다. 고기 진열대 앞까지 갔더니, 마침 무게 재는 직원이 고기 봉지의 무게를 재서 진열대에 넣고 있기에 세 봉지를 샀다. 몇몇 군것질거리는 다 팔렸고, 소고기 육포가 남아 있어서 조금 샀다.

어쩌면 이번이 마지막 외출이 될지도 몰라서 밖에 좀 더 있고 싶은 마음이 들었다. 그래서 자전거를 타고 어슬렁거렸다.

약국 입구에는 몇 사람이 약을 사려고 줄을 서 있었는데, 다들 의식적으로 서로 일정한 거리를 유지했다. 오늘도 체온을 측정하는 자원봉사자가 책상을 들고 나와 있었다. 문 닫은 가게 앞에 영세상인 몇 명이 채소 노점을 깔았다가, 도시 관리 단속반원들로부터 한 가게의 옆으로 옮기라는 요구를 들었다. 이 일을 처리하는 단속반원들이 적어도 여덟 명은 되었지만, 그들은 그냥 한쪽에 서 있기만 할 뿐 누구도 채소 옮기는 상인들을 도와주지 않았다.

지위교가(積玉橋街) 단지 위생서비스센터를 지나가다가 입구에서 방호복을 입은 사람들을 몇 명 봤다. 손에 CT 사진을 든 사람과 제복을 입은 사람이 무슨 이야기를 나누고 있었지만, 명확히 듣지는 못했다.

단지 문밖에는 여전히 세 사람이 서 있었고, 그중 한 사람은 방호복을 입고 있었다. 단지로 들어설 때 그 사람들이 내게 말했다. "가급적 나다니지 마세요." 나는 걱정스레 물었다. "그럼 장은 어떻게 보나요?"

"좀 많이 사 두세요."

"그것도 다 먹고 나면 사러 나가야 하잖아요."

"그때는 나가셔도 됩니다."

"세 분 매일 여기 계시는 거예요?"

"아니요. 경비 서는 분이 계시죠. 시에서 점검을 나오니까요."

전시 행정에 투입될 인력은 늘 있기 마련이다. 이렇게 해서, 바이러스만 봉쇄하는 게 아니라 사람도 봉쇄해 버리는 거다.

집에 돌아와서는 고기를 열네 덩어리로 나눠 두었다. 앞으로 2주 동안 먹을 고기는 마련한 셈이다.

독자 댓글

ㄴ 이럴 때 냉장고가 정말 중요하다니까요.

ㄴ 자른 고기를 랩에 싸 두면 더 오랫동안 신선하게 보관할 수 있고 비닐봉지도 절약할 수 있어요. 몸 잘 챙기는 것 잊지 마세요.

6장

지금
우리에게 부족한 것

봉쇄된 도시에서
가정폭력 피해자가 살아남는 법

봉쇄 이후, 한 동료 페미니스트가 봉쇄된 도시에서 일어나는 가정폭력 문제를 알고 있느냐고 걱정스레 물었다. "여성이 가정폭력 피해를 당하면 경찰이 출동은 할까요? 여성이 도움을 받을 수 있을까요?"

평소 가정폭력을 집안일로 치부하던 일부 경찰들은, 봉쇄된 도시를 등에 업고서 이런 사건에 더 무심한 태도로 일관할 것이다. 이런 시기에 가정폭력 피해자는 사회적인 지지를 받기도 더욱 힘들다. 사회단체가 문을 열지 않으니 피해 여성은 집을 떠나는 것조차 곤란해지고, 자신을 맡아 줄 사람도 찾기 어렵다. 교통도 불통이라 어디 멀리 가기도 만만치 않고, 호텔이며 여관조차 영업을 하지 않으니 묵을 곳을 찾기도 언감생심이다.

어제 친구 L이 자기 올케의 여동생이 당한 가정폭력 이야기를 들려주었다.

여자와 남자는 이미 이혼했지만, 이들 사이에는 아이가 둘 있다. 평소에는 한 사람이 한 아이씩 맡아 키우는데, 설 연휴 전 남자가 여자 앞에서 명절을 같이 보내자며 무릎을 꿇고 빌었다. 아이까지 그러고 싶다고 옆에서 우는 바람에, 여사는 결국 남자 집에 가서 설을 보냈다. 하지만 어제, 남자에게 맞은 여자는 여행 가방을 챙겨서 아이 둘을 데리고 단호히 남자 집을 나섰다.

여자는 L의 집에 오고 싶어 했지만 둘은 같은 현(縣) 정부 소재지에 있지 않았다. 봉쇄된 탓에 현 정부 소재지와 마을을 드나들려면 증명서를 발급받아야 한다. L은 여자가 현 정부 소재지에서 나오지 못할까 봐, 여자가 있는 현 정부 소재지에서 증명서 발급을 허가하지 않을까 봐, 여자가 지금 있는 현 정부 소재지에서 나왔다가 다시 돌아가지 못하게 될까 봐 걱정했다. 그래서 L은 가족과 함께 증명서를 발급받으러 가는 한편, 여자에게는 경찰에 신고하라고 했다.

여자가 경찰에 신고한 뒤에도 경찰은 출동은 하지 않고 L과 가족이 여자와 아이들을 데리러 가면 된다는 말만 했다. 하지만 남자의 집에서 두 현 정부 소재지의 접경지까지 거리가 너무 멀었다. 자동차를 몰고 도로로 나갈 수도 없어서 L과 가족은 남자 쪽에 연락하는 수밖에 없었다. 삼륜차를 몰고 여자와 아이들을 따라가서 태운 뒤 셋을 데리고 두 현의 접경지로 오라고 했다 한다.

결국 L과 가족은 여자와 아이들을 데리러 가도 좋다는 증명서를 손에 넣었다. L과 가족이 여자와 두 아이를 인계받았을 때 세 사람은 이미 네다섯 시간을 걸은 뒤였다.

어제저녁에는 마늘종 고기 볶음과 죽을 먹었다.

밤의 채팅에서 오늘 각자 뭘 했는지 이야기를 나눴는데, 낮에 영화를 봤다는 친구도 있었고, 책을 읽었다는 친구도 있었다. 어떤 친구는 노래방 앱을 켜 놓고 노래를 불렀다고 했다.

우리는 요 며칠 뉴스에서 본, 결코 부유하지 않은 노인의 기부에 관해 이야기를 나눴다. 어느 퇴직한 환경미화원이 계좌에 겨우 13.78위안(한화 약 2,360원)만 남겨 놓고, 여러 해 동안 저축해서 모은 10만 위안(한화 약 1천 7백만 원)을 기부한 일이 있었기 때문이다. 이 뉴스를 접한 우리는 감동은커녕 서글픔을 느꼈다.

이분의 기부금이 합리적으로 배분될지, 우리 사회가 이분에게 기부를 받을 자격이 있는지, 어느 날 이분이 병들면 사회가 책임지고 치료하고 돌봐 줄지 의심스럽기만 했다.

한 친구는 이 뉴스에 사람들의 기부를 끌어내리려는 의도가 깔려 있는 것 같다고 말하기도 했다. 하지만 사람들은 기부를 하고 싶지 않은 게 아니다. 누구에게 기부를 해야 하는지, 그게 고민이 되는 거다.

그러다가 노년이라는 화제가 나왔다.

한 친구가 말했다. "농촌 노인들의 사교 집단은 주로 친척과 이웃이야." 다른 친구는 이렇게 말했다. "우리 외할머니가 도시에 사시는데, 공짜로 주는 건강 보조제 받으러 자주 가시거든. 우리 할머니는 총기가 있는 편이어서 공짜 건강 보조제만 받아 오시지만, 속는 노인들이 엄청 많아."

퇴직을 하면 사교 범위가 협소해지지만, 노인들의 사회적 욕구는 여전하다. 한 친구가 이런 사례를 언급했다. 항저우의 한 노인이 자기 집에 세를 놔서 다른 노인과 함께 살고 있는데, 함께 살다 보니 생활 습관이 다르고 소통이 잘 안 되는 등의 문제가 있다고 말이다. 하지만 이런 일상생활에서의 삐걱거림은 우리가 지금 다른 사람과 같이 살아도 겪는 문제 아닐까.

노인에 관한 우리의 이해와 인식은 제한적이다. 사람들이 노인은 기력이 없고 사회와 단절되어 있다고 보통 상상하는데, 사실 '노년'도 새롭게 정의할 필요가 있다. 나이라는 게 사람에 따라 다르게 드러나기 마련이니까. 이를테면 농촌 노인은 기나긴 세월 밖에서 해를 쬐며 육체노동을 많이 하는 탓에 같은 나이라도 몸이 훨씬 쉽게 늙는다. 반면 도시 노인은 도시에 노동력이 넘치다 보니 퇴직한 뒤 일을 찾기가 너무 힘든 게 문제지, 퇴직 연령이 돼도 팔팔하다.

이제 노인들은 그냥 집에만 있는 게 아니라 가급적 자신의 삶을 확장해 나가려고 한다. 광장 댄스를 추는가 하면, 경제적

여력이 있는 노인은 여기저기 여행을 떠나기도 한다.

어제 위챗 모멘트에 빗자루가 똑바로 선 영상을 올린 사람이
정말 많았다는 이야기도 나왔다. 어떤 사람이 "나사(NASA)에서
오늘이 지구의 중력 각도가 완벽해져서 빗자루가 혼자서 똑바
로 설 수 있는 유일한 날이라고 밝혔다."는 소식을 전한 까닭이
었다. 한 친구는 처음에는 자기도 그 얘기가 좀 의심스러웠지만
시험 삼아 해 봤더니 정말 되더라면서, 너무 신기했다고 했다.*
하지만 빗자루가 혼자서 똑바로 설 수 있는지 여부는 빗자루
자체의 상태에 좌우된다. 어떤 물체든 아래쪽이 무겁고 넓적할
수록 똑바로 설 가능성은 점점 커진다. 평상시에도 이런 소식을
믿는 사람이 있기는 하지만, 요즘은 다들 좀 한가하다 보니 이
런 걸 시도해 볼 시간과 호기심이 넘쳐났을 뿐이다.

우한은 어제부터 모든 주거 단지를 폐쇄 관리하기 시작했다.
원래는 오늘도 나가서 상황을 좀 알아볼 생각이었고 밖에 나가
야 할 이유도 여럿 생각해 두었지만, 잠에서 깨었을 때 몸이 너무

---

* 실제 이날 #BroomChallenge가 온라인을 휩쓸었으나, 나사 측에서는 이를 뜬
소문이라고 밝혔고, 여러 과학자가 나서서 빗자루 세우기는 연중 어느 때나
가능하다고 밝힘으로써 빗자루 세우기 도전은 인터넷을 휩쓴 가짜 뉴스로
판명되었다. (옮긴이 주)

피곤했다. 본래 운동을 하면 정신이 번쩍 들어야 하는데, 운동을 마쳤는데도 정신이 몽롱했다. 게다가 날이 흐려서 밖에 나갈 동력이 더 쪼그라들고 말았다. 그래서 오늘은 나 자신에게 휴가를 주었다. 대신에 최근 074직장여성법률핫라인으로 들어온 성폭력 관련 상담이 두 건 있어, 동료와 함께 사안별로 분석하고 토론을 벌였다. 우리는 이렇게 잠시나마 평소의 삶으로 돌아갔다.

언제 해가 났는지 모르겠다. 오후 5시경 창밖을 내다봤더니 볕이 아주 좋았다. 맞은편 건물에서 이불을 말리는 사람도 있었고, 마트에서 돌아온 일가족이 차에서 물건을 여러 포대 꺼내는 모습도 보였다.

독자 댓글

ㄴ 그 노인분 입장에서는 그 돈이 정말 필요한 곳에 쓰이는 것이 가장 값진 일일 거예요.

ㄴ 노인들이 기부했다는 뉴스가 다 가짜 뉴스이길 바라 마지 않습니다.

ㄴ 다들 말하는 것처럼, 기부하고 싶지 않은 게 아니에요. 지금은 누구에게 돈을 기부해야 할지, 어떻게 해야 돈이 쓰여야 할 곳에 쓰일지 모르는 사람이 수두룩해요.

자유가 없습니다

어떤 사람이, 내가 요즘 하는 일기 쓰기와 예전에 하던 남을 돕는 일 사이에 어떤 차이가 있는지 물었다.

흥미로운 질문이었다. 곰곰이 따져 봤더니, 그 둘의 차이는 내가 우한 봉쇄의 실제 경험자라는 점 아닐까 싶다는 생각이 들었다. 예전의 나는 다른 사람의 일을 지원하는 활동을 했다. 내가 여성들이 당한 성차별과 폭력을 어느 정도 이해하고 있다고는 해도, 어쨌거나 내가 직접 경험한 일들은 아니었다. 하지만 지금의 나는 활동가인 동시에 실제 일을 경험하고 있는 당사자이다.

나는 내가 이해한 우한과, 우한에 있는 나에 관해서 다른 사람에게 이야기한다.

이런 이야기를 하다 보면 불가피하게 나 자신을 어느 정도 노출하게 된다. 나의 무력감을, 피로를, 분노를, 발버둥을, 그리고 저항을 드러내야 한다.

공개적으로 이런 이야기를 하면 사람들의 관찰과 평가가 뒤따르기 마련이다. 성차별과 폭력을 당한 피해자들도 자신의 경험을 이야기할 때 그러한 관찰과 평가에 직면한다. 그래도 상당수의 여성이 이야기하는 쪽을 택한다. 사람들의 관찰과 평가를 감수하고 말하는 쪽을 택한다는 게 정말 쉬운 일이 아니다. 나도 할 수 있는 한 진정성을 다하려고 한다.

어제저녁에는 아스파라거스 상추 고기 볶음과 죽을 먹었다.

밤의 채팅에서 한 친구는 낮에 고양이에게 먹이를 줬다고 했다. 또 한 친구는 동네 어귀 검문소에서 당직 서는 사람에게 음식을 사서 보냈다고 했고, 다른 친구는 사법 고시 영상을 봤다고 했다.

우리는 충돌에 관해 이야기를 나눴다. 다들 충돌하는 걸 아주 두려워했는데, 특히 폭력적인 충돌에 대해서는 더 그랬다. 충돌 속에서 느껴지는 통제 불능의 느낌을 감당할 도리가 없다는 친구가 있는가 하면, 충돌 속에서 폭력 위협을 느낀다는 친구도 있었다. 충돌 앞에서 무력감에 시달린다는 친구도 있었고.

어릴 적에 가정폭력을 경험한 친구들이 여럿이었다. 한 친구는 통제 불능의 폭력을 경험한 적이 있었다. 아버지가 왜 본인을 때리는지 그 감정을 짐작할 수 없어 공포와 무력감을 느꼈다고 했다. 다른 친구는 '이성적인 폭력'을 경험했다고 했다. 밥을 다 먹지 않거나 제시간에 잠을 자지 않으면 부모님이 때렸는데, 그런 탓에 그 친구는 본인이 뭘 잘못한 건 아닌지 늘 조심스럽게 생각하게 되었다고 했다.

어릴 때는 폭력을 마주하면, 구석에 몸을 웅크리고 있는 수밖에 없다. 이제는 다들 성인이 되었건만, 한 친구는 지금도 폭력과 충돌 앞에서는 그냥 얼어붙는다고, 지금도 뭘 어찌 해야 할지 모르겠다고 호소했다.

이 친구와 비슷하게 많은 여성이 성추행을 당하는 그 순간 얼어붙는다. 순간 멍해져서 어떻게 반응해야 할지 몰라 한다. 약자가 느끼는 무력감은 이렇게 표출된다.

왜 이럴까?

이 사회는 여성에게 분노를 표출하라고, 화를 내라고 격려하지 않는다. 대신 여성은 화를 내면 막돼먹은 여자라고 욕을 먹는다.('막돼먹은 여자'는 '가정폭력남'보다 비하의 정도가 더 심한 표현이다.) 이런 분위기 속에서 여성은 다른 이에게, 사회에 분노를 표출하기가 아주 힘들다. 그래서 많은 여성이 어쩔 수 없이 묵묵히 참으며 견디고, 혼자서 마음 아파한다. 여성이 충돌 상황에서 상대와 냉전을 벌이며 거리를 둔다든가, 상대를 무시하고 대화를 거부하는 등의 정신적 폭력을 행사한다고 말하는 사람도 있지만, 나는 여성이 행사하는 이런 정신적 폭력이 결국 다른 사람이 아닌 자기 자신을 벌하는 행위라고 생각한다.

여성이 자신의 불만을 직접 표출하는 경우는 많지 않다. 불만도 표출하려면 훈련이 필요하다. 상상 속에서는 속사포처럼 말을 쏟아 내며 다른 사람과 싸워 대다가도 현실에서는 버벅거리는 사람이 얼마나 많은가. 그래서 어떤 사람은 모국어나 자기에게 익숙한 사투리로 싸우면 훨씬 더 기세가 등등해진다는 팁을 전하기도 한다. 그렇다고 내가 사람들 싸움 붙이려고 이런 말을 하는 건 아니다. 충돌이 벌어지는 상황에서 어떻게 하면 자기 자신을 더 잘 표현할 수 있을지 생각하고 연습해 보자는 거다.

우리는 고독과 혼자 지내는 것에 관해서도 이야기를 나눴다. 자기가 나약하다고 느껴질 때나 막막한 느낌이 들 때, 낯선 환경에 있을 때, 자기 자신이 잊히고 다른 사람에게 무시당할 때, 혼자서 책임을 짊어져야 할 때 등, 외롭다는 느낌이 드는 때는 친구들마다 조금씩 달랐다.

그렇지만 혼자 있다고 꼭 외로운 건 아니라고들 했다.

한 친구가 말했다. "최근에야 내 방이 생겼어. 오랜 시간 혼자 지내며 내가 편하게 느끼는 지점을 탐색할 기회가 생긴 거야. 나는 혼자 있을 때 에너지가 충전돼."

다른 친구는 어렸을 때 부모님과 함께 보낸 시간이 거의 없었다. 초등학생 때부터 혼자 살았고 학교 다닐 때도 친구가 없어서 많이 외로웠다고 했다. 달빛이 사람으로 변해 자기와 같이 잠을 자는 상상을 한 적도 있을 정도였다나. 《해리 포터》시리즈를 좋아해서 어느 날 누군가 나타나서 자기를 데려갈 거라고 상상한 적도 있는데, 그때가 오면 가져갈 일상 물품을 미리 수납장에 몇 가지 준비해 두기도 했었다고 덧붙였다.

이 친구는 자기가 살아는 있으나 존재하지 않는 투명인간 같다고 생각했다. 그런데도 부모님은 자기더러 아주 독립적이라고 칭찬을 하시더란다.

'혼자 있을 기회는 환영, 오랜 고독은 글쎄……' 정도가 우리의 결론이었다.

아마 지금 수많은 우한 사람들이 고독이라는 문제에 직면해 있을 것이다. 어떤 우한 사람은 밖에 나갈 수가 없고, 또 어떤 우한 사람은 밖에 나갈 엄두를 내지 못한다. 외지에 있는 우한 사람들도 배척과 차별 문제에 맞닥뜨리고 있다.

이렇게 우리는 봉쇄 이후 느끼는 온갖 감정을 표출할 공간과 기회를 박탈당했다. 이것이 고독감을 불러일으키는 것이다.

아침에 문을 나서는데, 햇빛이 구름을 뚫고 내려와 땅 위를 비췄다. 경비는 밖으로 나가려는 나를 붙잡지도, 뭘 묻지도 않았다. 자유롭게 밖에 나갈 수 있다는 게 큰 행운이라는 생각이 들었다.

어제 한 친구가 지금 부족한 게 뭐냐고 나에게 물었다. 생각이고 뭐고 할 것도 없이 입에서 튀어나온 말, "자유가 부족해."

봉쇄 이후, 도시의 도로에서 떠들썩한 소리가 사라지더니 이제 새 소리가 들린다. 한 건물 옆에서 태극권을 수련하는 노인도 보였다.

마트에서는 이제 진입하는 사람 수를 통제하기 시작했다. 줄은 입구에서 5~6미터 떨어진 곳에서부터 서기 시작했으며, 사람들은 서로서로 1미터의 거리를 유지하고 있었다.

어느 길목에 체온계와 손 세정제가 놓여 있는 단지사무소 직원용 책상이 하나 있었는데, 그 옆에 여덟아홉 명이 서 있었고, 두 사람이 책상 뒤에 앉아 있었다.

한 할머니가 그 두 사람에게 뭔가 말하고 있었다. 그중 한 사람은 단지사무소 직원 전용 빨간 모자를 쓰고 있었다. 잠시 뒤, 할머니가 자리를 뜨고 나서 그 할머니에게 다가가 무슨 일이냐고 물었다. 할머니가 다급히 말했다. "우리 바깥양반이 병원에 가서 진료도 보고 약도 처방받아야 하는데, 폐렴을 앓고 있는 건 아니고 뇌출혈 환자라우. 한 달에 한 번 병원에 가야 하는데 이런 일이 일어날 줄 누가 알았겠어. 여러 날을 그냥 견디고 있었지. 본인이 병원까지 걸어갈 수도 없고 단지사무소에서도 차를 배정해 주지 않으니."

할아버지가 복용하는 약은 의사의 처방이 없으면 사기 힘들다고 했다. 할머니가 제복을 입고 책상 앞에 서 있던 사람에게

다가가서 본인 상황을 설명했지만, 제복 입은 사람은 이렇게 대답할 뿐이었다. "그건 어쨌거나 단지사무소 찾아가셔야 해요." 할머니는 어쩔 도리 없다는 듯 자리를 뜰 수밖에 없었다.

제복을 입은 사람들은 여기서 채소 노점상이 노점을 정리하는 모습을 지켜보았다. 불만이 이만저만이 아니었던 채소 노점상들이 중얼중얼 불평을 해 댔다. 아마도 생계 문제 때문에 돈벌러 나온 사람들이었을 것이다. 상대적으로 넓고 탁 트인 곳에 노점을 차렸으므로 마트처럼 밀폐된 공간에 비하면 바이러스전파를 피하기에 더 적합했지만, 이들은 쫓겨나야만 했다.

단지 입구와 청춘춘 길목에 빨간 모자를 쓴 사람들과 "외출 자제해서 전염병 막고, 무사평안하게 외출 통제하자."라는 표어가 등장했다. 일률적으로 인쇄된 플래카드로 보였다. 길목에 멈춰 서서 사진을 찍으려고 했더니, 빨간 모자를 쓰고서 의자에 앉아 있던 사람이 강한 경계심을 보이며 바로 자리에서 일어났다.

"뭐 하려는 겁니까?"

"사진 촬영이요." 귀찮은 생각이 들어 이렇게만 말했다.

"기자예요?"

"아니요. 부근에 사는 사람이에요."

단지 위생서비스센터 문밖에서 방호복을 입고 마스크에 보호 안경까지 낀 두 사람이 한 노인에게 뭔가 말을 하고 있었다.

무슨 이야기를 하는지 듣고 싶었지만 가까이 다가갈 엄두가 나지 않았다.

길을 지나가는데 새로 생긴 격리 관찰 지점이 두 군데 보였다. 그중 한 군데는 인근의 두 호텔을 봉쇄 관찰하는 중이었는데, 방호복을 입은 사람 여럿이 입구에서 노란색 분무함으로 소독을 하고 있었다.

작은 마트도 한 곳 지나갔는데, 입구가 텅 빈 장바구니로 막혀 있었다. 물건을 사러 온 사람은 밖에서 물건을 골랐고, 캐셔가 입구에서 계산을 해 주었다.

어느 단지 안으로 들어가려고 하던 여자가 손에 들고 있던 종이 한 장을 경비에게 보여 주었다. 아마 출입증이었을 것이다.

오후에 맞은편 전력공급국 건물에서 큰 소리로 음악을 틀자 가게에서 손님을 끌어모을 때 같은 느낌이 났다. 평소에는 가게마다 음악을 틀어 놔서 시끄러워 죽을 지경이었는데, 지금은 음악을 트는 곳이 한 곳뿐이라 소중하다는 느낌이 들었다.

마지막 외출이
될지도 모르는 오늘

우리가 나갈 수 있을까? 이 결정권은 더는 우리에게 있지 않다.

사람들의 출입을 제한하는 단지가 수두룩하다. 우한에 있기는 해도 그런 면에서 나는 운이 좋은 편이다. 어쨌거나 밖으로 나갈 수 있으니까.

후베이의 모 현 정부 소재지에 있는 한 친구의 말에 따르면, 그 친구가 사는 단지는 이미 여러 날 출입이 제한되고 있다. 어제 공고가 내려왔는데, 이제부터 전면적인 출입 금지가 시작될 거라고, 장 보러 나가는 것도 안 된다고 했다 한다. 그래서 어제 아침 가족들이 다급히 마스크를 쓰고 통행증을 소지하고서 장을 보러 나갔다. 시장은 식재료를 사재기하는 사람들로 북적였다. 친구네가 감자를 사려고 하는데 앞에 서 있던 사람이 진열대에 있던 모든 감자를 쓸어 가려고 했다. 친구네 가족은 그에게 조금만 남겨 달라고 사정사정해서 조금이나마 살 수 있었다고 한다. 친구네는 그렇게 집에 돌아왔다가 다시 나가서 물건을 좀 더 사 오고 싶었지만 더는 단지 밖으로 나갈 수 없었다.

우한이 봉쇄되던 때 딱 그랬다. 때가 임박해서 공고를 내리고, 주민들에게 일상생활을 어떻게 꾸려 나가야 하는지는 전혀 알려 주지 않고.

전염병에 대응할 때, 정부는 바이러스를 통제하는 것은 물론 사람들이 느낄 공포도 고려해서 정책을 펴야 한다. 하지만 현실은 정반대로 돌아가고 있다. 어떤 지역에서는 사람들의 신고를 장려하기 시작했다. 코로나19 감염 환자 한 명 신고에 1만 위안(한화 약 171만 원)의 상금까지 내걸었다. 자발적으로 병원에 간 환자에게도 얼마간의 돈을 지원해 준다.

정부에 대한 신뢰가, 사람과 사람 사이의 신뢰가 끊임없이 고갈되고 있는 것과는 대조적으로 심리적 공황은 점점 커져 가고 있다. 요 며칠 사이 주변 통제는 더욱더 엄격해졌다. 마트에서는 입장할 수 있는 사람 수를 점점 줄이고 있고, 주변에서 봉쇄된 지역들이 점점 많아지고 있으며, 격리 구역 증가세도 가파르다. 수많은 사람이 도움의 손길을 필요로 하고 있건만, 단지사무소 직원, 제복 입은 사람들은 무능력자가 되어 버렸다. 깊은 절망이 밀려온다.

어제저녁에는 표고버섯 고기 볶음과 죽을 먹었다.

밤의 채팅에서는 외국어 공부 이야기가 나왔다. 영어 공부를 하고 있는 친구가 있어 다 같이 자신의 학습 경험을 털어놓았는데, 대체로 영어를 자주 접하고 자주 써야 한다는 거였다. 특히 우리가 영어 학습 과정에서 맞닥뜨리는 난제, 즉 입을 여는 것의 중요성도 언급되었다. 그러던 중 한 친구가 말했다. "한 언어를 배운다는 건 단순히 기능 하나를 익히는 차원이 아니라 한 문화를 배우는 거야."

자신의 성폭력 피해 경험을 《블랙박스》라는 책으로 써 낸 일본인 기자 이토 시오리(伊藤詩織)가 중국의 여러 도시를 돌며 자신의 경험을 나눈 적이 있다. 그 행사에 참여한 친구가 있는데, 그 애 말로는 이토 시오리가 일본어로 말할 때는 유난히 겸손하게 자기를 낮추고 또 낮추었지만, 영어로 말할 때는 힘이 넘치더란다.

요즘 다들 집에만 박혀 있다 보니 오타쿠 문화에 관한 이야기도 나왔다. 집에 박혀 있는 수많은 집순이, 집돌이 들이 자기들을 자조적으로 부르는 말이 '페이페이(肥肥)'*이다. 이들에게

---

* '페이(肥)'에는 '살지다'는 의미가 있다. 중국에서는 애니메이션, 만화, 게임을 즐기며 집밖으로 나오지 않는 이들이 자기들을 자조적으로 '페이페이'라고 부

는 다음과 같은 특징이 있다. 첫째, 게임을 하는 데 많은 시간을 쏟아붓고 캐릭터 문화에 열광한다. 그런데 이런 게임과 캐릭터 문화라는 것이 여성을 성적 대상화하는 등 상당히 성차별적이다. 둘째, 페이페이 가운데 풀타임 직업을 가진 사람이 있기는 하다. 다만 그 일이라는 게 부모가 찾아 준 일일 수도 있고, 나사 돌리기처럼 창의성과는 거리가 먼 일일 수도 있다. 셋째, 수많은 페이페이가 부모와 함께 산다. 심지어 생활에 필요한 걸 전적으로 부모에게 의지하는 사람도 있다.

나는 이들의 삶의 방식에 사회에 대한 일종의 소극적 저항이 담겨 있다고 본다. 사회적으로 계층이 고착화되면서 기회를 차단당한 탓에, 젊은이들이 실패를 경험조차 해 볼 수도 없게 되었고, 실패를 딛고 일어나 자기를 성장시킬 공간도 찾을 수 없게 되었다. 그러면서 '노력해 봤자 쓸데없다'는 절망이 이런 식으로 표출된 것이다.

그렇지만 여자는 한가하게 집에 있지도 못한다. 이 사회는 여성이 부담 없이 편하게 보살핌을 받도록 놔두는 법이 없다. 똑같이 집에 있어도 더 큰 결혼 독촉 스트레스에 시달리는 쪽은 여자이고, 집안일을 하지 않으면 여자가 집안일도 하지 않는다는 욕까지 먹는다.

르거나, '집'을 뜻하는 '자이(宅)'를 붙여 '페이자이(肥宅)'라고 부른다. (옮긴이 주)

그런데 요즘은 전통적인 젠더 기준으로는 어느 성별도 살기 힘든 시대 아닌가. 그래서인지 자기 젠더를 피하기 시작한 사람들도 많다. 남자들은 사회가 맡긴 가족 부양의 책임을 지지 않으려 하고, 여자들은 더는 현모양처가 되어 가정을 보살피려 하지 않는다.

한 친구가 어젯밤에 마스크를 쓰지 않고 이리저리 숨어 다니는 꿈을 꾸었다는 이야기를 꺼냈다. 그래서 우리의 화제는 자연스럽게 꿈 이야기로 넘어갔다.

시험 보는 꿈을 꿔 본 친구들이 많았다. 시험 응시 준비를 제대로 하지 않아서 불안에 떠는 꿈, 시험 보는 도중에 다른 사람의 답안을 베껴 쓰고 싶은데 그렇게 하지 못하는 꿈 이야기가 많이 나왔다.

나는 중·고등학교 시절 꿈을 자주 꾼다. 꿈속의 나는 항상 시험을 앞두고 초조해한다. 시험에는 결과가 있기 마련이고, 그 결과는 우리가 좋은 학생인지 아닌지를 판가름한다. 다들 어려서부터 이런 압박을 짊어지고 사는 거다. 대학을 졸업하면 시험으로 나를 증명해야 할 일은 사라질지 모르지만, 자기 자신을 의심하게 되는 순간은 그래도 찾아오기 마련이고, 그럴 때는 그게 뭐든 나 자신을 증명해야 할 근거가 있어야만 할 것 같은 생각이 든다. 생각해 보면, 어느 한 번의 시험 성적이 한 사람의 일생을 결정지을 수도 있다는 건 슬픈 일이다. 안타까운 점이 있다면 바로 우리 사회가 그런 사회라는 점이고.

하지만 대학에 긍정적인 면이 있다는 걸 부정하고 싶지는 않다. 나는 우리 마을이 배출한 첫 대학생이었다. 대학을 다닌 건 정말 큰 행운이었다고 생각한다. 대학에 들어간 뒤, 사회학 관련 서적을 읽고 사회 이슈에 관심을 기울이게 되었다. 그러면서 행동하게 되었고, 뜻이 맞는 친구들과 인연을 맺기 시작했다.

다시 꿈 이야기로 돌아가면, 화장실 꿈을 자주 꾼다는 친구도 몇 있었다. 어떤 친구는 볼일이 급한데 화장실을 찾지 못하는 꿈을 꾼다면서, 실제로 소변이 급해서 그럴 때도 있지만 어떤 불안감 때문에 그럴 때도 있는 것 같다고 했다. 또 다른 친구는 정말 많은 사람 앞에서 볼일을 보는 꿈을 꾼다면서, 그럴 때면 수치심이 든다고 했다.

나는 꿈에서 가끔 중학교 때 화장실을 본다. 그 화장실은 교실 건물 뒤편에 있었는데, 해가 잘 들지 않았고 아주 음침했다. 안에 칸막이라고는 없이 대략 20~30개의 변기 구멍이 한 줄로 쭉 파여 있던 이 화장실을 1천 명 정도가 사용했다. 여름에 비가 오면 화장실에 물이 차서, 화장실에 가려면 띄엄띄엄 괴어 놓은 벽돌을 밟고 들어가야만 했다. 그것 말고도 여름이면 화장실에 구더기가 들끓어서, 볼일을 보면서 구더기를 밟지 않기란 불가능한 일이었다. 정말 더러운, 도망치고 싶은 곳이었다.

오늘 아침엔 거센 빗소리에 잠에서 깨어 일어났다. 8시 즈음이었다.

창문을 열자 약한 바람이 들어왔다. 하지만 춥다는 느낌은 들지 않았다. 오히려 맑고 상쾌한 느낌이었다. 언제부터 그러기 시작했는지는 모르겠는데 날씨에 변화가 보인다.

창문에 기대어 한참을 서 있었다. 아파트 건물 아래에서 누군가 차를 몰고 밖으로 나갔다. 길에는 사람이 거의 안 보였다.

나는 생각에 잠겼다. '오늘 나갈까 말까?'

이제 더는 의무적으로 매일 밖에 나가지는 않지만 그렇다고 별다른 계획이 있는 것도 아니어서, 결정은 늘 그때그때 내린다. 언제든 마지막으로 외출하는 날이 될 수 있다. 그래서 밖에 나가지 않았다가 나중에 후회하게 될까 봐, 그게 걱정된다.

하지만 더 중요한 건 오늘이다.

해야 할 일이 산더미인데도 조급한 마음이 들지 않아 일을 미루고 있었다. 결국 외출을 하지 않고 자질구레한 일들부터 하나씩 해 나가기 시작했다. 천천히 마음을 다잡았다.

마법의 도시

현실의 마법은 상상을 초월한다.

아침에 〈대량의 마스크를 샀는데, 우한시 총공회 한난노동자 문화센터에서 보낸 마스크가 도착했다〉라는 제목의 글을 한 편 읽었다.

마스크를 어디에서도 구할 수 없게 된 뒤, 몇몇 사람이 마스크 공동구매 단톡방을 열어서 마스크를 살 수 있는 온갖 경로를 찾아 나섰다고 쓰여 있었다. 마스크를 판 위챗 판매자는 허난(河南)의 한 공장에서 만들어 일본에 수출하는 마스크라고 했지만, 마스크가 출하되고 난 뒤 유통 과정에서 발송지가 우한으로 떴고 택배 상자에도 '구호물자'라고 적혀 있었다고 한다. 위챗에 올라온 이 글은 금세 삭제되었지만, 이 일을 폭로한 웨이보 게시물은 여전히 남아 있다. 자기 친구가 사들인 마스

크 1만여 장도 우한에서 발송된 상품이었다고 댓글을 단 사람
도 있었다.

오후가 되자 우한경제기술개발구에서 웨이보 계정을 통해,
발송자가 가명을 썼으며 한난노동자문화센터와는 관련이 없다
고 사실 확인을 해 주었다. 발송한 마스크는 우한화스다방호용
품유한공사에서 생산한 제품으로 기증 물자가 아니라고 했다.
우한화스다방호용품유한공사의 주소는 한난구(漢南區) 사마오
진(紗帽鎭) 웨이후로(微湖路) 511호로, 한난노동자문화센터의
원주소지 부근이었다. 택배 배송 기사가 물건을 수취한 뒤 수취
지점을 우한화스다방호용품유한공사 부근으로 찍었더니, 가오
더 지도(高德地圖, 중국의 모바일 지도 애플리케이션―옮긴이)의 전자
지도 우편 발송지 주소 위치 정보가 한난노동자문화센터로 떴
다는 거다. 배송 기사도 이 점을 확인해 주었다. 하지만 어째서
택배 상자에 구호물자라고 쓰여 있었는지는 여전히 설명되지
않았다. 게다가 2월 2일, 내가 순펑택배에 문의했을 때, 배송 기
사는 우한에서는 외지로 택배를 발송할 수 없다고 했었다.

며칠 전 세태 풍자 단편 영화 〈롤렉스 시계의 집으로 가는 길
(一支勞力士的回家路)〉이 위챗 모멘트를 휩쓸었다. 영화 속에서
어느 기업가가 마스크 10만 개를 사서 기부하는데, 상자를 밀
봉할 때 본인이 차고 있던 롤렉스 시계를 상자 안에 떨어뜨린
다. 마스크가 기부 물품을 분배하는 곳으로 옮겨지자, 그곳 책

임자가 비뇨기과 병원 원장에게 진 빚을 갚는다며 이 마스크를 보내 버린다. 이후 비뇨기과 원장에게서 이 마스크를 사들인 해당 병원 직원이 위챗 판매자를 물색해 마스크를 되판다. 뜻밖에도 기업가는 여러 사람의 손을 거친 끝에 그 마스크를 다시 사들이게 되고, 상자를 뜯다가 본인의 롤렉스 시계를 발견한다. 되파는 과정에서 모든 사람이 정가를 숨기고 속여 돈을 벌어들인다. 영화 결말에 이런 자막이 뜬다.

이 이야기는 순전히 허구입니다. 비슷한 일이 있다면, 크나큰 영광일 것입니다.

어제저녁에는 양배추 고기 볶음과 죽을 먹었다.

밤의 채팅에서는 요즘 들어 일찍 잠자리에 들기 시작했다는 친구가 여럿이었다. 일찍 자고 일찍 일어난다는 친구도 있었고, 일찍 자기는 하는데 여전히 늦게 일어난다는 친구도 있었다. 한 친구가 말했다. "몸이 현실의 압박과 상처로부터 도망치고 있는 거지."

또 한 친구는 여동생 이야기를 꺼냈다. 그 친구의 여동생은 어린 시절부터 성적, 교우 관계 등 여러 방면에서 자신과 언니를 비교했다고 한다. 여동생은 비교 결과가 만족스럽지 않으면 언니, 즉 내 친구와 싸우며 감정적으로 공격했다. 이렇듯 자신에게서 소중한 것을 찾지 못한 사람은 늘 남과 자신을 비교하고, 남한테는 있는데 자신에게는 없는 걸 보면 열등감과 질투심을 느끼며 불공평하다고 생각한다. 우리는 어려서부터 성적이 좋은지 나쁜지, 특기가 있는지 없는지, 가정 배경은 어떤지 등등 비교를 당했던 경험을 이야기하며, 비교가 사회적인 것이라는 데 입을 모았다. 그러자 또 다른 친구가 자기는 어려서부터 옷 사는 걸 좋아하지 않았다고 했고, 여럿이 이 말에 공감했다. 옷을 살 때면 평가를 당하기 일쑤이기 때문이다. 부모가, 친구가, 점원이, 익명의 누군가가 늘 우리에게 여기가 살이 좀 쪘다느니 저기가 굵다느니 사람 불편해지는 말을 하지 않나.

지금 나와 내 친구들은 여성에 대한 주류 사회의 속박에서 상대적으로 벗어나 있다. 우리는 지금보다 주류에 편승해 살았을 때의 이야기를 나누며, 그렇게 살던 시절의 사진을 공유했다. 사진 속 친구들은 하나같이 긴 머리를 하고 있었다. 당시 다들 하이힐을 신곤 했는데, 어떤 친구는 높이가 9센티미터나 되는 걸 신기도 했다. 한 친구가 말했다. "주류에 편승해 살았을 때는 다들 특징이 없었네. 지금이 훨씬 개성적이야."

우리 중 여럿은 대학에 입학한 뒤 비로소 머리를 기르기 시작한 경우였다. 중·고등학생 시절에는 머리가 짧아야 시간을 절약할 수 있고 공부하는 데도 유리했기 때문이다. 또한 그 시절에는 학교에서 바지와 치마 길이가 무릎을 넘어가야 한다는 둥, 머리는 염색할 수 없다는 둥 학생들의 옷차림과 헤어스타일을 통제했다. 고등학생 시절 어떤 선생님은 원래 곱슬머리였던 우리 반 여자애를 의심하며 강제로 머리를 펴도록 하기도 했다.

대화는 자연스럽게 화장 이야기로 옮겨 갔는데, 친구들 가운데도 화장을 옅게 해 본 애들이 여럿 있었다. 옅은 화장으로 청순미를 내세우는 여성을 이상적으로 보는 사회 분위기가 있다는 이야기가 나오자 한 친구는 이렇게 부연 설명했다. "진한 화장을 하려면 용기가 있어야 해. 남의 시선에 아랑곳하지 않을 자신이 있어야 화장을 진하게 할 엄두가 나."

밤의 채팅이 이어지던 밤 10시 무렵, 창밖에서 우르릉 쾅쾅 번개가 치기 시작했다. 창문을 열었더니 거센 바람이 불고 폭우가 쏟아지고 있었다. 창문 밖에 차양이 있는데도 비가 창문을 때리는 소리가 땅땅 울렸다.

어릴 적에는 비를 좋아했다. 비가 오면 밭에 나가서 일할 필요 없이 따뜻한 이불 속에서 잠을 자거나 장난을 칠 수 있었으니까.

하지만 어젯밤 내린 폭우에서는 섬뜩한 느낌을 받았다. 지구가 인류에게 다시 한 번 보내는 경고처럼 다가왔다.

그때 친구가 이런 말을 했다. "코로나19 바이러스, 지진, 조류인플루엔자, 한파, 메뚜기 떼…… 일련의 재난들이 인류를 향한 지구의 공격 같아."

채팅을 마친 뒤 잠을 자려고 침대에 누웠는데, 밖에서 덜커덩 덜커덩 비바람 소리가 났다. 공사장의 임시 가드레일을 때리는 빗소리에 창문을 때리는 빗소리가 겹친 소리였다. 그 소리를 들으며 문득 폭풍우 같은 힘을 갖고 싶다는 생각을 했다.

오늘 아침에는 9시가 넘어서야 겨우 일어났다. 지난밤 이런저런 소리 탓에 한참 동안 잠들지 못했기 때문이다. 아침까지도 여전히 비가 내리고 있었다. 맹렬하게 쏟아진 비에 공사장의 임시 가드레일 일부가 부서져 있었다.

창에 김이 서려 밖이 잘 보이지 않았다. 이런 날씨에는 집에 있는 게 제일 편하다.

오후에, 내가 사는 집 바깥쪽에서 비가 새서 물이 집 안으로 스며들어 온다는 사실을 알게 되었다. 하필이면 비가 스며들어 오는 위치에 전기 콘센트가 있었고, 마침 그 콘센트를 쓰고 있었다.

채팅방에서 친구들에게 이런 상황을 이야기했더니 한 친구가 말했다. "두꺼비집 열어서 그 콘센트와 연결된 누전차단기를 찾아봐. 소형 가전기기 플러그를 그 콘센트에 꽂아 켜 놓고, 누전차단기 버튼을 하나씩 눌러 보면서 어느 버튼을 누를 때 작동을 멈추는지 찾는 거야. 찾았으면 그 누전차단기만 내려놓으면 돼." 하라는 대로 해 봤다. 친구는 내가 그 콘센트를 테스트해 보다가 감전돼서 죽기라도 했을까 봐 걱정이 됐는지, 바로 내게 전화를 걸어왔다.

두꺼비집에는 세 개의 버튼이 있었다. 하나는 방과 욕실 콘센트를 제어하는 버튼, 두 번째는 에어컨 콘센트를 제어하는 버튼, 나머지 하나는 주방 콘센트를 제어하는 버튼이었다. 방과 욕실 콘센트를 제어하는 버튼을 끄자 조명도 함께 나갔다. 다행히 전 세입자가 두고 간 낡은 전기스탠드가 하나 있었는데, 지금은 그게 내 방의 유일한 조명기구이다.

집주인에게 집에 물이 샌다고 이야기했더니 관리사무소에 물어보라고 했다. 하지만 긴급한 일도 아니니, 관리사무소에 이야기해 봤자 신경 써 줄 턱이 없겠지.

오후에는 눈이 내렸다.

내가 북부 출신이라 그런지, 남부 지방으로 오고 나서부터는 몇 년 동안 눈 구경을 하지 못해 아쉬웠다. 눈도 볼 겸 아래층으로 내려가 봤더니 관리사무소 문이 닫혀 있었다. 관리사무소에는 사람이 없을 거라고 생각하고 경비실로 가서 상황을 물어볼 요량이었다.

단지 입구에 도착해서 아직 입도 안 뗀 참인데 경비가 나를 막아서며 말했다. "지금은 진료받으러 가는 경우랑 출근하는 경우만 나갈 수 있어요. 관리사무소로 가서 외출증을 발급받으셔야 해요." 나는 걱정스레 물었다. "그럼 장은 어떻게 보나요?"

"장 보러 나가는 것도 가능하기는 한데, 출입증을 발급받아야 나갈 수 있어요."

"언제부터 나갈 수 없게 된 건데요?"

"오늘부터요. 시에서 공지가 내려왔어요."

그래서 다시 관리사무소에 가서 문을 두드렸더니, 누군가 문을 열어 주었다. 안에 직원이 세 명 있었다.

집에 물이 샌다고 이야기했더니 한 직원이 자기들 소관이 아니라고, 그런 건 집주인이 알아서 수리해야 한다고 했다. 이때 내가 사는 동에서 두 노인이 나와서는, 코로나19 의심 환자라서 밖으로 나가서 격리해야 한다고 말했다. 관리사무소 직원 한 사람이 두 노인을 데리고 단지 밖으로 나갔다. 나는 속으로 흠칫했다.

놀라기는 했지만, 관리사무소 직원과 외출 관련 사항을 확인하는 데 급급해서 딱히 그 두 노인의 상황을 더 캐묻지는 않고 이런 것만 물어봤다. "장 보러 나가려면 출입증을 어떻게 발급받아야 하나요?"

"사흘에 한 번 나가실 수 있고요……."

"저 기왕 이렇게 마스크까지 쓰고 내려온 김에 나가서 장 좀 보고 오면 안 될까요?"

"그런 이유로는 나가실 수 없습니다."

돌아가는 수밖에 없다 싶어서 계단을 올라갔다.

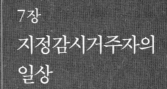

7장
지정감시거주자의
일상

주민임시통행증

사람이 운이 나쁘다는 건 어떤 걸까?

2019년 11월에 우한으로 이사 왔는데, 12월이 되자 우한에서 코로나19 바이러스가 출현하더니 1월에는 광범위하게 퍼졌다. 요 이틀 쏟아진 폭우에 집에 비가 새기 시작했고, 12월에 중고장터에서 산 전기밥솥과 프라이팬 중 전기밥솥은 버튼에 문제가 생겨서 여러 번 눌러야 반응을 하고 프라이팬은 손잡이 나사가 풀려 사라졌다. 대걸레 쫠순이 손잡이 위치에 있던 나사는 하다 하다 화변기 안에 떨어지고 말았다.

내가 운이 좀 없는 편이기는 해도, 그렇다고 운이 최악인 사람은 아닐 거다.

그런데 운이 없어서 일이 안 풀리면 어떻게 해야 하지? 소시민이야 뭐 본인이 알아서 하는 수밖에 없겠지.

그렇다면 14일에 웨이보에 이런 글을 올린 허하오는(何昊) 는? 이 사람, 운 나쁜 사람인 건가?

단 한 번도 우리 아버지가 무슨 대단한 능력자라는 생각을 해 본 적이 없고, 평생 관직에 계셨어도 내가 덕 한 번 본 적 없다.

그런데 이번 전염병 확산 사태로 성 전체의 도로가 다 봉쇄된 상황에서, 아버지가 인맥을 동원해 차를 보내 주신 덕에 톈먼에서 징저우(荊州)까지 돌아올 수 있었다.

톈먼은 한때 코로나19 사망률이 가장 높은 도시였으니, 톈먼에 갇혔다는 건 재수 없는 일일 수 있다. 그곳을 떠나고 싶어 하는 것도 인지상정이다. 하지만 어느 소시민이 이런 상황에서 떠날 수 있을까.

허하오는 웨이보에 2019년 알리페이 결산서를 과시하듯 올려놓기도 했다. 지출액이 총 286만 위안(한화 약 4억 9천만 원)이었고, 일상 가정생활 쇼핑 비용이 총 212만 위안(한화 약 3억 6천만 원), 의류와 미용 비용이 32만 위안(한화 약 5천 4백만 원)이었다.

수많은 중국인이 이 일에 분노했다.

허하오는 2월 15일에 사과문을 올려, 본인의 부친은 징저우시 상무부 과장 허옌팡(何炎仿)이며, 부친에게는 차를 보내 자신을 톈먼에서 징저우로 데려올 권한이 없다고 설명했다. 부친은 친구를 통해 톈먼에서 생활물자를 운송하고 돌아가는 차와 연락을 취해 자신을 데려온 것이고, 자신은 광저우에서 의류 업체를 경영하는 개인사업자라며, 알리페이의 연말 결산서는 본인이 경영하는 업체의 거래 명세서이지 아버지가 주신 돈이 아니라고, 자신의 성과를 자랑하고 싶은 마음에 공개한 거라고 덧붙였다.

허하오는 정말 재수가 없었다. 그냥 허영심에 자랑 좀 해 보고 싶어서 저지른 일인데, 네티즌들이 진지하게 반응했으니. 그렇지만 허하오가 자신의 특권을 이용해 혜택을 누린 건 사실이다. 이 입에 발린 사과문이 누군가의 분노를 누그러뜨리는 데 도움이 되기는 할까?[*]

어제저녁에는 마늘종 고기 볶음과 죽을 먹었다.

어젯밤에는 방에 전기스탠드 하나 달랑 켜 놓은 채 어둠 속에서 친구들과 채팅을 했다. 채팅에선 "한 며칠 입맛이 없었는데, 나중에 보니까 내 음식 솜씨가 형편없어서 그런 거지 입맛이 없던 건 아니었더라고.", "봉쇄된 지 한 달도 안 됐는데 반년은 지나간 거 같은 느낌이야." 같은 잡다한 이야기들이 오갔다.

우리는 현재 자신의 연인이 이전 애인에게 협박이나 험담, 폭

---

[*]　이 일로 허하오의 아버지 허옌팡은 정직을 당했다. (옮긴이 주)

력, 스토킹, 성관계 동영상 유포 같은 이별 폭력을 휘둘렀다면, 그 행위가 우리와 관련이 있는 건지에 대해 이야기를 나눴다.

일단, 대상이 이전 애인이든 다른 누구든, 현재 내 연인이 예전에 사귀었던 사람에게 이별 폭력을 휘둘렀다면, 그 일은 절대 그냥 넘기지 말고 그 사람을 응징하는 데 힘을 보태야 한다.

2018년 11월, 연예인 장징푸(蔣勁夫)가 일본인 여자 친구에게 가정폭력을 행사해 구류되었다. 1년 뒤인 2019년 11월, 장징푸의 새 여자 친구는 장징푸가 자신에게 가정폭력을 행사했다고 밝히면서, 장징푸와 함께한 날들이 지옥 같았다고 했다.

이런 예에서도 알 수 있듯, 폭력을 행사하는 사람 가운데 상당수가 특정한 사람에게만 폭력을 행사하고, 그런 습관은 결코 쉽게 바뀌지 않는다. 그러니 누군가의 연인이 과거에 휘두른 폭력에 대해 반성하고 사과하지 않는다면, 다음 피해자는 내가 될 수도 있다.

문득 외출이 제한되고 있다는 사실이 떠올라 불안해졌다.

친구들과 채팅을 하는데 입이 궁금했다. 딱히 배가 고픈 것도 아니었던 것 같은데 왜 그랬을까. 불안감에 시달리면서도 뭔가 먹고 싶은 생각이 들다니. 그렇다고 먹을 게 언제 동날지 알 수 없는 마당에 많이 먹을 수도 없고. 결국 소고기 큐브 정도로 때우기만 했다.

잠자리에 들었는데 잡생각이 들기 시작했다. 관리사무소에서 나가지 못하게 해도 폭풍우로 망가진 임시 울타리의 벌어진 틈으로 빠져나갈 수 있겠다 싶었다. 그렇지만 단지를 몰래 빠져나가다가 발각되면 어떤 처벌을 받게 될지 알 수 없었고, 불합리한 규칙이라고 해도 지금으로서는 규칙을 망가뜨린 대가를 감당할 수 없을 것 같았다.

단지 바깥으로 나갈 수 없게 되면 어떡할까 하는 걱정이 꿈으로 나타났다. 꿈속의 나는 다른 사람과 함께 낯선 곳에 갇혀 있었다. 출입구는 한 개 이상이었지만, 그중 하나는 바깥과 연결되어 있지 않았다. 우리는 조심스럽게 문을 하나씩 열어 보며 나갈 수 있는지를 살펴보았다.

오늘은 햇살이 맑았다. 길바닥도 대체로 다 말라서 폭풍우의 흔적은 많이 남아 있지 않았다. 환경미화원 두 사람이 비질을 하고 있었고, 개와 함께 산책하는 사람도 있었다.

어러머 앱을 열었더니, 모든 마트의 첫 화면에 이런 문구가 떠 있었다. "임시 휴무 중입니다. 곧 다시 찾아뵙겠습니다."

어제 단지 밖으로 나가겠다고 했다가 거절당한 탓에 오늘은 외출증을 발급받을 수 있을지 알 수 없었지만, 일단 시도라도 해 보자는 마음으로 관리사무소에 가서 장 보러 나가야 한다고 했더니, 직원이 주민임시통행증을 발급해 주었다. 보아하니 대량으로 인쇄한 통행증 같았는데, 주소와 출입 일자가 적혀 있었다. 최초 출입 일자는 2월 12일이었다.

임시통행증에는 주지 사항도 적혀 있었다.

1. 한 가구당 한 장 발급되니 잘 관리하시기 바랍니다.
2. 한 가구당 한 사람이 사흘에 한 번씩 밖으로 나갈 수 있습니다.
3. 이 통행증은 단지 출입용입니다.

나는 허가를 받아야 밖으로 나갈 수 있는 사람이 되었다.

단지에서 나가는데 경비가 나를 막아서더니, 임시통행증은 보지도 않고 내 사진부터 찍어 댔다. 내게는 거절할 권리가 없는 것 같았다. 그저 나가고 싶다는 생각에 왜 사진을 찍느냐고 묻는 것도 잊고 말았다. 경비는 내게 신신당부까지 했다. "먹을 걸 한 번에 많이 사다 두세요."

단지 밖으로 발을 내딛는 순간 아주 홀가분한 기분이 들었다.

밖에 있던 개 세 마리가 길 중간에서 햇볕을 쬐고 있었다. 어느 골목 어귀는 파란색 울타리에 가려져 있었고, 파란색 울타리의 바깥쪽에는 노란색 울짱과 모바이크(Mobike, 중국의 공유 자전거 서비스─옮긴이) 자전거 한 대가 세워져 있었다. 파란색 울타리에 '우창구 주택가 폐쇄 관리 실행에 관한 공고'가 붙어 있었는데, 총 여덟 가지 내용이 적혀 있었다.

1. 단지 폐쇄형 관리를 엄격히 실행한다.

2. 집단 활동을 엄격히 근절한다.

3. 우한으로 돌아온 사람을 엄격히 관리한다.

4. 공공장소를 엄격히 관리한다.

5. 능동 감시 대상을 엄격히 관리한다.

6. 정보를 엄격하게 발표한다.

7. 주거 구역 환경과 임대주택을 엄격히 관리한다.

8. 기율과 법을 엄격히 집행한다.

제7조에 이렇게 부가 설명이 되어 있었다. "임대주택 관리 책임을 확실히 하고, 임차인 관리를 강화한다. 이상 상황이 발생할 경우 즉시 보고해야 하며, 전염병이 발생했는데도 상황을 즉시 보고하지 않을 경우 법에 따라 주택 임대인이나 해당 부서에 법적 책임을 묻는다."

이건 집주인보고 세입자를 감시, 관리하라는 건가? 세입자라면 보통 다 성년일 테고, 성년이라면 코로나19에 감염된다 해도 그 책임은 자신에게 있다. 그리고 집주인과 함께 살지 않는 사람도 허다한데 어떻게 감시, 관리한다는 건가? 이렇게 되면 집주인들이 처벌이 두려워 세입자를 쫓아내려고 하지 않을까?

이런 생각을 하고 있을 때, 어떤 사람이 파란색 울타리를 조금 밀치더니 안에서 걸어 나왔다. 걸어가면서 보니 봉쇄된 골목이나 길목이 한둘이 아니었다. 임시 울타리를 통해 단지 밖으로 도망치려 했던 나의 생각은 너무 순진한 것이었다.

단지사무소 직원이 마트 길목에 공고문을 붙이고 있었다. 한 사람이 공고문을 붙이자 다른 사람이 사진을 찍어 기록으로 남겼다.

마트 입구에 10여 명이 줄을 서 있었는데, 다들 줄을 서 있다가 먼저 들어간 사람이 나오면 들어가는 식으로 아주 의식적으로 행동했다. 이때 어떤 사람이 이를 아랑곳하지 않고 제멋대로 마트에 들어가자, 줄 서 있던 사람들이 이 꼴을 보고 크게 분노했다. "세상에 저렇게 뻔뻔한 인간이 다 있어!" 개중에는 욕을 내뱉는 이도 있었다. 하지만 마트에 들어간 사람은 다른 사람들의 분노와 욕설에 대꾸도 하지 않았다. 그 사람의 정체조차 알 수 없었다.

마트 안에는 사람이 스무 명 남짓 있었다. 입구의 과일 진열대는 전보다 더 비어 있었고, 채소는 어지간한 건 다 갖춰져 있었으며, 냉동식품이 있던 냉동고는 비어 있었다. 요거트 진열대도 빈 곳이 보였고, 스팸, 소시지 같은 것들은 하나도 남아 있지 않았다. 그래도 오늘 고기 칸에는 고기가 있었다.

오늘 내 마음은 봉쇄가 시작된 첫날과 비슷했다. 생존에 대한 불안이 다시금 고개를 들었다.

지금은 사흘에 한 번 외출이라지만, 이게 내일이면 닷새에 한 번으로, 심지어 열흘에 한 번, 한 달에 한 번으로 바뀌게 될지도 모를 일이다. 나는 쌀 5킬로그램과 국수 두 봉지, 일주일 동안 먹기에 충분한 양의 식재료를 사들였다.

마트에서 나와서야 아까 공유자전거를 타고 와서 깜빡하고 잠금장치를 채우지 않았다는 사실을 깨달았다. 그 자전거는 누가 이미 타고 가 버린 뒤였다. 그 바람에 내 계정이 잠시 막혀서, 10킬로그램이 넘는 물건을 손에 들고 걸어서 집으로 돌아올 수밖에 없었다.

걸어가는 길에 《시녀 이야기》가 떠올랐다. 이 책은 마거릿 애트우드(Margaret Atwood)가 쓴 디스토피아 소설이다. 나는 드라마 버전만 봤는데, 드라마 속에서 근본주의 종교 세력이 미국 영토의 일부를 점령해 길리어드 공화국을 세우고 군사력으로 나라를 통제한다. 이 국가의 모든 사람에게는 특정한 직책이 있는데, 사람들 대부분이 강제로 부여된 자신의 직책을 받아들여야만 한다. 드라마 속 여성들은 처음에는 은행 카드가 막히고, 이어서 회사에서 해고된다. 생식 능력이 있는 여성은 시녀로 전락해 매달 주교와 함께 '수정(水精) 의식'을 진행해서 주교의 가정에 아이를 낳아 주는데, 태어난 아이는 시녀와는 아무 관계없이 살아간다.

도시 봉쇄에서 단지 봉쇄까지, 우리의 움직임은 점점 더 심하게 통제되고 있고, 세상을 우리가 스스로 통제하고 있다는 감각은 조금씩 박탈되고 있다.

나의 다음 외출일은 2월 19일이다.

└ 충칭(重慶)에서도 많은 단지에 외출 제한 조치가 내려졌어요. 며칠에 한 번밖에 못 나가요.

└ 님이 계신 곳에 비하면 제가 있는 곳은 전염병 확산세가 좀 덜해서 모든 게 아직은 자유로운 편이에요! 얼른 전염병 확산 사태가 종식돼서 다시 정상적인 삶을 회복할 수 있게 되길 바랍니다!

└ 제가 발급받은 증명서도 님의 것과 비슷했는데 나중에는 또 전자 증명서로 바뀌었어요. 멀리 동북 지방에 있기는 합니다만, 그래도 우리는 서로 단단히 연결되어 있어요.

세상의 일부분이
사라졌다

먹을거리를 얼마나 쟁여 놔야 충분할까?

친구가 내게 집에 쌀이 얼마나 있느냐고 물어서 10킬로그램 좀 넘게 있다고 대답했다. 친구는 그래 봤자 한 달 먹을 양밖에 안 되는 것 아니냐면서 좀 더 사서 쟁여 두라고 했다. 친구 말이 맞는다는 건 알지만 끊임없는 물건 사재기에 거부감이 든다. 너무 변태적이다.

친구는 걱정스레 말했다. "지금 널 도와줄 수 있는 사람도 없는데 먹을 게 충분하지 않으면 어떻게 해."

사람은 보통 극단적인 상황에 부딪히면 음식물을 잔뜩 쟁여 둔다. 그 관점에서 보면 나는 여전히 내가 처한 상황을 부인하고 있는 셈이다.

단지 봉쇄를 전염병 확산세를 통제하기 위한 조치라고 생각하는 사람도 있지만, 난 이 조치가 사람을 통제한다는 생각이 더 강하게 든다.

우한 봉쇄 이후 밖에 나가는 사람은 소수였다. 다들 방역 조치를 취했고 사람이 밀집한 곳엔 되도록 가지 않았다. 이런 상황에서는 바이러스 전염률이 매우 낮다. 그래도 전염 가능성이 제로라고는 아무도 장담할 수 없다. 나도 집을 나설 때는 여전히 걱정스럽고.

하지만 이 병이 전염될 가능성이 단지를 봉쇄해야 할 만큼 클까? 단지 봉쇄에는 사람들의 두려움과 무력감을 강화한다는 부작용이 있다. 일례로, 단지가 봉쇄된 뒤 나는 밖에 나가서 주변 상황을 이해하며 되찾았던 통제감을 다시금 박탈당했다.

물론 단지 봉쇄가 필요하다고 생각하는 사람도 있다. 불행히도 내가 코로나19에 감염된다면, 그 사람들은 외출을 일삼고 단지 봉쇄에 반대하던 나를 보고 쌤통이라며 고소해할지도 모른다.

어제저녁에는 양배추 고기 볶음과 죽을 먹었다.

나사가 풀려 나간 프라이팬은 결국 버티지 못하고 손잡이 전체가 떨어져 나갔다. 다행히 예전 세입자가 남겨 둔 프라이팬이 하나 있기는 하다. 볶다 보면 재료가 좀 쉽게 타 버리기는 하지만.

밤의 채팅에서는 한 친구가 푸치페이펜(夫妻肺片, 소 내장에 고추, 산초 가루, 고추기름, 깨소금, 간장 등의 양념을 넣고 매콤하게 무친 쓰촨 지방 요리—옮긴이)을 먹고 있다고 하니까 다들 부러워했다. 매운 걸 무척 좋아하는 어느 친구는, 지금은 그냥 꿈에서나 마라탕을 먹을 수밖에 없다고 했다. 다른 친구는 재택근무를 시작했다며, 월요일부터 금요일까지 일을 해야 한다고 했다.

봉쇄 이후, 나에게선 '오늘은 무슨 요일'이라는 개념이 없어졌다. 오직 '오늘'과 '내일'이 있을 뿐이다.

후베이의 모 현 정부 소재지에 있는 친구 말에 따르면, 그곳은 이미 외출이 완전히 불가능한 수준의 계엄 태세로 접어들었다고 한다. 친척이 공유해 준 영상을 보니, 영상 속 사람이 빨래를 널러 나갔다가 잡혀갔을 정도라고 했다. 인터넷을 보면 허베이(河北), 상하이(上海), 후베이 등 여러 지역에서 마작을 하다가 잡혀간 사람이 있는가 하면, 행정 구류 처분을 받은 사람도 있고, 벌금을 문 사람도 있다. 반성문을 써서 텔레비전까지 나가 자기가 쓴 각서를 읽은 사람도 있다.

한 친구 말이, 헝다그룹(恒大集團, 중국의 대형 부동산 개발사—옮긴이)에서 2월 18일부터 29일까지 전국 각 지방의 주택을 구매할 경우 25퍼센트 할인해 준다는 초특가 우대 안내문을 발송했단다. 엄청난 우대 혜택이기는 한데 못 사는 사람은 그래도 못 산다. 돈 있는 사람은 집을 사서 그 가치를 증식시키겠지만, 평범한 사람들이야 쌀이나 사서 목숨이나 유지할 수밖에. 저렴해도 보통 사람은 그 저렴한 혜택을 누릴 수 없는 것들이 있는 거다. 그리고 지금 전국 고속도로 요금이 다 무료다. 하지만 지금 같은 때에 차 몰고 나갈 수 있는 사람이 얼마나 될까?

밤에 잠을 자다가 렌즈가 부서지는 꿈을 꿨다. 끼기 시작한 지 반년이 다 된 렌즈인데, 처음에는 눈과 너무 심하게 마찰을 일으켜서 시도 때도 없이 눈물이 나다가 간신히 익숙해진 참이었다. 꿈에서 그 렌즈가 부서지는 순간, 전염병 확산 시기라 새 렌즈를 맞출 수 없다는 절망감이 밀려왔다. 그렇다고 해도 그게 무슨 큰일도 아닌데, 꿈속의 나는 대성통곡했다.

오늘은 아침 7시가 좀 넘어서 깼다.

잠에서 깬 뒤 머리 꼭대기에 있는 천정을 쳐다보다가, 천정에 달린 전등 케이스에 붙은 희양양(喜羊羊)* 스티커를 하나 발견했다. 도시가 봉쇄된 뒤, 나는 예전에 하지 않던 행동을 한다. 이를테면 주변 환경에 더 많은 관심을 기울이는 것 같은. 아마 세상의 일부분이 사라져 버렸기 때문이겠지.

나에게 있던 많은 감정, 예를 들면 분노, 상심, 무력감 같은 것들도 도시 봉쇄와 함께 상당 부분 봉인되었다.

---

* 희양양은 애니메이션 〈희양양과 회태랑(喜羊羊與灰太狼)〉의 똑똑하고 지혜로운 주인공으로, 늘 회태랑의 계략을 간파해 낸다.

봉쇄되던 날 사 둔 밀가루가 있다. 쌈 날 때 딴빙(蛋餠, 밀가루에 달걀을 풀어 넣고 각종 재료를 추가해서 전처럼 부쳐 먹는 음식―옮긴이)을 부쳐 먹을 생각이었지만, 지금까지도 할 마음이 들지 않아 밀가루는 그대로 있다. 고구마도 여러 개 사 두었는데, 지금껏 한 개 먹은 게 다였다가 오늘 죽 끓일 때 하나 넣었다.

오늘도 볕이 아주 좋았다. 눈이 부실 정도로 밝은 그런 날이었다. 하늘은 맑고 투명한 파란색으로 물들어 있었다. 아쉽게도 내가 사는 집은 북향이라 해가 비치지 않아서, 아침을 먹은 다음 단지 안에서 햇볕이라도 쬐려고 아래층으로 내려갔다.

우리 단지에는 내가 사는 10층짜리 동 하나에 7층짜리 동 두 개까지 총 세 동에 200여 가구의 주민이 산다. 그런데 단지가 너무 작은 탓에 햇볕 쬘 곳이 드물어서, 건물 두 동의 틈새에서 50미터 정도 되는 곳을 오가면서 햇볕을 쬐는 게 전부이다. 단지 밖으로 나갈 수도 없으니 운동이라고 해 봤자 안에서 걷는 게 다여서 운동량도 너무 제한적이다. 그나마 7층에 사니까 계단 운동이라도 해서 운동량을 늘려 보자 싶은 마음에 층계를 오르락내리락해 보기 시작했다.

건물 바깥으로 나갔더니 한 중년 남성이 휴대폰으로 희곡을 틀어 놓은 채 산책 중이었다. 나는 이어폰을 끼고 음악을 들으며 걸었다. 봉쇄 이후, 나는 슬픈 음악은 절대 듣지 않는다.

우리는 결국 지정감시거주(指定監視居住) 대상이 되었다. 지정감시는 보통 범죄 혐의자에게 내려지는 처분인데, 이제 수많은 사람이 이런 대우를 '누리고' 있다. 오늘부터 사람들이 평상시 단지를 출입할 때 쓰던 문도 파란색 울타리로 차단되었다. 어떤 사람이 모두에게 주의하라는 뜻으로 단지 단톡방에 정보를 올렸다. "말 안 듣고 여기저기 돌아다니는 사람은 체육관에 모아 놓고 14일 동안 학습을 진행합니다. 하루 급식비 50위안(한화 약 8,560원)은 본인 부담이고요."

단지 단톡방에서 온갖 공동구매가 시작됐다. 공동구매로 채소도 사고 고기도 사는데, 공동구매라서 구매량이 어느 정도는 돼야 배송된다. 나는 어제야 겨우 단지 단톡방에 들어갔다. 처음에는 단톡방에서 이따금 진행되는 릴레이 공동구매*를 보며 거부감이 심하게 들었다. 봉쇄되기 전에는 온라인에서 모든 식재료를 샀지만, 이제는 직접 장을 보러 가고 싶은 마음이 간절하니까. 하지만 오늘 결국 단톡방 내 릴레이 공동구매에 이름을 올렸다.

오후 5시 무렵, 누군가 문을 두드리는 소리가 들려서 문을 사이에 두고 긴장한 채 물었다.

---

* 릴레이 공동구매란 인터넷 판매가 시작되면 사고 싶은 사람이 한 명씩 이름을 추가하는 방식과 유사한 방식이다. 공동구매 기획자가 사고 싶은 물품 정보를 단톡방에 올리면, 단톡방 구성원이 그 글 아래에 본인이 사고 싶은 물품과 수량을 댓글로 단다. (원서 편집자 주)

"누구세요?"

"단지 직원입니다. 문은 여실 필요 없고요. 식구가 몇 명인가요?"

"하나요."

"체온은 정상이세요?"

"정상이에요."

"단지 안내 전화번호를 문에 붙여 놓았으니, 무슨 일 있으면 전화하세요."

직원들이 가고 나서 한 시간 뒤, 문을 열고 문에 붙어 있는 종이를 떼어 오려고 했는데 종이가 딱 붙어 있어서 대신 사진을 찍었다. 문에는 '코로나19 방문 조사표'가 붙어 있었고, 그 안에 거주 인원과 건강 상태가 쓰여 있었으며, 단지사무소 연락처가 남겨져 있었다. 고장 난 인쇄기를 썼는지 글자가 흐릿했지만 내용은 알아볼 수 있었다.

집으로 들어와서는 손을 씻었다.

독자 댓글

ㄴ 사실 우한 사람들은 최악의 결과를 이미 다 염두에 두고 있어요. 다만 그걸 받아들이고 싶지 않아서 좋은 쪽으로 생각하려고 애쓰는 거죠.

└ 공감합니다! 스트레스 풀 길이 없네요.

└ 님이 대도시에 계셔서 최근에야 단지 봉쇄가 시작된 건지도 몰라요. 제가 있는 곳은 일찌감치 통행증을 사용하기 시작했거든요. 한 가구당 딱 한 사람만 나갈 수 있고, 개방 시간은 오전 6시부터 저녁 8시까지예요.

선택지 없는 선택

요 며칠, 늪지대에서 발버둥 치며 앞으로 나아가던 중 등에 칼을 맞은 것 같은 기분이었다.

도시가 봉쇄된 것만으로도 최악이라고 생각했는데 이어서 단지까지 봉쇄되었고, 사흘에 한 번 외출은 아예 외출 불가로 바뀌고 말았다.

나한테는 이런 조치에 반대할 권리가 없다. 그리고 이런 조치가 필요한지 아닌지는 지금 상황에선 중요하지 않다. 전염병만 지나가면 효과적인 조치들이 되어 버릴 테니까.

지금 사람들은 집단화될 수밖에 없다. 개인은 사라졌다.

오늘 아침 단지 단톡방에 '단지 폐쇄 관리 기간 중 주민 기본 생활물자 보장 조치에 관하여'라는 파일이 떴는데, 읽어 보니 영업 중인 상가 내 마트는 공동구매만 받는다고 쓰여 있었다. 이런 공동구매는 분량이 어느 정도 되어야만 발송되는데, 보통 주문량이 서른 개는 나와야 한다. 내가 사는 단지의 단톡방 구성원이 어제까지 겨우 70여 명이었기 때문에 사람이 너무 적어서 공동구매가 성사되지 않을까 봐 걱정하는 사람도 있었다.

공동구매는 사람들의 일반적인 욕구만 고려할 뿐, 개개인의 특수한 욕구를 고려하지는 못한다. 어떤 사람이 단지 단톡방에 올린 채소 배송 소식에도 선택지는 두 가지뿐이었다.

[A 세트] 50위안(한화 약 8,550원). 동아, 셀러리, 아기 배추, 쑥갓, 감자 등 총 다섯 가지 신선 채소로 구성. 무게는 약 6.5킬로그램.

[B 세트] 88위안(한화 약 1만 5천 원). 완두, 옥수수, 당근, 고구마, 가지, 풋고추 등 총 여섯 가지 신선 채소로 구성. 무게는 약 6.5킬로그램.

A 세트에는 내가 원하지 않는 아기 배추가 있고, B 세트에는 내가 좋아하지 않는 완두가 있다. 그리고 이렇게 보면 두 가지 선택지가 있는 것 같아도 사실은 선택지가 하나밖에 없는 셈이다. 공동구매가 성사되려면 다른 사람이 선택한 것을 나도 따라서 선택해야 하니까. 더군다나 세트 안에는 조미료가 들어 있지 않았다. 나는 매운 걸 좋아하는 사람인데, 고추장을 알아서 몇 병 쟁여 뒀으니 망정이지 안 그랬으면 밥 먹는 일이 고역이었

을 것이다.

먹는 것 외에도 사람이 일상적으로 필요한 것은 한둘이 아니다. 누군가는 집에 치약이 없을 수 있고, 또 누군가는 휴지를 사야 할 수도 있지 않나.

전에 어떤 사람이 나한테 단지 단톡방에는 들어갔느냐고, 어떤 단지들은 물건을 대신 사다 주기도 한다고 말했다. 당시 나는 도움이 필요한 사람이야 많지 않느냐고, 나 하나야 내가 알아서 돌볼 수 있다고 대답했다. 하지만 이제 나는 강제로 도움을 받아야 하는 처지가 되고 말았다.

어제저녁에는 아스파라거스 상추 고기 볶음과 죽을 먹었다.

이틀 전부터 손에 발진이 돋기 시작했다. 설거지하면서 생전 장갑을 끼어 본 적이 없었지만, 어제부터는 끼기 시작했다.

저녁을 먹고 나서는 특별한 인터뷰에 응했다. 나를 인터뷰한 사람은 가깝게 지내는 지인의 딸이었다.

지인과 내가 위챗 음성 통화로 연결되자, 지인의 딸아이가 진지하게 자신을 소개했다.

"저는 어린이 기자 황○○입니다. 코로나19 바이러스에 관한 인터뷰를 하고 싶습니다."

아이의 진지한 말투에 나도 덩달아 진지해져서 이렇게 말했다.

"저는 귀징이라고 합니다. 지금은 우한에 살고 있습니다."

아이가 엄숙하게 말했다. "제 인터뷰 조건에 딱 들어맞는 분이시네요."

이어서 아이가 물었다. "선생님은 코로나19 바이러스를 어떻게 보시나요?"

좀 어리둥절했다. 이걸 어디서부터 대답을 해 줘야 하나? 그냥 사실대로 말할 수밖에.

"질문이 좀 광범위하네요. 구체적으로 말하자면, 코로나19는 눈에 보이지 않는 바이러스예요. 전염성이 있고요."

아이는 바이러스가 내 삶에 끼친 영향도 물었다. 나도 아이에게 같은 질문을 되물어 보았는데, 아이는 이렇게 대답했다.

"밖에 나가기도 싫어졌어요. 한번은 엄마 아빠랑 같이 놀러 나갔는데, 집에 와서 보니까 마스크 안이 온통 젖어 있었어요."

인터뷰가 끝난 뒤 지인과 화상 채팅을 했다. 어린이 기자님은 친절하게도 본인이 친척 형부에게 그려 준 헬멧, 본인과 아빠가 쓴 화해 각서도 소개해 주었다. 아이는 집 안에만 있으며, 최근 온라인 수업을 듣기 시작했다고도 했다. 에너지 넘치는 아이가 집에 갇혀 있다는 얘기에 안쓰러움이 밀려왔다.

밖에 못 나가는 사람이 한둘이 아니다. 그 가운데는 집에 활동 공간이 넉넉하지 않은 사람들도 많을 것이다. 그들의 삶이 얼마나 팍팍할지 가늠이 잘 안 된다.

밤의 채팅에서는 한 친구가 온라인에서 점을 본 이야기를 들려주었다. 점쟁이가 친구에게 자수성가할 운명이라면서, 하지만 2020년과 2021년에 아주 재수가 없고 2022년은 되어야 운이 트일 거라고 했단다. 내가 그랬다. 너무 번드르르한 말 아니냐고, 2020년에 재수 좋은 사람이 어디 있느냐고.

다른 친구는 지금 제일 하고 싶은 건 훠궈 먹기, 그다음에 하고 싶은 건 노래방에 가서 노래 부르기라고 했다.

좋은 소식도 있었다. 어느 친구가 있는 현 정부 소재지에서 관리 단계를 낮추기로 했다는 소식이었다. 현 정부 소재지 안에서는 관리가 좀 느슨해질 거고, 사람들의 정상적인 외출은 허가할 거라고 했다.

그리고 우리는 외도에 관해 이야기를 나눴다. 외도 이야기가 나오니 이별 이야기도 나왔는데, 한 친구가 하는 말이 자기는 이전 연인과 단호하게 헤어지지 못하면 그다음 연애 상대를 찾아야만 안전감을 느끼고, 그제야 이전 연애에서 벗어나기 시작한다고 했다. 그런데 어째서 단호하게 헤어지지 못할까. 친구들은 헤어질 때 이런 거 저런 거 고려하게 되는 게 은근히 많아서 그렇다는 데 입을 모았다. 하다 하다 베이징에서 혼자 살려면 생활비가 많이 들어서 그렇게 되더라는 말까지 나왔다.

본격적인 외도 이야기로 넘어갔다. 내 생각에 외도로 인한 죄책감은 연인과의 관계에서 어떤 문제가 생겼느냐와 관련이 있다. 그냥 서로 좀 맞지 않는 상황인데 한쪽이 바람을 피웠다면 바람피운 사람으로서는 죄책감이 클 수밖에 없을 것이다. 그런데 그게 아니라 둘 사이에서 한쪽이 관계를 주도하면서 다른 한쪽을 통제하려고 하다가 자주 다툼이 일어났고, 그러고 나서도 타협이 되지 않을 만큼 관계가 악화된 상황에서 주도권 없이 통제당하는 쪽이 바람을 피웠다면, 바람을 피운 쪽도 죄책감을 크게 느끼지는 않을 것이다.

마침 비슷한 경험을 한 친구가 있었다. 연인 관계를 유지하던 중 다른 사람과 원나잇을 한 적이 있다는데, 원나잇을 하면서도 강도나 폭행을 당할까 봐 걱정했다나 뭐라나. 어쨌거나 사람들은 연애 중인 사람 혹은 결혼한 사람의 외도를 아주 심각한 배신으로 여긴다. 그런데 이해가 안 가는 건 외도를 해도 여자가 훨씬 더 부도덕한 사람 취급을 당하고, 훨씬 더 가혹한 사회적 공격을 받는다는 거다.

우리는 삭발당한 간쑤성(甘肅省) 간호사들 이야기도 나눴다. 여성 간호사들이 마지못해 머리를 밀어 버린 사건*인데, 어느 여성 간호사는 삭발을 하면서 눈물까지 쏟았다. 이들의 단체 사

---

* 코로나19 확산 당시 간쑤성에서 우한으로 파견된 여성 간호사들의 집단 삭발 소식이 언론을 통해 보도되면서 논란이 일었다. 삭발 의식을 두고 보여 주기식 쇼이며, 강제로 머리를 깎게 한 것은 여성을 존중하지 않은 성차별적인 처사라는 비난이 일자, 간쑤성 관계자는 여성들의 긴 머리가 감염 위험을 높일 수 있어 안전을 위해 머리를 자르게 되었으며, 강압적으로 이루어진 조치가 아닌 자발적인 선택이었음을 강조했다. (옮긴이 주)

진을 보면 남자가 딱 한 사람 있는데, 그 사람만 짧은 제 머리를 유지하고 있다.

머리칼은 외모만이 아닌 존엄과도 관련된다. 그런데도 꼭 머리를 밀어야 할 필요가 있었을까? 당사자들의 동의는 거친 삭발이었을까?

여성의 몸은 단 한 번도 진정으로 여성 자신의 것이었던 적이 없다. 늘 여성 자신보다 더 큰 권력을 가진 사람이 여성의 몸을 처리한다. 가령, 작년에 구이저우성(貴州省)의 한 중학교 남교사가 물을 한 통 가져다 놓고 여학생들을 줄 세운 다음 아이들의 얼굴 화장을 지워 버린 일이 있었다. 또 화장품 회사에서는 여성들의 소비를 진작하기 위해 화장을 하라고 부추긴다. 그 통에 화장은 성숙한 여인의 상징이 되어 버렸다.

한 친구가 어디서 주워들은 소문을 공유해 주었다. "내일부터 엄타(嚴厲打擊)** 단계에 들어가기 시작할 거고, 엄타 기간에는 모든 마트, 약국, 배달 플랫폼이 다 정지될 거래. 이전에 쓴 차량 통행증도 전부 소용없어질 거고. 임무 수행 중인 사람을 제외하면 모든 사람의 외출이 엄격히 금지되며, 그래서 식재료와 약을 배송하는 것까지 어려워질 거라는데."

** 엄중하게 단속한다는 의미로, 중국 정부가 '범죄와의 전쟁'을 벌일 때 주로 쓰는 표현이다. (옮긴이 주)

사람들은 봉쇄 속에서 서로 돕기 위해 항간의 소문을 퍼뜨린다. 공동구매를 비롯한 수많은 정보들이 스마트폰을 통해 오고 간다. 그런데 스마트폰이 없는 노인들도 있다. 그들은 어떻게 해야 할까?

채팅 중에 나는 특별한 죄책감 이야기를 꺼냈다. 바로 살아 있다는 죄책감에 대해서.

우리가 지금 살아 있는 건 어느 정도는 다른 사람의 희생과 맞바꾼 결과물이다.

현재 전국의 도로와 마을이 봉쇄되면서 영향을 받은 업종이 수없이 많다. 양봉에 종사하는 사람은 계절에 따라 꽃이 피는 곳을 찾아다녀야 하는데 지금은 장소를 옮겨 다닐 수가 없다. 이런 상황에서 지난 2월 13일, 윈난성(雲南省)에 갇힌 쓰촨의 양봉 농민 류더청(劉德成) 씨가 자살했다. 윈난성의 개화기가 이미 지나 키우던 벌들이 농약 중독으로 죽은 탓이었다. 그러자 2월 15일, 중국양봉학회에서는 장소를 이동해 가며 벌을 원활하게 운송할 수 있도록 확실히 보장해야 한다는 내용을 담은 공고문을 냈다.

이렇게 가까이에서 불공정한 죽음을 대규모로 지켜보는 건 난생처음이다. 참혹하기 그지없는 이 상황에서 난 운 좋게 살아 있다. 그러니 어떻게든 더 열심히 살아가야만 한다.

꿈속에서 이웃집 여자아이가 초경을 치렀다. 꿈속의 여자아이는 어찌할 바를 몰라 하다가 울어 버렸다. 그 애에게 다가갔더니, 글쎄 여자아이 몸에 이미 다 쓴 월경대들이 붙어 있는 것 아닌가. 나는 그것들을 하나하나 뜯어내고서 아이를 데리고 화장실에 갔다.

오늘도 여전히 햇살이 눈부셨다.

아침을 다 먹고 나서 볕을 쬐러 아래로 내려갔다. 계단을 내려가는데 5층에서 왈왈왈 개 짖는 소리가 끊임없이 들렸다. 그런데도 개가 보이지는 않아서 잠시 멈춰 서서 기다렸더니 누군가 개를 끌고 집으로 들어가는 소리가 들렸다. 개도 집 안에서만 조용히 있고 싶지 않았던 건 아닐까.

밖으로 나가니 양배추가 쌓여 있었다. 기증받은 양배추를 나눠 주는 것이었다. 관리사무소 직원이 집에 식구가 몇이냐고 묻기에 "한 사람이요."라고 대답했더니, 직원이 잠시 생각하다가 이렇게 말했다. "그럼 작은 걸로 두 봉지 드릴게요." 관리사무소 직원은 가끔씩 소리도 쳤다. "내려와서 채소 가져가세요!" 어떤 사람이 위층에서 물었다. "어제 주문한 건가요?" 다른 사람이 말했다. "집에 아직 채소 남아 있는데."

밖은 아주 시끌벅적했다. 단지 마당에 있던 10여 명이 이따금 삼삼오오 무리를 지어 잡담을 떨었다. 어제 그 남자는 여전히 희곡을 틀어 놓고 있었고, 어떤 사람은 마당에 세워 둔 차 문을 연 채 판웨이치(范瑋琪)와 장사오한(張韶涵)의 노래 〈만약의 일(如果的事)〉을 틀었다. 리듬이 경쾌해서 한가하게 휴가를 보내는 기분이 들었다. 담장 옆에서 햇볕을 쬐는 사람도 있었고, 마스크를 벗고 담배를 태우는 사람도 있었다.

마당에 있는 이들은 대부분 남자였다. 관리사무소 직원 중에 중년 여성이 한 분 있었고, 이따금 식재료를 가져가거나 쓰레기를 버리러 내려오는 여성도 보였다.

누군가 아파트 건물 밖에서 침대 시트와 베개를 널어놓고 말렸다.

어제 공동구매한 물품은 받지 못했다. 단지 주민이 단톡방에서 어제 진행한 공동구매가 성공했느냐고 물었다. 또 다른 사람은 새로운 공동구매 품목을 올렸다. "생선이랑 고기 좀 살 수 없을까요?" 이렇게 묻는 사람이 있는가 하면, "쌀이랑 기름은 왜 없습니까?" 이런 질문을 던지는 사람도 있었다. 관리사무소 직원들에게 집에서 아이가 쓸 문구용품을 대신 좀 사다 줄 수는 없는지 묻는 사람도 있었다.

요구 사항을 언급한 사람은 고맙다는 말도 해야 했다. 관리사무소 사람들은 주민과 외부 세계를 연결하는 통로이고, 우리는 물건을 사려면 그 사람들에게 의존해야 한다. 관리사무소가 이렇게 도와주니 주민들에게 선택의 자유가 있는 것같이 보여도, 사실 주민들은 다른 선택지가 없어 어쩔 수 없이 관리사무소에 기댈 수밖에 없고, 그렇다 보니 고맙다는 말을 달고 살 수밖에 없다. 어찌 보면, 고맙다는 인사말을 하는 게 강제 의무가 되어 버린 셈이다.

오후에 단지 단톡방에서 1동 주민이 자기 집 배수구에서 물이 솟아오른다고 하자, 관리사무소 사람이 1동 서남쪽에 거주하는 주민들은 잠시 주방에서 물을 쓰지 말아 달라고, 물을 써야 할 때는 화장실에서만 써 달라고 부탁했다. 2동 주민은 자기 집 화장실에서 계속 악취가 난다고 했다.

집에 돌아와서 창밖의 햇살을 바라보는데, 문득 내일은 책 한 권 들고 내려가서 햇볕 쬐면서 읽으면 되겠다는 생각이 들었다.

머릿속에 이 생각이 떠오른 순간, 속으로 몰래 나를 칭찬해 주었다.

독자 댓글

┗ 손 세정 성분 탓에 발진이 돋은 건 아닐까요? 인터넷에서 식물성 손 세정제 사서 쓰면 좀 더 빨리 좋아질지도 몰라요. 어쨌거나 손을 씻는 게 따뜻한 물로 세균을 쓸어버리는 과정이니까, 매번 강력한 세정제를 쓸 필요는 없을 거예요.

┗ 전 현 정부 소재지인 즈장(枝江)에 있어요. 님처럼 밖

에 나갈 수 없기 때문에 물건 사려면 단지 입구의 단지 사무소 직원에게 대신 사 달라고 하죠.

└ 봉쇄된 단지가 수두룩한데, 장 보고 일용품 구매할 경로도 해결해 주지 않으니 집에 쌀이 얼마나 남았는지, 휴지는 얼마나 있는지, 식재료는 얼마나 있는지 계산하고 있는 사람이 한둘이 아니에요. 세계 2위 경제 대국인데, 이렇게 많은 사람이 님과 같은 땅에서 굶주리고 있다는 게 도무지 상상이 안 되네요.

└ 처음으로 살아 있다는 죄책감을 느낍니다.

행동이
희망을 불러 온다

극히 수동적인 상황에 처해 있을 때도, 사람들은 여전히 주체적인 삶을 찾아 나선다.

어느 날 인터뷰를 보고 감동을 받은 일이 있다. 일선에서 환자를 치료하고 있는 한 의사가 이렇게 말했기 때문이다. "늘 뭐라도 더 할 수 있으면 좋겠다는 생각이 듭니다." 의료진만 이렇게 생각하는 게 아니다. 많은 자원봉사자가 같은 생각을 한다.

코로나19 감염자와 의심 환자가 인터넷에서 도움을 청하면, 자원봉사 단체들이 이런 도움 요청 메시지를 받고 당사자와 연락해 그들이 필요로 하는 걸 확인한다. 환자의 CT 사진을 보고 병세를 판단해 주는 것과 같은 의료 봉사를 하는 의사도 있고, 단지와 병원에 연락해 주는 사람도 있다. 만성병 환자에게 필요한 의료 지원에 관심을 기울이는 사람도 있고, 의료진의 식사

문제에 관심을 기울이는 사람도 있으며, 여성 의료진에게 필요한 게 뭔지 관심을 쏟는 사람도 있다. 환경미화원의 업무 상황에 관심을 쏟는 사람이 있는가 하면, 지원 차량 팀을 꾸리는 사람도 있다. 봉쇄 탓에 이런 자원봉사 업무가 차질을 빚기도 하지만 사람들은 결코 쉽게 포기하지 않는다.

적십자에서 구호물자를 막아서고 나서자* 사람들은 다른 방법을 생각해 냈다. 성공할지 확신할 수는 없지만 사람들은 최선을 다했다.

희망이 있어서 행동하는 게 아니다. 행동하니까 희망이 생기는 거다.

도시 봉쇄 이후 통제감을 끊임없이 박탈당하고 있지만, 그렇다고 살아갈 수 없다는 절망감에 빠져 있는 건 전혀 아니다. 역경 속에서 싸워 나가는 사람들의 모습도 내게 힘을 준다. 사람들이 그냥 수동적인 것만은 아니다. 우리 단지 단톡방에서는 주민이 올린 공동구매 물품 사진을 보고 관리사무소 직원이 공동

---

* 전염병 확산 기간에 중국 적십자사가 물자의 운송을 막아섰다는 소문은 여기저기서 돌았지만, 중국 적십자사에서는 이를 가짜 뉴스라고 반박했다. 지금으로서는 현실적으로 이런 소문의 사실관계를 명확히 확인하기가 어렵다. (옮긴이 주)

구매를 진행하는 경우가 있는데, 사진에 자세한 정보가 없어 관리사무소 직원이 난감해하기도 한다. 그러면 다른 주민이 처음에 사진을 올린 주민에게 전화를 걸어서 정확한 정보를 알아낸 뒤, (단지 규모가 크지 않아 공동구매 규모도 크지 않으니) 단지사무소를 거칠 필요 없이 관리사무소와 공동구매 물품 사진을 올린 주민이 별도의 단톡방에 모여 공동구매를 추진할 수 있게 해 준다. 단톡방에 공동구매를 원하는 구매자들이 릴레이로 댓글을 달게 해서 수요를 파악한 뒤 이를 마트에 직접 넘겨주는 사람도 있다.

어제저녁에는 표고버섯 고기 볶음과 죽을 먹었다.

밤의 채팅에서는 각자의 좋은 일을 나눴다. 다들 요즘 같은 때는 좋은 소식이 너무 귀하다며 하나둘 각자의 좋은 소식을 늘어놓은 것이다. 집에서 가족사진을 찍은 친구도 있었고, 글을 썼다는 친구도 있는가 하면, 뒤로 미룬 지 한참 된 일을 하기 시작했다는 친구도 있었다. 촬영에 관한 책을 봤다는 친구도 있었고.

한 친구는 자기 친구의 수상 소식을 전했다. 친구의 친구가 촬영한 작품이 상을 받았는데, 상금이 15만 위안(한화 약 2천 5백만 원)이라는 것이었다. 우리도 다 아는 친구이고 정말 좋은 소식이라서 함께 축하 인사를 전했다. 상을 받았다는 친구는 대학 시절부터 다른 사람의 경험을 적극적으로 배우고, 그걸 여러 차례 행동으로 옮기는 등 정말 열심히 살아왔다고 한다. 대부분의 사람에게는 흔히 말하는 천부적인 소질도, 대단한 집안 배경도 없다. 이들의 성공은 오직 노력으로만 이루어진다.

우리는 획일적인 미학에 관해 이야기를 나눴다. 한 친구가, 예전에 어느 선생님이 다들 똑같은 옷을 입고 라디오 체조를 따라 하는 모습이 정말 아름답다고 한 적이 있다는 얘기를 꺼냈다. 그러면서 교복 이야기가 나왔다. 중·고등학생 때 교복을 입은 친구들이 많았다. 직접 교복을 수선한 친구도 있었고, 더 편하게 입으려고 교복 옷감을 더 헐렁하게 끊은 친구도 있는가 하면, 자신의 미적 기준에 더 맞게 교복을 수선한 친구도 있었다. 어떤 친구는 교복의 질이 너무 엉망이어서 입고 나서 발진이 돋는 바람에 엄마가 학교 교장에게까지 찾아가서 따졌는데도 교장이 교복 품질을 개선해 주지 않아서, 엄마가 직접 비슷한 옷감을 사다가 교복을 만들어 주셨다고 했다. 엄마의 행동은 그 친구에게 좋은 본보기가 되었다. 그래서 지금은 그 친구도 불공정한 일을 보면 옳고 그름을 따지곤 한다.

그러자 다들 이렇게 용감하게 나서서 제 손으로 얻어 낸 무언가가 참 소중하다고 입을 모았다. 그 와중에 한 친구가 자기 엄마가 병원에서 링거 주사를 맞았을 때 이야기를 꺼냈다. 의사 처방전대로라면 링거 주사를 두 병만 더 맞으면 되는데도 간호사가 세 병 더 남았다고 하기에, 친구 엄마가 더 맞아야 할 링거 주사 세 병이 각각 뭐냐고, 처방전과 맞춰 보겠다고 하자 간호사가 얼버무리더라는 것이다. 얼버무리는 걸 보니 간호사가 주사를 잘못 놓은 게 분명해 보였지만, 친구 아빠는 괜히 일 생길까 봐 친구 엄마에게 간호사한테 따지고 들지 말라고 했다 한다.

한 친구가 위챗에 올라온 글을 공유해 주었다. 메뚜기 4천억 마리가 이미 중국으로 날아왔다는 뉴스는 가짜 뉴스라며, 4천억 마리라니 과장이 심하다는 설명이 붙어 있었다.[*] 이 글에 따르면 이 뉴스는 위챗의 어느 공식 계정에서 처음 터뜨린 뉴스였다. 이 정보를 나중에《중국신문망(中國新聞網)》,《펑파이신문(澎湃新聞)》같은 대형 주류 매체들이 받아서 보도한 거다. 물론 2019년 6월 인도에서 메뚜기 떼 습격이 일어난 건 사실이다. 다만 메뚜기 떼의 규모가 4천억 마리까지는 가지 않았고, 지금은 피해도 거의 다 수습되었다. 어떤 사람이 남긴 댓글을 보니, 가격이 오른 농약이 한둘이 아니란다. 이 소식을 처음 터뜨린 위챗 공식 계정의 글에 상업적인 음모가 깔려 있었던 건지

---

[*] 2월 11일, 국제연합 식량농업기구에서 메뚜기 떼 습격 경고 메시지를 발표했다.《중국과신(中國科訊)》에서 이를 근거로 관련 전문가를 인터뷰했는데, 인도의 메뚜기 떼가 중국을 침입할 가능성은 크지 않지만, 과거 윈난성에도 메뚜기 떼 습격을 받았다는 기록이 있는 만큼, 메뚜기 떼가 계속 동쪽으로 이동해 미얀마에 진입하면 중국, 태국, 베트남 등지에 영향을 끼칠 수 있다고 했다. (원서 편집자 주)

는 알 수 없지만, 주류 매체가 정보 출처와 사실도 확인하지 않은 채 보도를 할 줄 누가 알았을까. 이 허무맹랑한 메뚜기 4천억 마리의 '실종' 역시 뜻밖의 좋은 소식 중 하나라 할 만했다.

아침에 일어났더니 날이 흐렸다. 내려가고 싶은 마음도 들지 않았다.

아래를 보니 두 사람이 개를 산책시키고 있었는데, 그중 한 마리가 갑자기 쉬지 않고 짖기 시작하는 바람에 주인이 개를 끌고 올라가 버렸다.

대걸레 짤순이의 손잡이에 있던 나사 하나가 떨어져 나간 뒤로 걸레질을 하지 않았다. 손잡이를 고정할 방법을 찾아야만 했다. 검은 테이프가 보이길래 그걸로 손잡이 양쪽의 막대기를 고정한 다음, 나사가 떨어져 나간 쪽을 가느다란 실로 여러 번 둘둘 휘감았더니 꽤 단단히 고정되었다.

11시에 관리사무소 사람이 단지 단톡방에서 공동구매한 고기를 찾으러 오라고 알려 주었다. 나는 그제야 아래로 내려갔다.

밖에 해가 비치기는 했지만 좀 약했다. 나는 책을 한 권 들고 내려갔다. 요즘은 햇볕을 쬐는 게 일상에서 흔치 않은 행복이라 좀 더 많이 쬐고 싶었다.

관리사무소 입구에서 대여섯 사람이 잡담을 떨고 있었다. 한 사무실 직원이 주민들이 각자 구매하겠다고 한 고기의 양과 낸 돈을 맞춰 보고 있었다. 내가 내려갔을 때는 고기 찾으러 온 사

람은 셋뿐이었는데도 줄을 서서 한 사람씩 사무실에 들어가야
했다.

차를 몰고 밖으로 나가는 사람을 보고 관리사무소 직원에게
어떤 사람이 나갈 수 있는 거냐고 물어보았다. 직원이 말했다.
"일반적으로는 다 못 나가요. 업무 증명서가 있으면 나갈 수 있
는데, 보통은 도시관리단속반원, 경찰, 의사, 간호사 들이에요."

나는 고기를 받은 뒤 한 자동차 옆에서 햇볕을 쬐었다. 고양
이 한 마리가 차 밑에서 조심스럽게 세상을 엿보고 있기에 사
진을 찍으려고 쭈그려 앉았더니 달아나 버렸다.

요 며칠은 계속 바람이 분다. 오늘은 햇빛도 약해서인지 바람
이 몸을 스치는데 좀 서늘했다.

그렇게 잠시 있었더니 햇빛이 사라졌다. 책을 덮고 계단을 올
라왔다.

점심을 다 먹고 고기를 손질하기 시작했다. 내가 공동구매한
고기 세트는 돼지고기 앞다리살 1킬로그램, 뒷다리살 1킬로그
램, 삼겹살 1킬로그램, 갈비 1.5킬로그램으로 구성되어 있었다.
갈비를 제외한 고기를 작은 덩어리로 나누어 두었다. 이렇게 해
두면 끼니때마다 한 덩어리씩 먹을 수 있어서 편하다.

살면서 이렇게 많은 고기를 손질해 본 적이 없다. 돼지고기는
기름지고 미끈거려서 자르기가 여간 힘들지 않은데, 집에 있는
칼이 좀 무딘 데다 중간에 이 빠진 데도 있어서 자르기가 더 힘

들었다. 비계는 좋아하지 않아서 고기를 자를 때 살코기와 비계를 열심히 분리했다. 비계는 오래 끓여서 기름을 낼 생각이고, 살코기는 채소 볶을 때 같이 볶아 먹으려고 한다.

대충 반 시간 정도 매달렸더니 얼추 일이 마무리되었다. 땀이 다 났다. 고기 자르는 것도 육체노동이라서 자르면 자를수록 피곤해지더니, 급기야는 살짝 구역질까지 났다. 작업 결과 갈비는 7인분으로, 나머지 고기는 35인분으로 나뉘었다.

오늘 저녁에는 고기는 못 먹겠다 싶다.

8장

**집단적인 삶,
다양한 일상들**

봉쇄 해제의 조건

봉쇄는 봉쇄가 시작되기 전에 일찌감치 시작됐다.

어젯밤, '텐센트의 우리 모두(騰訊大家)'의 위챗 공식 계정이 말소되었다. 마지막으로 올라온 글은 〈코로나19 50일, 전 중국인이 언론의 사망으로 인한 대가를 치르고 있다(武漢肺炎50天, 全體中國人都在承受媒體死亡的代價)〉였다. 이 글은 언론 매체가 시민에게 정보를 전하는 역할을 하기 힘든 상황에서 언론의 주요 기능 범위가 위로, 격려, 감동에 머물고 있다고 지적했다.

물론 여전히 봉쇄를 무너뜨리는 보도를 하는 매체가 있다. 요 몇 년 사이, 전통적인 언론 매체들이 역할을 하기 힘든 상황에서 1인 미디어까지 계정 폐쇄 조치를 당하는 일이 흔히 일어났고, 글 삭제나 계정 폐쇄를 당하지 않기 위해 검열 기관과 머리싸움을 벌이는 일은 일상사가 되었다. 우리로서는 검열 기준을 알 방법이 없으니 그저 추측을 기반으로 검열에 대응할 뿐이다. 사람들은 글을 올리면서 어쩔 수 없이 핵심 단어를 다른 단어로 바꾸고, 어떤 때는 부득이하게 텍스트를 이미지로 바꾸기도 한다. 특정 주제에 관한 글만 올리면 계정이 삭제되거나 폐쇄되니 말이다.

사람들은 한 번도 쉽게 포기한 적이 없다. 끊임없이 에너지를 축적하고 있을 뿐이다.

2018년, 뤄첸첸(羅茜茜)은 실명으로 베이징항공대 천샤오우(陳小武) 교수에게 성추행을 당했다고 고발하며 #미투(#Metoo) 운동의 서막을 열었다. 70여 개 대학에서 9천 명이 넘는 학생들이 모교에 성추행 방지 시스템을 만들라고 호소하며 연대 서명했다. 상황이 이러하니 관련 글 삭제나 계정 폐쇄는 피할 수 없는 일이었다. 핵심 단어에 걸리지 않기 위해, 사람들은 '성추행'이라는 의미의 '싱싸오라오(性骚扰)'를 번체자인 '싱싸오라오(性騷擾)'로 바꾸었고, 'Metoo'를 중국어로 발음이 유사한 '미투(米兔)'로, '나도 당했다'는 의미의 '워예스(我也是)'를 '안예이양(俺也一樣)', '어예스(鵝也是)', '워떠우하이(我都系)' 등으로 바꾸었다.*

---

* '미투'를 표준 중국어로 '워예스', '워예이양' 이렇게 표현하는데, 검열을 피하기 위해 표준 중국어에서 1인칭 대명사 '나'를 뜻하는 '워'를 북방 방언인 '안'

전염병 확산 기간에는 '리원량'이 핵심 단어가 되었다. 많은 글이 삭제되고 많은 계정이 폐쇄되었지만, 사람들은 결코 목소리 내기를 멈추지 않았다.

어제저녁에는 양념 없이 볶은 홍채태 볶음과 죽을 먹었다.

밤의 채팅에서 한 친구는 낮에 공원에 갔는데 신분증 확인을 거치고서야 공원에 들어갈 수 있었다면서 왜 그렇게 하는지 이해가 가지 않는다고 했다. 다른 친구는 그건 누군가 확진되면 그 행적을 추적하기 위해서라고 했지만, 확진자 본인이 자신의 경로를 말해 줄 수도 있는 거다. 또 다른 친구는 그냥 정보를 통제하기 위해서 그러는 것뿐이라고 했다. 신분증을 보여 달라고 한 사람들은 자기들이 그렇게 할 수 있으니까 그렇게 한 것뿐이라고 하는 친구도 있었다.

약국에 마스크를 사러 간 친구도 있었는데, 한 장에 13위안(한화 약 2,200원)이었다고 했다. 그래도 "무척 비싸니 신중하게 구매하시기 바랍니다."라고 써 놓았으니 아주 정직한 약국이라나. 친구는 약국에서 도매로 마스크를 사들일 때 비싸게 주고 사올 거라고 추측했다. 값이 비싸다고 신고하면 약국에서 마스크를 팔지 않을 거고, 그러면 사람들도 마스크를 살 곳이 없어

으로 바꾸거나, 아예 '워떠우하이'처럼 '미투'라는 뜻의 광둥어 표현을 썼다는 의미이다. (옮긴이 주)

지겠지.

낮에 동네 어귀 출입구 검문소에서 당직을 선 친구도 있었다. 진료받으려는 사람에, 약 사려는 사람, 마실 나가려는 사람, 약초 캐러 가려는 사람까지, 드나들고 싶어 하는 사람이 엄청 많았다고 한다.* 촌장님이 아주 진지한 분이라 다른 동네나 현 정부 소재지에서 이 동네 출입증을 인정해 주지 않을까 봐 출입증에 도장을 촌민위원회(村民委員會) 도장과 당장(黨章) 두 개나 찍었는데, 다른 동네 출입증을 보니 거기는 촌장 서명밖에 없더라나.

친구가 말했다. "출입 통제소를 드나드는 사람 중에 증명서가 없는 사람들도 있어. 출입 통제소 책임자는 이 사람들의 실제 상황을 보고 내보낼지 말지를 결정하지. 구체적으로 어떤 사람을 드나들게 해야 하는지에 대한 일정한 규정도 없거든. 태도가 아주 중요해. 나가려는 사람이 너무 막무가내로 굴어서도 안 되고, 너무 만만해 보여서도 안 돼."

규정에 명확한 기준이 없어서 사람이 알아서 해야 할 때가 있다. 하지만 사람이 알아서 처리하면 규칙의 제약에서 벗어나서 강자한테는 약하게 굴고 약자한테는 강하게 나가는 일이 더 쉬이 일어난다. 그런데 약자들은 일을 처리하기 위해 다른 이에

---

* 중국 전역의 단지가 동시에 봉쇄된 것은 아니었다. 지역의 상황에 따라 봉쇄의 진도와 통제 정도가 달랐기 때문에 전염병 확산 기간 중에도 출입증이 있으면 외출을 할 수 있는 지역들이 있었다. (옮긴이 주)

게 '부탁'을 할 때 어떤 태도를 보여야 하는지 제대로 파악하기도 힘들다.

한 친구가 집에서 캐러멜 밀크티를 만들었다고 하니까 다들 부러워했다. 또 다른 친구가 필이 꽂혀서는 모두에게 밀크티 만드는 법을 보여 주었다. 일단 쇠 국자에 흰 설탕을 담은 다음 쇠 국자를 가스레인지 위에 올리는데, 불은 약하게 켠다. 다들 화면을 사이에 두고 흰 설탕이 서서히 캐러멜이 되어 가는 모습을 바라보면서 탄성을 질렀다. 그다음에 친구는 작은 냄비에 우유를 붓고 끓이면서 캐러멜이 담긴 쇠 국자를 직접 그 냄비에 넣고 휘저었다. 캐러멜이 섞인 우유를 그릇에 따른 뒤 홍차를 추가하자 캐러멜 밀크티가 완성되었다. 그걸 보고 디저트 좋아하는 친구가 말했다. "타오바오(淘寶, 중국 최대 온라인 마켓―옮긴이) 들어가서 쇼핑 카트에 살 것 가득 채워 놓고, 그거 보면서 입맛 다시고 있어."

어떤 단지에서는 단지 근처에서 추락사를 한 사람이 있다는 이야기도 나왔다. 추락의 원인으로, 옷을 널다가 발을 헛디뎌서 떨어진 거라고 말하는 사람도 있다고 했다.

춤 이야기가 나와서 다 같이 떠드는데, 그중 한 친구가 이런 이야기를 해 줬다. 자기가 팔다리가 둔하다고 느끼던 중 우연한 기회에 현대무용을 접했는데, 현대무용이 좀 자유로운 편이라는 생각에 직접 춰 보기 시작했고, 나중에는 현대무용 강습에도 등록했다고. 그런데 어떤 선생님이 자기 춤 동작을 대놓고 흉내 냈고, 옆에 있던 사람들이 그걸 보고 다 웃은 뒤로 다시는 그 무용 교습소에 가지 않았다고 했다.

오늘은 햇살이 아주 좋았다.

창밖의 큰길을 보고 있자니, 얼마 전 텅 빈 큰길에서 한 손으로 자전거 타기를 연습했던 때가 떠올랐다. 나는 대학에 들어가고 나서야 자전거를 타기 시작했다. 예전에는 자전거를 빌려서 룸메이트와 교외로 놀러 나가는 정도였다. 최근 2년 사이에 공유 자전거가 생기면서 비로소 도심에서 자전거를 타고 다니기 시작했는데, 차량이 많은 곳에서 자전거를 탈 때면 심하게 긴장이 된다. 그 일이 꼭 머나먼 과거처럼 느껴졌다.

단지는 매일 환경미화원이 청소해 주고, 희곡을 트는 그 남자도 매일 단지 안에서 산책을 한다.

아침밥을 먹고 나서는 계단을 내려가 햇볕을 쬐었다.

마스크를 쓰지 않은 사람이 있었다. 개를 데리고 나와 산책하는 사람도 있었는데, 개가 사방을 두리번거리며 목줄에서 벗어나려고 하자 그가 쉬지 않고 말했다. "착하지, 햇볕이나 쬐자." 시간이 좀 지나자 개 주인도 결국 참지 못하고 개가 아파트 마당을 뛰어다닐 수 있도록 목줄을 풀어 주었다. 마당에 있던 고양이 두 마리는 서로를 불러 댔다.

택시 한 대가 들어오더니 관리사무소 입구에 멈춰 섰다. 관리사무소 직원이 차에서 기증받은 사과 스무 상자를 꺼내더니 단톡방을 통해 다들 관리사무소에 와서 한 집에 세 알씩 가져가라고 알렸다. 난 1인 가구라서 이럴 때 유리하다. 하지만 사과를 세 알 이상 가져간 사람도 있었다.

단지 단톡방 구성원이 120여 명으로 늘었다. 요 며칠 단톡방에서 공동구매가 대여섯 건 진행되었는데, 고기와 달걀만 어제 도착했다. 단톡방에서 여러 사람이 물었다. "그끄저께 주문한 한 묶음에 50위안(한화 약 8,500원)짜리 채소 주문 건은 성공했나요?" 관리사무소 사람이 어제 이렇게 대답했다. "단지사무소에서 채소 공동구매 건은 없다고 하던데요." 그러더니 오늘은 이렇게 말했다. "채소 세트 오늘 7시 무렵에 도착한다고 하니까 안내문 주의 깊게 잘 보세요." 어떤 사람이 물었다. "7시 무렵 도착한다는 세트는 어떤 거죠? 공동구매가 많다 보니 헷갈려서."

"달걀 공동구매하고 싶은 분 있습니까?" 누군가 이렇게 물었지만 대답하는 사람은 없었다. 어떤 사람이 관리사무소 직원에게 물었다. "쌀이랑 국수 공동구매할 수 있게 연결 좀 해 주실 수 없나요?" 오늘 20위안(한화 약 3,400원)짜리 백채태(白菜苔) 공동구매가 추진되었는데, 나는 아직 집에 녹색 채소가 있어서 거기에는 끼지 않았다.

2동 주민이 자기네 집 부엌 수도관에서 여전히 물이 용솟음친다고 하자 관리사무소 직원이 말했다. "공용 하수관은 이미 뚫었습니다. 지금 단지사무소에서는 이것만 관리하니 각 가정 별로는 직접 알아서 뚫으셔야 합니다." 또 다른 주민이 수도관 뚫어 주는 세제가 집에 있다면서, 관리사무소에 가져다 놓을 테니 2동 주민에게 필요하면 가져가라고 했다.

1동 주민이 상황을 전했다. "305호 바깥쪽 발코니에 물이 너무 많이 차서 물고기도 키울 수 있을 정도예요. 배수관 막힌 거 아닌가요?" 관리사무소에서는 305호가 사람이 없는 빈집이라고 했다. 1동 5층 주민이 말했다. "위층 물 좀 쓰지 말아 주세요. 우리 집이 아주 물바다가 돼요. 물 퍼 나를 새도 없이요."

한 주민이 단톡방에 우한 봉쇄 해제 조건 관련 소식을 하나 올렸다. 필수 조건은 하루 추가 확진자 수(의심 환자 수 포함)가 14일 연속 0이 되는 것이었다.

구체적인 내용은 다음과 같다.

1. 우한시의 기타 그룹(즉 격리된 적 없고 치료받은 적 없는 건강한 그룹)에서 추가되는 하루 확진자 수(의심 환자 수 포함)가 0이 되고 이런 데이터가 연속 14일 이어지면, 15일째부터 우한의 우창, 한커우, 한양 이 세 구역의 '봉쇄 해제'를 준비한다.

2. 1의 조건을 만족하는 상황에서, 15일째부터 우한시의 '봉쇄는 해제하지 않고' 우창, 한커우, 한양 이 세 구역은 '봉쇄를 해제하며', 각 구역 내부의 생산, 생활, 학습 기능을 회복한다. 다만 이 세 구역의 사람들은 서로 오가지 않으며, 교통도 연결하지 않는다. 우한의 우창, 한커우, 한

양의 '봉쇄가 해제된 시기'에, 우한시 기타 그룹의 하루 추가 확진자 수가 0이 되고 이 데이터가 연속 14일 이어지면, 15일째부터 우한시 내부의 전체 '봉쇄 해제'를 준비한다.

3. 1과 2의 조건을 만족하는 상황에서, 29일째부터 우한시 내부의 전체 '봉쇄를 해제'하고 시 내부의 교통을 완전히 회복시키며, 사람들도 자유롭게 이동하게 한다. 시 내부의 생산, 생활, 학습 등의 일을 완전히 가동하기 시작한다. 우한시 내부의 전체 '봉쇄가 해제된 시기'에, 우한시 기타 그룹의 하루 추가 확진자 수가 0이 되고 이 데이터가 연속 14일 이어지면, 15일째부터 우한시 외부의 '봉쇄 해제'를 준비한다.

4. 1과 2와 3의 조건을 만족하는 상황에서, 43일째부터 우한시와 중국 전역 모든 성의 교통을 연결하며, 우한시 내부의 사람들과 중국 전역 모든 성의 사람들이 자유롭게 이동하게 한다.

보아하니, 단지는 적어도 보름은 더 봉쇄될 것 같다.

독자 댓글

  └ 뉴스 보는 게 무슨 골치 아픈 드라마 보는 것 같아요.
  └ 완두콩이 너무 먹고 싶어요. 완두콩 죽순 볶음에 건두부 곁들여 먹고 싶어요. 용기를 내서 마트에 가 봐야 하는 건지, 아니면 역시나 근처에 유일하게 문을 연 가게 겸 채소 노점에서 아쉬운 대로 재료나 사 두는 게 나을지 모르겠네요.
  └ 너무 불안하고 고통스러워요.

단톡방 하나로
압축된 삶

우리는 과거와 어떤 관계에 있을까?

어제 일기를 쓰고 나서 잠시 쉬는데, 별안간 형언할 수 없는 슬픔이 밀려왔다. 누군가 내게 지금 상황을 물어볼 때마다 나는 이렇게 대답한다. "상황이 이런데 저야 그나마 괜찮은 편이죠." 하지만 봉쇄 이후의 경험을 돌이키려고 하면, 어제조차 너무나 멀게만 느껴진다는 사실을 깨닫게 된다.

이 기간에 겪은 일들과 이 기간에 일어난 변화를 이야기하면서, 아무 감정이라고는 없이 꼭 나오는 아무 관련 없는 일들인 것처럼 말하게 될 때가 있다. 도망치고 회피하려는 메커니즘인데, 이게 잠시나마 나를 보호해 줄 수는 있겠지만 망각과 도피의 방식으로 자신을 치유할 수는 없는 법이다.

이 시기에 내가 느낀 바를 일기로 기록한 게 정말 다행이다 싶다. 모든 상황을 마주해야만 한다. 내 느낌을 말로 내뱉는 게 첫걸음이고, 그다음으로 봉쇄 과정에서 경험한 일들을, 그 강렬한 느낌을 이해해 보려고 한다.

봉쇄는 집단적인 상처와 트라우마도 가져왔다. 정부에서 직시해야 할 사실이다. 이번 전염병 확산 사태 속에서 불공정한 죽음을 맞이한 사람들이 있고, 봉쇄로 인해 마땅히 받아야 했을 치료를 받지 못한 환자들이 있으며, 정상 근무로 돌아가지 못해 파산에 직면한 회사들이 있다. 전염병 확산 사태가 지나가고 난 뒤, 정부는 일부 사람들에게 경제적인 보상을 해 줘야 하고, 이번 봉쇄를 마음에 깊이 새겨야 한다. 진정으로 책임을 묻고 변화하는 것, 그것만이 책임지는 모습이다.

어제저녁에는 닭 날개 조림과 죽을 먹었다.

밥을 먹는데 관리사무소 직원이 주민들에게 내려와서 채소 세트를 받아 가라고 알렸다. 나는 옷은 갈아입지도 못한 채 서둘러 마스크를 쓰고 면 슬리퍼를 끌며 아래로 내려갔다. 릴레이 구매를 할 때는 채소 세트가 두 가지였는데, 채소를 받으러 갔다가 세트가 딱 한 가지밖에 없다는 안내를 받았다. 배송된 세트는 내가 선택한 세트가 아니었지만, 따지지 않고 그냥 받아서 올라왔다. 50위안(한화 약 8,500원)짜리 세트에는 동아, 파슬리, 쑥갓, 상추, 감자가 들어 있었는데, 그중에서도 쑥갓과 상추가 유난히 많아서 좀 난감했다. 채소는 보관이 용이하지 않아서 버리게 되기 쉬우니까.

나와 함께 집으로 돌아가던 주민이 엘리베이터에 타더니 작은 병을 하나 꺼내서 엘리베이터 버튼에 뭘 뿌리고 나서야 버튼을 눌렀다. 나는 집으로 돌아와 마스크를 벗고 손을 씻은 다음 계속 밥을 먹었다.

밤의 채팅에서는 여성의 희생에 대해 이야기했다.

여성의 고통은 대개 주목받지 못한다. 여성이 가정과 아이를 위해 하는 희생은 상대적으로 더 당연하게 여겨진다. 출산 과정에서 마취제 사용이나 무통 분만은 장려되지 않으며, 심지어 여성은 스스로 이런 결정을 내리지도 못한다. 남편이나 부모가 말리고 나서기 때문인데, 이들은 흔히 마취제를 맞으면 아기에게 좋지 않다는 이유를 내세운다. 다른 여자들도 다 참는데 네가 못할 건 또 뭐가 있느냐고 하는 사람도 있다.

한 친구는 화목란(花木蘭)*이 처한 곤경을 언급했다. 직장에서 남성과 똑같이 일하고, 경쟁하고, 일에서 성취를 거머쥐어

---

* 중국의 장편 서사시 《목란사(木蘭辭)》에 등장하는 여성 영웅으로, 디즈니의 애니메이션 〈뮬란(Mulan)〉으로 잘 알려져 있다. 《목란사》는 화목란이 몸이 성치 않은 아버지 대신 남장을 하고 군대에 들어가 전쟁터에서 십수 년 활약한 뒤 고향으로 살아 돌아온다는 이야기이다. (옮긴이 주)

도, 가정으로 돌아오면 현모양처가 되어야 한다는 점을 지적한 것이다. 하지만 여성은 직장에서는 기회의 평등을 누리기 힘들고, 가정에서는 희생을 해도 실질적인 인정을 받지 못한다.

머리를 삭발당한 간쑤성의 간호사들 이야기가 다시 나왔다. 손톱을 깎는 건 여성에게 그렇게 강렬한 정서를 불러일으키지 않는데 머리칼은 왜 그렇게 중요한 거냐는 문제 제기였다.

예전에 고등교육기관의 합격 점수 성차별에 항의하기 위해 머리를 삭발했던 친구가 본인의 경험을 들려주었다. 부계 중심 사회에서는 외모가 사회적 관계의 일부분이어서 머리를 삭발한 여성은 별종 취급을 받기 때문에, 면접을 보러 가서도 회사에 합격하기가 아주 힘들고 사회적으로도 고립된다는 거였다. 이것이 머리를 삭발한 여성이 공적인 장소에서 거의 보이지 않는 이유라고 했다. 그밖에도 머리칼에 보온 효과가 있어서 삭발하면 감기에 걸리기 쉽고, 머리가 자라는 과정도 편하지는 않기 때문에 삭발에 거부감을 느끼는 걸 거다. 그러니 여성을 억압하는 구조의 해체를 논할 때는, 이를테면 여성에게 머리칼이 너무나 중요한 이런 '구조'의 해체를 논할 때는 성별이라는 틀에서만 이야기를 할 것이 아니라, 방금 이야기한 다양한 현실의 룰이 여성에게 지우는 장애를 고려해야 한다.

한 친구는 이웃집에서 매일같이 아이를 때리고 욕하는 걸 참다못해 행동에 나섰다고 했다. 편지를 써서 이웃집 문틈에 쑤셔

넣은 것이다. 편지 내용은 아래와 같다.

앞으로 아이 좀 때리지 마시고 아이와 잘 소통해 보세요. 가정폭력
은 위법 행위이므로, 상황을 아는 사람에게는 경찰에 신고하고 님의
가정폭력을 막아야 할 책임이 있습니다. 중화인민공화국반가정폭
력법 제33조 규정에 따르면, "가해자가 휘두른 가정폭력이 치안 관
리에 위배되는 행위를 구성할 경우, 법에 따라 치안 관리 처벌을 내
린다. 범죄를 구성할 경우, 법에 따라 행사 책임을 묻는다."라고 되어
있습니다. 아이 키우기 쉽지 않으시겠지만 평등과 존중, 그리고 합법
적인 방식을 고수해 주세요.
가정폭력을 당하거나 가정폭력을 당하는 소리를 들으면 110이나
12338번에 전화해 구조를 요청할 수 있습니다! 님 가정의 화목과 건
강, 평안을 기원합니다!

채팅을 하는데, 갑자기 화장실 문의 경첩에 문제가 생겼는지
문이 반쯤 떨어져 버리고 말았다. 웃을 수도 없고 울 수도 없어
서, 그냥 문이 계속 열린 채로 내버려 둘 수밖에 없었다.
밤에는 꿈을 꾸었다. 꿈속에서도 방에 갇혀 있었다. 문밖에서
누군가 싸우고 있었지만 난 아무것도 할 수 없었다.

오늘은 날이 엄청 흐렸다. 어젯밤에 비가 왔는지 땅이 축축
했다.

아침 8시에 일어났는데 피로감이 몸을 덮쳤다. 온몸에 힘이 없었다. 창밖을 보니 희곡을 틀어 놓는 남자가 오늘도 산보를 하고 있었다.

나는 늘 하던 대로 일상의 리듬을 유지했다. 운동하고 아침밥을 먹은 뒤 억지로 이런저런 일들을 했다.

우한에서의 삶은 위챗 단톡방 하나로 압축되었다.

관리사무소 직원이 단톡방에 쌀 10킬로그램 공동구매 건을 올리며 말했다. "비상 시기에 저희 동료들 고생이 이만저만이 아닙니다. 이번에 쌀을 주문하게 되었으니, 다들 1차 격리 기간인 3월 10일까지 식량 잘 비축하시기 바랍니다." 하나둘 이 공동구매에 참여하기 시작했다.

한 주민이 다른 단톡방에 올라온 과일 공동구매 건을 보고 이를 공유하며 물었다. "과일 사고 싶으신 분 있나요?" 그러더니 우리 단톡방에서 과일 공동구매를 진행하려고 했다. 주문량이 서른 개는 나와야 발송할 수 있는데 같이 사겠다는 사람이 많지 않아서 공동구매를 추진한 사람이 다급해하며 말했다. "먹지도 않고 시간을 어떻게들 보내시려고요?" 어떤 사람이 물었다. "들깨 소스 공동구매는 없나요?" 대답해 주는 사람이 하나도 없었다.

1동 주민 몇 명이 오전에 관리사무소에 가서 수도관에서 물이 솟구치는 문제를 상의했다. 오후에 드디어 좋은 소식이 들려왔다. 알고 보니 3층 모퉁이에 있는 파이프라인이 막혀 있어서, 막힌 부분을 살짝 뚫어 놓았다고 했다. 집에 물이 차는 주민들이 드디어 한숨 놓을 수 있게 되었다.

점심을 먹고 나서 잠을 잤는데, 글쎄 그렇게 두 시간을 자고 말았다. 일어나서도 머리가 무겁고 흐리멍덩했다.

관리사무소에서 단톡방을 통해 다들 내려와서 쌀과 공짜 배추를 받아 가라고 알려 주었다. 내려가서 채소를 받아온 뒤 앉아서 일기를 썼다. 하지만 머리가 무겁다 보니 생각이라는 걸 할 수 없어서 잠시 방안을 왔다 갔다 했다. 그제야 정신이 좀 맑아졌다.

독자 댓글

└ 보아하니 채소가 보통 비싼 게 아니네요. 이론적으로는 15위안(한화 약 2,500원)이면 살 수 있는 것들이라야 맞는데.

└ 비록 지금 상황이 대체로 좋기는 하지만, 전 그래도 후베이 사람들과 우한 시민을 믿어요. 여러분이야말로 실제 상황을 똑똑히…….

└ 먹구름은 언젠가는 걷힐 거예요. 꿋꿋하셔야 해요. 햇살이 늘 비치고 있으니까요!

혐의를 뒤집어쓴
공동구매

우한에 사는 사람은 지금 공동구매에 의지하고 있다.

처음에 공동구매는 단지사무소를 통해서만 할 수 있다는 규정에 따라 그렇게 이루어졌다. 그런데 일상생활이 너무 힘들고 답답하니까 다들 공동구매로만 생존에 필요한 음식물을 사는 데 만족하기 힘들어했고, 불합리한 공동구매 물품 구성에도 불만이 쌓여 갔다. 그래서 하나둘씩 각자 공동구매를 추진하게 되었고, 다른 단지 단톡방에서 본 공동구매 소식을 자기 단지 단톡방에 공유하기도 한다.

연줄 있는 사람은 언제나 있기 마련이다. 우리 단지 단톡방 사람이 처음에는 사람들을 모아 과일 공동구매를 추진하더니, 오늘은 또 무슨 마술이라도 부렸는지 아니면 어디서 훔치기라도 했는지 소금 여섯 봉지, 식초 여섯 병, 요거트 여섯 상자에 달걀까지 엄청 구해 와서는 필요한 사람 있느냐고 물었다. 소금은 한 봉지에 4위안(한화 약 680원), 식초는 한 병에 7위안(한화 약 1,200원), 요거트는 한 상자에 50위안(한화 약 8,500원), 달걀은 스물다섯 알에 30위안(한화 약 5,000원)이었다.

친구가 영상을 하나 공유해 주었다. 영상 속 한 주민이 단지 단톡방에서 단지사무소의 무능력과, 불난 틈을 이용해서 한 몫 챙기려 하는 마트를 질책했다. 그 주민은 단지 주민들이 대부분 각자도생하고 있다고 지적했다. 알코올과 마스크는 아파트 주민위원회에서 방법을 강구해서 샀고, 관리사무소의 소독 제품들은 아파트 주민위원회에서 기증했다면서 말이다. "단지사무소에 일손이 부족하잖아요." 어떤 사람이 이렇게 말했더니, 그 주민이 단지사무소 사람들이 도대체 뭘 하는데 그러느냐고 반문했다. 단지사무소에서 지금 아파트 주민위원회의 일을 이어받아서 하고 있다지만, 릴레이 공동구매 소식 하나 공유한 것밖에 더 있느냐면서. 그는 이런 말도 했다. "마트의 공동구매 세트라는 게 말이 돼야죠, 말이. 쌀 사려는데 휴지와 간장까지 끼워 팔려고 하니."

어제저녁에는 셀러리 고기 볶음과 죽을 먹었다.

밤의 채팅에서 친구들은 자기들의 일상에 대해 이야기했다. 낮에 춤을 춘 친구가 있는가 하면, 일을 한 친구도 있었고, 가족을 도와 아이를 돌본 친구도 있었으며, 영화를 본 친구도 있었다. 한 친구가 있는 현 정부 소재지에서는 통제소가 철거돼서 현 정부 소재지 내 사람들이 자유롭게 이동할 수 있게 되었다고 했다.

우리는 여러 곳의 교도소에서 발생한 확진 사례 이야기를 나누었다. 우한여성교도소에서 230건의 확진 사례가, 산둥(山東)의 런청교도소에서 207건의 확진 사례가 나왔다. 이런 정보는 감염자 수가 아주 많아진 뒤에나 언론에서 볼 수 있다.

그런데 교도소 안의 환자는 치료를 받을 수 있을까? 사람의 이동이 비교적 적은 편인 교도소와 달리 여러 사람이 드나드는 구치소의 상황은 어떨까? 그리고 양로원이나 복지원처럼 인구가 밀집된 수많은 곳들의 방역 조치는 어떻게 돼 가고 있을까? 머릿속에서 여러 질문들이 꼬리를 물었다.

채팅을 하다가 한 친구가 돌연 내게 말했다. "너 오늘 기침이 좀 심하다." 나는 그런 줄 모르고 있었다. 내가 몰랐다는 건 내 건강염려증이 그렇게 심하지 않다는, 내가 코로나19에 걸려 증상이 나타난 건 아닌지 시시때때로 걱정하지는 않고 있다는 의미일까? 사실 건강염려증은 늘 나를 따라다니고 있다. 이따금 기침이 잦아지면 나는 발포 비타민C를 한 알 물에 타서 마신다. 가짜 약으로 심리적 위로를 받아 보려는 거다.

아침 8시에 일어나 잠에 취한 눈으로 창문을 열었더니, 밖에서 연기가 피어오르는 게 보였다. 마침 아침에 어떤 사람이 단지 단톡방에 우한 몇몇 지역에서 일어난 화재 영상을 올려놓은 탓에, 창밖의 자욱한 연기를 보고는 소스라치게 놀라고 말았다. 안경을 끼고 보니 그냥 안개가 틀림없었지만.

10시가 넘자 햇살이 안개를 몰아냈다. 나는 아래층으로 내려가 햇볕을 쬐었다. 마스크를 두 장 쓴 사람이 있었다. 아마 어제 어떤 사람이 올린 정보, 즉 다른 단지에서 의심 사례가 한 건 나왔다는 소식 때문일 것이다. 누군가 이 소식을 접하고서 이렇게 말했다. "무슨 명절맞이 하듯 정신없이 공동구매를 해 대고, 신나게 택배 받고 그러더니, 이제 아주 잘됐네요. 앞서 봉쇄했던 거 전부 도로아미타불이 되었으니!" 그 의심 사례가 공동구매 탓에 발생했는지는 아직 확인되지 않았지만, 어쨌거나 공동구매는 이렇게 해서 불분명한 혐의를 뒤집어쓰고 말았다.

우리 단지 관리사무소 직원이 단톡방에 소식을 올렸다. "필요한 것들 기본적으로 다 확보되셨으면, 이런저런 공동구매한답시고 사람 찾고 그러지 마시기 바랍니다. 전염병 확산 시기에는 목숨 부지하는 게 중요하니까요. 아파트 한 번 내려오실 때마다 그만큼 위험이 높아지는 겁니다! 조금만 참으면 곧 지나갈 거예요. 이 사람 저 사람 막 접촉하는 바람에 단지 전체가, 심지어 우한이 더 큰 대가를 치러야 할 수도 있습니다!" 그렇지만 이 많은 사람이 공동구매에 매달리는 건, 봉쇄가 언제까지 이어질지 확신할 수 없는 상황에서 지금 이 순간 일상의 질을 조금이라도 더 높이고 싶은 마음 때문이다.

이 단지에서 나는 외지 사람이다. 알고 지내는 다른 주민도 없다. 대부분의 주민이 우한 사람이라 다들 우한 말을 한다. 사람들이 잡담을 할 때 좀 엿듣고 싶어도 들을 수가 없다.

차량 한 대가 밖에서 들어왔다. 보아하니 운전자가 우리 단지 주민 같았는데, 이 사람들은 어떻게 출입할 수 있는지 모르겠다. 차에서 내린 사람이 자동차 트렁크에서 봉지를 두세 개 꺼냈다. 봉지는 해바라기씨, 도라야키 같은 군것질거리로 채워져 있었다.

오늘은 단지에서 밀가루와 러간면(熱乾麵, 우한을 대표하는 비빔국수—옮긴이)을 공동구매했다. 나는 집에 아직 쓰지 않은 밀가루가 남아 있어서 새로 사지는 않았다. 러간면과 단주(蛋酒)*를 차려 놓고는 신이 나서 사진을 찍어 사람들에게 자랑하듯 보여 준 사람도 있었다. 단지 단톡방에서 들깨 소스를 공동구매하기 시작했다. 열 명이 넘게 사겠다고 나섰다. 이런 걸 보면 우한 사람들이 정말 들깨 소스 마니아들이기는 하다.

오늘은 어느 집 세 식구가 아파트 아래로 내려와 햇볕을 쬐었다. 남자아이가 한 열 살 정도 된 것 같았는데, 줄넘기 줄을 갖고 와서 아파트 마당에서 줄넘기를 했다. 잠시 뒤 아이 엄마

---

* 쌀로 빚은 술에 달걀을 풀고 설탕을 넣어 끓인 음료로, 우한 사람들은 러간면에 단주를 곁들여 아침을 먹는다. (옮긴이 주)

도 같이 줄넘기를 했다. 남자아이가 줄넘기를 좀 하더니 이렇게 말했다. "너무 더워." 그러고서는 외투를 벗었다. 줄넘기를 하다가 지친 아이는 엄마와 함께 게임을 하고 놀았다. 처음에는 쎄쎄쎄를 하고 놀더니 나중에는 닭싸움을 하고 놀았다. 아빠는 내 옆에 서서 지켜보다가 엄마와 아들이 닭싸움을 할 때는 심판 역할을 하며 아이에게 말했다. "너 이 자식 어떻게 손을 쓸 수 있어?"

이 광경을 옆에서 보다가 나도 모르게 신이 나기 시작했다.

놀다가 지친 세 식구는 관리사무소에 가서 공동구매 물품을 받아 집으로 돌아갔고, 나도 계단을 올라왔다.

독자 댓글

└ 전 산둥에 있는데, 단지 안에서 사람 구경은 거의 못해요. 밖에서 노는 아이도 없고, 햇볕 쬐는 사람도 없어요. 다들 집에 갇혀 있는 거죠.

└ 님은 아파트 내려가서 햇볕도 쬘 수 있다고요? 저는 후베이성 이창에 있는데, 주민들이 아파트 아래로 내려갈 수도 없고 단지 밖으로도 못 나가요. 다들 엄청 잘 지키고 있어요. 증상 없이 바이러스를 옮기는 사람이 있어 주의해야 해요. 교차 감염 일어나지 않게 조심하세요.

└ 저는 항저우에 있어요. 원저우(溫州)에서 항저우로 왔어요. 14일 격리 기간 중에 자물쇠를 고치려고 사람을

불렀는데, 복도에서 감시하던 사람이 자물쇠 수리공이 간접적으로 열쇠를 만졌다며 곧장 경찰에 신고하는 바람에 수리공이 우리 집에 오기도 전에 경찰이 그 사람을 데리고 가서 격리했답니다.

└ 지역마다 달라요! 우리 집은 공동구매는 구경도 못 하고 있거든요. 지금 단지는 봉쇄되었고, 집에 쌀도 다 떨어졌어요. 오늘 관리사무소에 어렵게 부탁해서 쌀 한 포대 겨우 샀어요. 간장 볶음밥으로 며칠은 더 버틸 수 있겠죠.

└ 저는 신장(新疆) 커라마이(克拉瑪依)에 있어요. 확진자 제로 도시예요. 모두 1월 27일부터 자가 격리 중인데, 오늘로 벌써 28일째네요.

같은 시공간,
다른 경험들

요구하는 사람은 귀찮게 하는 사람 취급받기 십상이다. 그 요구가 합리적이라 해도 사정은 달라지지 않는다.

단지 내 가정마다 상황이 다 다르다. 며칠 전 아침에 체온을 보고하면서 보니까 식구가 대여섯 명인 집들도 있었다. 단지를 봉쇄한 지 일주일이 지났으니, 집에 있는 식재료를 거의 다 먹은 집들도 있을 것이다.

어제 한 주민이 단톡방에서 물었다. "이제 관리사무소에서 공동구매 추진 안 하나요? 각자 알아서 심부름해 줄 사람이라도 찾아다 장 봐야 해요?"

관리사무소 사람이 되물었다. "관리사무소에서 고기, 달걀, 채소 공동구매를 성사시킨 지 얼마 안 됐고 어제는 배추도 나눠 드렸는데, 다 드셨어요?" 이어서 여러 사람이 말했다. "관리사무소에서 지금 사다 줄 수 있는 건 정상 생활에 필요한 것들 뿐이에요! 전 관리사무소에서 아주 잘 관리하고 있다고 봅니다!" 요구를 한 사람은 순식간에 트집이나 잡는 사람이 되어 버렸다. 그 주민이 어쩔 도리가 없다는 듯 말했다. "관리사무소가 못한다고 말한 사람 없어요. 중국 문화라는 게 깊고 오묘해서 말하다 보면 오해의 여지가 생기니 곡해하지 말아 주세요."

뒤이어 또 한 사람이 관리사무소 직원 편을 들며 말했다. "다들 관리사무소에서 공동구매 추진할 때마다 참여했으면, 최근 보름 동안 생활하는 데 필요한 기본적인 것들은 다 문제없이 확보됐을 텐데요." 관리사무소가 아닌 다른 루트를 이용한 공동구매의 위험성을 지적하는 사람까지 나오자 반박하는 사람도 있었다. "아니 그럼 관리사무소에서 진행하는 공동구매에 참여하면 감염 안 된답니까?" 처음 질문을 던졌던 사람이 또 말했다. "저 18일에 단톡방 가입했고, 단톡방에서 진행한 공동구매에 다 참여했습니다. 계속 물건 받으려고 기다리고 있는데, 내내 소식이 없더라고요. 악의 있는 사람 없어요. 다들 있는 위치가 다르고 시각이 다르니 생각에 좀 편차가 있는 거야 아주 정상적인 거고요."

처음 질문을 던진 사람은 그냥 자신의 정상적인 욕구를 이야기한 것뿐인데, 다른 사람이 생뚱맞게 관리사무소를 옹호하고 나서면서 충돌이 일어나고 말았다. 이런 때는 나도 용기가 나지 않는다. 다른 사람과 부딪칠 엄두가 쉽게 나지 않는 거다. 봉쇄 기간에 의지할 데라고는 이 단톡방밖에 없으니까. 관리사무소 직원이 진행하는 공동구매에 의존하는 것 말고 다른 수가 없으니까.

스톡홀름 증후군(Stockholm Syndrome)이 떠올랐다. 피해자의 생사가 온전히 가해자의 손에 달려 있을 때, 피해자에게 도망칠 그 어떤 기회도 없을 때, 피해자는 가해자에게 의존하고 가해자가 베푸는 작은 선심에도 감격해서 심지어 가해자를 변호하고 나서는 심리 작용을 일컫는 말이다. 권리가 없는 사람이 강한 권력 앞에 섰을 때, 살기 위해 만들어 내는 일종의 반응 메커니즘이다.

관리사무소 직원이 '가해자'라는 의미는 결코 아니다. 다만 봉쇄가 진행되고 있는 이 시기에 관리사무소와 단지사무소에 강력한 권한이 부여되었고, 이 권력이 사람들의 생존을 좌우할 수 있다는 것이다.

어제저녁에는 표고버섯 고기 볶음과 죽을 먹었다.

밤의 채팅에서 한 친구는 봉쇄 이래 처음으로 마트에 가서 군것질거리를 샀다고 했다. 또 한 친구는 놀러 나갔다가 해물과 소고기 훠궈를 먹었는데, 체온을 여러 차례 쟀단다.

우리는 전염병 확산 사태 속에서 발생한 비극적인 일들을 이야기했다. 그중에는 살인 사건도 있었다. 전염병 확산 사태로 우한 신저우구(新洲區) 왕지가(汪集街) 통워만(童窩灣)의 도로를 봉쇄하면서, 퉁(童) 모 씨의 차가 길을 막는 데 사용되었다. 2월 20일, 이 동네의 한 대장(隊長)이 데리고 나가야 할 사람이 있어서 퉁 모 씨 집에 가서 차를 좀 치워 달라고 했으나 거절당했다.* 이 일로 대장과 퉁 모 씨 사이에 말싸움이 벌어졌고, 퉁 모 씨의 아내와 딸이 싸움을 말리려고 끼어들었다가 대장이 칼을 들고 일가족을 다 찌르는 바람에 세 사람이 모두 사망했다. 신저우구 공안분국에서는 이웃 간의 말다툼이 원인이 된 사건이라고 발표했다.

전염병 확산 기간 중 코로나19에 대한 공포, 강제로 집에 갇혀 있으면서 생기는 초조감, 불확실한 앞날에 대한 절망 등의 감정을 제대로 풀지 못하면 이 같은 폭력 사건은 필연적으로 발생할 수밖에 없을 것이다.

갓 태어난 아기를 산터우시(汕頭市) 청하이구(澄海區) 인민화교병원에 두고 간 부부도 있었다. 이들이 남긴 쪽지에는 이렇게 쓰여 있었다. "아이를 낳느라 저축해 둔 돈을 이미 다 써 버렸는데, 지금 코로나19 사태가 너무 심각해서 수입이 전혀 없습니다. 병원이나 파출소에서 아이를 복지원에 데려다 주시면 좋겠

---

* 피해자인 퉁 모 씨는 당시 이 동네에서 코로나19 확진자가 한 사람 나온 상황이라 이웃이 사람을 데리고 밖으로 나가면 전염병 확산세가 더 심해지지 않을까 우려했고, 그래서 차를 치워 달라는 요구를 거절했다가 화를 당했다고 한다. (옮긴이 주)

습니다. 저희는 일을 찾아보려고 합니다. 만일 저희가 살아남으면 한 달 안에 반드시 복지원에 가서 아이를 데려오고, 때가 되면 복지원에 아이 양육비도 드리도록 하겠습니다."

이 사건을 전하는 기사에 놀랍게도 이런 댓글을 단 사람이 있었다. "애 낳기 전에 아이를 제대로 키울 수 있을지 고려도 안 해 봤답니까?" 하지만 가난한 사람에게도 아이를 낳을 권리가 있다. 아이를 낳을 자격은 누구에게나 동등하게 주어지는 것 아닌가.

도대체 어떻게 해야 더 많은 비극을 사전에 막을 수 있을까?

이미 여러 번 반복해서 말했듯이, 정부에서 지금까지의 방역 조치를 평가해 봐야 한다. 저마다 처지가 다른 사람들의 상황을 최대한 고려하고, 봉쇄가 사람들에게 초래한 정서적 영향도 고려하여 조치의 부족한 점을 보완해야 한다. 방법은 이뿐이다.

우리는 최근 위챗 모멘트를 휩쓴 "살아가면서 반드시 해야 할 100가지 일"에 관해서도 이야기를 나눴다. 거기에는 예컨대 '자기 집 갖기', '중국 전역의 모든 성과 시를 돌아다니고 인증하기' 같은 게 포함되어 있다. 이 리스트를 보고 있으면 좀 불편해진다. 이 리스트에 사회의 평가 체계가 구체적으로 반영되어 있고, 사회적인 비교가 은근히 내포되어 있기 때문이다. 그래서 이 리스트에 포함된 일들을 많이 해 본 사람일수록 일종의 우월감을 느끼게 된다.

하지만 이 리스트에는 어떤 사람들은 애초에 할 수 없는 일들도 포함되어 있다. 그 사람들이 그걸 해낼 수 없다면, 그건 그 사람 개인의 탓이 아니라 사회적 자원이 부족한 탓이다. 그리고 인생에서 반드시 해야 하는 100가지 같은 건 애시당초 없다. 그냥 최선을 다하면서 살면 되는 거다.

한 네티즌이 봉쇄 초기에 이런 말을 한 적이 있다. "오늘까지 본인의 지능, 인맥, 재력으로 마스크를 손에 넣는 데 성공하셨습니까? 마스크를 손에 넣지 못하셨다면 무슨 특효약이니 이런 건 생각하지도 마세요."

어제 많은 사람이 단지 단톡방에 다른 단지의 추가 확진자 상황을 공유했다. 지금은 단지를 나갈 수 없는 상황이라, 다른 사람과 접촉할 기회라고 해 봤자 공동구매한 음식물을 가지러 가는 게 전부인데, 추가 확진자가 나왔다는 소식에 다들 긴장하기 시작했다. 과일 공동구매를 추진한 주민도 걱정이 이만저만이 아니어서, 과일 가지러 내려올 주민들에게 마스크 쓰고 장갑 끼고 소독제 들고 오라고 신신당부했다. 무슨 일이라도 날까 봐 전전긍긍이었다.

다 같이 상의한 끝에 분산해서 내려오면 되겠다는 이야기가 나왔다. 한 번에 세 사람씩 내려가고, 내려올 집 호수를 단톡방에서 불러 주자는 거였다. 공동구매 주관자는 또 알코올을 잘못 사용했다가 불이라도 날까 봐 단톡방에 다음과 같은 말을 세

번이나 남겼다.

소독할 때 쓰는 거 알코올입니다. 불내면 안 돼요!!!!!
소독할 때 쓰는 거 알코올입니다. 불내면 안 돼요!!!!!
소독할 때 쓰는 거 알코올입니다. 불내면 안 돼요!!!!!

어제는 기사분이 배송할 물건이 너무 많아서 공동구매 물품을 오늘 배송해 주기로 했다. 그런데 기사분이 오늘 도로 교통 통제 상황 탓에 배송할 수 없게 되었다고 전해 왔다. 어떤 사람이 돌아가는 상황을 보고는 말했다. "내일은 차량 통제 더 심해지겠네요." 그러자 몇 사람이 의사를 밝혔다. "과일 오늘 못 오면, 됐어요!" 그래서 공동구매를 추진했던 사람이 돈을 일일이 환불해 주었다.

오늘도 볕이 괜찮았다.

8시가 좀 넘자 환경미화원이 단지 마당을 빗자루로 쓸었고, 누군가 방호복을 입고 쓰레기통을 치웠으며, 산책하는 사람도 있었다. 나도 밥을 먹고 내려가서 햇볕을 쬐었다.

점심때 창밖을 바라보니 단지 담장 안에서는 누군가 개를 산책시키고 있었고, 담장 밖에서는 두 사람이 방치된 공사 현장에서 햇볕을 쬐고 있었다. 그 둘이 거기서 한두 시간 정도 있었는데, 한 사람은 주야장천 휴대폰을 들여다봤고 다른 사람은 여기저기 걸어 다녔다. 가끔 둘이 한담을 나누기도 했다. 별 할 일은 없어 보였다.

저 사람들은 어떻게 단지 바깥으로 나갈 수 있었을까? 어쩌면 저 사람들이 사는 단지에서 아무도 관리를 하지 않아서 그럴 수도 있었을지도 모르고, 또 어쩌면 저 사람들이 아무 단지에도 속해 있지 않아서 그랬을 수도 있다. 아니면 저들은 저곳에 남아 있던 건축 노동자였을 수도 있다.

오늘 단톡방에서 어떤 사람이 요즘은 프레시히포 마트에서 식재료 사는 게 아주 쉽다면서, 공동구매 경험을 이야기해 주었다. 그랬더니 그거 사는 데 성공해 본 적이 없다고 여러 사람이 입을 모았다. "정말이지 쌍11절(雙11)보다 더 스릴이 넘치던데요.* 작년 쌍11절에도 이러지는 않았다니까요." 사는 데 성공했다는 주민이 말했다. "들락날락하면서 화면을 새로고침 해 줘야 해요. 보통 9시 59분에 결제하면 어차피 시간이 안 됐기 때문에 결제가 될 리 없지만, 일단 선수를 치기 위해서 이렇게 하는 거죠. 그러니까 쉬지 말고 계속 결제 화면으로 돌아가야 해

---

* 중국의 젊은이들은 예전부터 11월 11일을 '솔로데이'라고 불렀다. 혼자 서 있는 모습을 뜻하는 숫자 1이 여러 개 겹쳐 있어서 생긴 기념일인데, 2009년 알리바바(阿里巴巴)에서 운영하는 중국의 최대 온라인 마켓 타오바오(淘宝)에서 젊은 독신 남녀에게 애인 없는 외로움을 쇼핑으로 달래라는 뜻으로 대규모 할인 행사를 열기 시작했다. 이것이 이제는 아예 쇼핑하는 날로 정착되어, 중국판 블랙프라이데이가 되었다. (옮긴이 주)

요. 보통 10시 정각이 될 때까지 화면을 새로고침 하면 결제할 수 있어요."

오늘 단톡방에서 제일 화제가 된 게 다른 봉쇄 단지에서 확진자가 나왔다는 소식이어서 한 주민이 단지를 소독하자고 제안했다. 오후가 되자 관리사무소에서 소독을 시작해야 하니 문 밖으로 나오지 말라고 주민들에게 공지했다.

2동과 3동 주민이 또 부엌 배수구에서 물이 용솟음친다고 해서, 관리사무소에서 부엌의 주요 배수 파이프가 통하도록 뚫어 주었다. 배수 파이프 안에서 비닐봉지, 걸레 등이 나왔다고 한다.

오후 5시가 좀 넘어, 공동구매한 들깨 소스가 도착했다.

독자 댓글

└ 말 못 하는 고충만큼 속절없는 게 없죠. 사람들 대부분이 살기 위해 침묵하는 거예요.
└ 왜 그런지는 모르겠는데 이날 올리신 일기를 읽고 나서 마음이 차분해졌어요. 자고 일어났는데도 다시 열어서 읽고 싶어질 정도로요.

9장
결코 행복하지는 않은
행운아들

훠선산병원 건설에
참여한 노동자들

요 이틀 일기에, 나를 비롯한 단지 주민 몇이 아파트 밖으로 나가 햇볕을 쬔다는 이야기를 썼더니, 어떤 사람이 "우한 사람들 무서운 게 없네."라는 댓글을 달았다. 우리한테 "조심성이 없다."고 한 사람도 있었다.

우리 몇몇이 우한에 있는 모든 사람을 대표할 수는 없다. 그리고 우리는 무섭지 않은 게 아니라 곤경 속에서 조금이라도 더 잘 지내 보려고 노력하고 있는 것뿐이다. 많은 사람이 우리처럼 집에서 도저히 견딜 수가 없어서 아파트 바깥으로 나가 햇볕을 쬐는 것이리라. 밖에서 마주치는 사람들 대부분이 마스크를 쓰고 있고, 다른 사람과 이야기를 나눌 때도 일정한 거리를 유지한다.

타인의 다른 생활 방식을 어떻게 이해하고 존중해야 할까? 참 어려운 일이다. 다른 생활 방식을 살펴보고 이를 존중하는 연습이 필요한 일이니까. 현재 많은 가정에서 벌어지는 싸움도 대부분 서로 다른 생활 습관, 생활 방식과 관련이 있다. 대중적인 기준에 따라 사는 건 쉽지만, 거기서 좀 벗어나 다르게 살면 종종 비난이 뒤따른다. 많은 사람이 자기 기준으로 다른 이를 평가하고, 다른 사람의 다름을 이해하려 들지 않는다. 여자가 정리정돈에 취미가 없어 어수선하게 해 놓고 살면, 여자가 본분을 다하지 못했다고 비난하는 사람이 있는 것처럼.

언제 봉쇄가 해제될지도 모르는 상황에서 매일 집에 갇혀 있다 보니, 너무 초조하고 절망감까지 느껴진다. 며칠 전부터는 몸이 피로해지기 시작했다. 열은 전혀 나지 않고 식욕도 괜찮은 편이니까 분명히 코로나19는 아닐 텐데. 무력감이 몸의 증상으로 나타나는 건 아닐까?

어제저녁에는 동아 고기 볶음과 죽을 먹었다.

밤의 채팅에서 한 친구는 귀쿠이(鍋盔)*를 만들었다고 했고, 다른 친구는 산에 올랐다고 했다. 밖에 나가서 보니까 문을 열고 영업 중인 가게들이 아주 많더라며, 예전으로 돌아간 것 같았다고 한 친구도 있었다.

---

* 일종의 호떡으로, 솥뚜껑 냄비처럼 동그랗고 두껍게 생겼다. 산시성(陝西省), 간쑤성에서 밀가루로 만들어 먹는 전통 간식이다.

우리는 과도한 보안 검사에 대한 불만을 이야기했다. 친구 하나는 언젠가 어느 지하철역에서 보안 검사를 하는데, 보안 검사기가 고장 났더란다.** 그래서 보안 검색 요원에게 손에 들고 있는 보안 검사 탐지기로 훑어 달라고 했는데, 보안 검색 요원이 그건 안 된다며 꼭 다른 검사기를 통과해야만 한다고 했다. 이렇게 되니, 안 그래도 평소 지하철 보안 검색이 불만이던 친구는 화가 머리끝까지 치솟아서 곧장 지하철로 들어가 버렸다. 그랬더니 보안 검색 요원이 글쎄 역장이랑 지하철 경찰까지 데리고 두 정거장을 쫓아왔다. 친구는 결국 다른 역에서 보안 검색대를 통과해야 했다. 이러한 처사에 친구가 불만을 표하자, 지하철 경찰이 지하철 보안 검색 규정에 불만이 있으면 고소하라고 했다 한다. 그런데 일개 개인의 힘으로 지하철 보안 검색 규정을 고친다는 게 가능하긴 할까?

보안 검색 요원은 왜 저렇게 열심일까? 비밀 승객을 만나기라도 할까 봐 두려운 거다. '비밀 승객'이란 승객으로 가장해서 일부러 보안 검색대를 통과하지 않는, 실상은 보안 검색 요원을 테스트하는 사람이다. 보안 검색 요원 입장에서는 비밀 승객을

** 중국은 지하철역에도 공항에서 볼 수 있는 보안 검색대와 안전 검색 요원이 있다. 중국 정부는 2008년 베이징올림픽을 앞두고 지하철 안팎에 보안 검색대를 늘리기 시작했고, 그 이후에도 보안, 감시 시스템을 계속 강화하고 있다. (옮긴이 주)

통과시켰다가는 성가신 일이 벌어진다. 이러한 비밀 승객의 존재로 인해 보안 검색 요원은 자기가 시시각각 감시당하고 있다고 생각하고 한시도 방심할 수 없게 된다.

이처럼 불합리한 규정은, 그것을 집행하는 사람과 규정을 받아들이고 싶지 않은 사람 사이의 충돌을 불러일으킬 수밖에 없다.

오늘은 햇볕이 좀 인색해서 10시가 넘도록 볕이 들지 않았다.

기온이 올라간 게 확실하다. 평상시처럼 두꺼운 털옷에 외투를 걸쳤는데도 좀 더운 느낌이 들기 시작했으니 말이다. 낮에는 방에서 창문을 열어 두고 있었다.

단지의 파란색 울타리 두 군데가 폭풍우에 망가져 있었는데, 오늘 서너 사람이 옆에 있는 공사 현장에서 울타리를 몇 개 가져와서 고쳤다. 내려가서 그 사람들과 잠시 이야기를 나누었다. 알고 보니 관리사무소에서 사람들이 담을 넘지 못하게 하려고 이분들을 불러 고쳐 달라고 한 거였다. 지하철 건설사에서 일하는 노동자들이었는데, 봉쇄로 우한에 갇히는 바람에 단지 옆에 있는 컨테이너 하우스에 살고 있었다. 자기들처럼 여기 갇힌 사람이 총 아홉 명이라고 했다.

이들은 훠선산병원(火神山醫院)*을 지은 사람들이었다. 어느

---

* 코로나19 감염자를 집중 치료하기 위해 우한에 지은 첫 전문 병원으로, 착공한 지 열흘 만에 완공된 초대형 병원으로 유명하다. (옮긴이 주)

날 11시 좀 넘어서 임시로 공지가 내려왔고, 회사에서 보낸 차를 타고 병원 공사 현장까지 갔다가 이튿날 아침에 돌아오는 식으로 나흘을 일했다고 했다. 휘선산병원 노동자들은 2교대로 근무했으며, 휘선산병원 작업이 끝난 뒤에는 보름 동안 격리되었다.

기술직 노동자인 이들에게 요즘 여러 단지에서 이것저것 수리해 달라고 의뢰가 들어온다고 한다. 그중 한 사람이 이렇게 말했다. "요즘은 기술직 노동자를 막노동꾼 취급 한다니까요." 회사에서 마스크는 지급해 준다. 휘선산병원 작업을 할 때는 수당이 나왔고, 봉쇄 기간에도 급여는 받고 있다.

봉쇄 기간에 회사에서는 전문 요리사를 고용해 이들의 식사를 책임지고 있었다. 처음에는 회사에서 과일도 줬는데, 지금은 과일 사는 게 하늘의 별 따기라 하루 세끼만 제공한다. 이들 말로는, 단지가 봉쇄된 뒤 밖에 있는 편의점이며 소형 마트가 죄다 문을 닫았고 대형 마트만 열려 있다는데, 그런 대형 마트들은 단지와 관리사무소의 공동구매만 받기 때문에 개인은 들어갈 수 없다고 한다. 자기들은 지금도 드나드는 데 크게 제약은 없지만, 그래도 회사에 보고 한 마디는 해야 한다고 했다.

요즘엔 대부분의 시간을 컨테이너 하우스에서 보내고 있고, 감염은 그렇게 걱정하지 않는다고 했다. 가족들이 걱정하느냐고 물었더니 한 사람이 대답했다. "오늘 가족이 저한테 전화했는데 제가 못 받았다면 친척들이 쉬지도 않고 전화를 해 댈 거예요. 제가 받을 때까지 말이죠."

한 남자가 전동 스쿠터에 딸아이를 태우고 단지 안을 돌았다. 바람막이 덮개 안에는 강아지도 한 마리 있었다.

11시가 넘자, 관리사무소에서 다들 공동구매 세트 가지러 오라고 했다. 닭 날개 묶음 열한 개에, 닭가슴살 묶음도 일곱 개 있으니 선착순으로 가져가라고 했다. 그래서 오늘은 관리사무소 문 앞에 공동구매 물품 가져가려고 줄을 선 사람이 평상시보다 좀 많았다. 줄을 설 때는 다들 의식적으로 앞 사람과 거리를 유지했다.

평상시에 단지 마당에서는 여자들을 거의 보지 못했는데, 이번에 공동구매 물품 가지러 가서 보니 여자들이 여럿 나와 있었다. 우리가 주문한 공동구매 세트는 완두콩, 두부피, 넓적 당면, 두부, 찐빵, 식빵이 포함된, 한 세트에 50위안(한화 약 8,500원)짜리였다. 그런데 내가 받은 건 예약 주문한 것과는 달리 완두콩 두 봉지, 두부 한 팩, 찹쌀떡 한 봉지로 구성된 14.2위안(한화 약 2,400원)짜리였다. 마침 닭가슴살 묶음도 하나 남아 있어 집어 들었는데, 13위안(한화 약 2,200원)이었다.

공동구매로 산 식재료를 집으로 가져온 뒤 밥을 지었다. 오후에 관리사무소 직원이 상한 완두콩이 왔다며, 한 묶음당 3.5위안(한화 약 590원)이니까 내려와서 환불해 가라고 알려 왔다. 한 주민이 덮개를 열었더니 두부피가 쩐득하더라고 했다. 그러자 다른 사람이 물었다. "다음에 공동구매할 때 그 돈에서 제하면 안 되나요. 또 바깥으로 나가서 감염 위험 커지지 않게요." 관리 사무소 사람이 대답했다. "다음 공동구매 때 제하는 것도 가능합니다." 어떤 사람이 귀찮아서 환불 안 하겠다고 하니까 다른 사람이 이렇게 말했다. "환불 안 하면 마트만 이득 보는 거 아니에요?" 어떤 사람이 단톡방에 두부로 푸루(腐乳, 두부를 삭혀서 만드는 음식—옮긴이) 만드는 법을 공유해 주었다.

며칠 전 인터넷에 여러 마트에서 마음대로 가격을 올렸다는 폭로성 소식이 돌았다. 많은 이야깃거리를 낳고 관심을 불러일으킨, 비합리적인 공동구매 세트 같은 게 그 증거였다. 오늘 어떤 사람이 단톡방에 정부 신선상품사업부에서 '단지 세트 공급 유형'의 가격을 정해 공지를 내보냈다며 공유해 주었는데, 구체적인 내용은 다음과 같았다.

1. '민생 채소 10위안(한화 약 1,700원) 세트'를 출시한다. 구체적으로는 세 가지 채소가 포함된, 총 5킬로그램짜리 세트로 가격은 10위안이다. (채소는 배추, 양배추, 무, 당근, 감자 등 다섯 가지가 있는데, 세트별로 채소가 이 중 세 가지는 들어간다.)
2. 모든 신선 상품은 1월 16일부터 1월 22일까지의 평균 가격으로 판매한다.
3. 정부 비축 냉동 돼지고기 판매가 조정: 살코기 500그램당 15.5위안

(한화 약 2,600원), 삼겹살 500그램당 18.5위안 (한화 약 3,100원), 갈비 500
그램당 25.7위안 (한화 약 4,300원).

다른 사람이 댓글을 달았다. "정책이야 좋은데, 저걸 주문할
수 있는지가 문제죠."

며칠 전에 생선은 공동구매할 수 없느냐고 물은 사람이 있었
는데, 오늘 관리사무소에서 생선 공동구매를 추진했다. 나는 생
물 생선을 손질해 본 적이 없어서 이번 릴레이 공동구매에는
참여하지 않았다.

오후에 단지에서 확성기 소리가 울려 퍼졌다. "단지 주민 여
러분, 현재 길거리 소독 차량이 우리 단지에서 소독 작업을 하고
있으니 문과 창문 잘 닫으시고 안전에 주의하시기 바랍니다."

한 주민이 위챗 단톡방에서 다들 창문 닫으라고 주의를 주었
다. 어느 집에서 옷을 걷지 않았다며 아예 사진까지 찍어서 단
톡방에 공유해 주기까지 했다.

전력공급국에서 오늘 오후에 또 대형 스피커로 음악을 틀어
준 덕에 평상시보다 조금은 떠들썩한 느낌이 들었다.

ㄴ 님의 하루하루를 기록해 주셔서 감사해요. 지금의 우
한은 평범하기 그지없는 부녀와 강아지 한 마리도 사
람 마음을 울리네요.

ㄴ 우한만 그런 게 아니라 전국 물가가 서서히 오르고 있
어요. 매번 외출할 때마다 세 집 먹을 식량을 사들이는
데, 계산을 할 때마다 스트레스가 이만저만이 아니에
요. 저도 전염병 확산 사태가 어서 끝나기를 바라요.
하지만…… 아마 꿈같은 바람이겠죠. 제가 있는 곳에
서는 직장으로 복귀하기 시작했어요. 일렬로 쭉 늘어
선 승용차들, 사람으로 가득한 통근 차량, 시장을 가득
메운 할아버지, 할머니 들을 보면서 저도 모르게 흠칫
놀라곤 해요.

ㄴ 정말 좋은 단지에 사시네요. 우리 단지는 공동구매고
뭐고 못하게 하거든요. 우리가 알아서 추진하려고 해
도 다른 주민들한테 죽고 싶냐는 소리를 듣는답니다.

2월 25일 ──

봉쇄 해제에 대한
상상

"봉쇄가 해제되면 제일 먼저 뭐 할 거예요?" 정말 많은 사람이 이렇게 묻는다.

봉쇄가 해제되면 훠궈를 먹고 싶다는 사람이 많은데, 나도 처음에는 그랬다. 훠궈는 여럿이 모여서 먹어야 분위기가 나니까. 중국인들은 다 같이 모여서 음식을 먹는 습관이 있는데, 그러면 여러 종류의 음식을 먹을 수 있기 때문이다. 하지만 봉쇄가 해제되고 난 뒤에도 사람들이 다시 마음 놓고 모이게 하기는 쉽지 않을 것이다.

지금 나는 봉쇄 해제 생각은 거의 하지 않는다. 현재 우한의 확진자 수가 3만 명을 넘어선 상황이라, 봉쇄 해제는 기약도 없이 아득히 멀기만 한 터. 생각해 봐야 소용도 없다.

곰곰이 짚어 보니, 봉쇄 해제와 도시 봉쇄는 다른 식으로 진행될 수도 있겠다는 생각이 들었다.

봉쇄 해제는 하나의 과정이다. 도시를 봉쇄할 때처럼 닥쳐서 결정을 내리고 그다음 날 바로 실시할 수 있는 게 아니다. 현재 일부 도시에서 추가 확진자가 나오지 않고 있고 현존하는 확진자 수도 줄어들고 있으니, 이미 봉쇄의 정도를 완화하고 있는 도시들도 꽤 많을 것이다. 하지만 선뜻 밖으로 나가지 못하는 사람들이 여전히 많다. 아마 봉쇄의 후유증일 텐데, 단번에 없애기는 어려워 보인다.

그래서 나는 시험 삼아 나가 봤다가 사람 적은 길거리, 광장, 공원을 둘러본 뒤 마트에 가서 식재료를 사다가 집으로 돌아가 거하게 차려 먹는 사람이 많을 거라고 생각한다. 일부 식당들도 시험 삼아 영업을 재개할 것이다. 처음에는 포장 판매만 하다가 서서히 가게에 사람을 들여 식사하게 하는 식으로 말이다.

어제저녁에는 셀러리 고기 볶음과 죽을 먹었다.

밤의 채팅에서는 각자의 직장 경험을 나누었다. 부동산 회사에서 재무 담당자로 일했던 친구 말이, 회사 인사팀에서 여성들에게 화장을 하라면서 여성의 옷차림과 외모를 관리하더란다. 심지어 여성들에게 드레스를 입고 송년회에 참석하라는 요구까지 했는데, 환경미화원으로 일하는 아주머니가 드레스가 없어서 행사 참가를 꺼리자 인사팀 사람이 아주머니에게 이렇게 말했다고 한다. "본인이 이 회사의 일원이 아니라고 생각하시는 모양이니, 그렇다면 참석하지 마세요." 아주머니는 무척이나 난처해했는데, 다행히 한 여성 동료가 치마를 한 벌 더 가져온 덕에 간신히 문제가 해결되었다고 한다.

이런 업무 환경에서는 개인이 반드시 집단의 조치에 복종해야 한다. 개인에게는 거절할 힘이 없다.

한 친구는 전에 도시 계획을 세우는 회사에서 일했다. 회사에서 정부가 발주한 작은 프로젝트를 받았는데, 직원들이 업무를 진행하면서 자기 능력을 발휘할 여지가 거의 없었다고 한다. 친구 역시 본인이 있어도 그만 없어도 그만인 나사못처럼 느껴져 일에서 가치를 찾을 수 없었다. 그때 울며불며 엄마에게 전화를 걸었다고 한다. "사람은 왜 일을 해야 하는 거야?" 친구 엄마는 친구에게 스스로 먹고살기 위해서 일을 하는 거라고 알려 주었고, 친구는 스스로 먹고살기 위해서 일을 하는 거라면 꼭 그 회사에 있어야 하는 건 아니라는 생각이 들어 그곳을 떠나 공익적인 일에 투신하게 되었다.

요 몇 년, 장기간 실직 상태에 있거나 빈번히 직장을 옮겨 다니는 또래 친구들이 주변에 많다. 오로지 자기에게 맞는 일을 찾아 그 일을 하면서 자신의 가치를 발휘할 수 있기를 바라는 마음에서 그러는 거다.

하지만 현실은 너무나 가혹하다. 젊은 사람들은 사회적 자원이 적은 데다 시행착오를 거칠 기회도 필요한데, 각종 통제와 제약을 받는 업종이 한둘이 아니다. 이상을 꿈꾸는 젊은이가 재능을 펼치기가 너무 힘들다. 많은 사람이 생계 압박 탓에 어쩔 수 없이 본인이 좋아하지도 않는 일을 하다가 내적인 충돌을 겪게 된다. 이로 인해 질질 끌려다니면서 울적해하는 사람들이 적지 않다.

오늘은 햇살이 아주 좋았다. 어제 아파트 마당에서 전동 스쿠터를 타고 돌아다니던 남자와 여자아이, 강아지가 오늘도 마당에 나와서 놀았다. 아이의 할머니도 함께 내려와 있었다.

아이의 이름은 퉁퉁(彤彤)이었고, 개의 이름은 샤오부(小步)였다. 퉁퉁은 아기 자동차를 타고 놀았다. 잠시 놀더니 할머니에게 부탁해 샤오부를 안아 차에 태우고서 앞에서 줄을 끌며 걸어갔다.

퉁퉁의 할머니가 1층 베란다에서 햇볕을 쬐던 주민과 창을 사이에 두고 대화를 주고받았다. 할머니가 말씀했다. "마스크 쓰고 훤히 뚫린 곳에 있으면 괜찮아요." 한 여자가 아이를 안은 채 아이에게 말했다. "우리도 저 차 있는데 마스크 쓰고 나가서 놀까?" 아이가 너무 어려서 아직 말을 못 하다 보니 여자가 혼잣말을 하는 것처럼 보였다. 그 집 가족은 결국 나오지 않았다.

별안간 어느 윗집에서 노랫소리가 들렸다.

삼삼오오 모여 이야기를 나누는 사람들과 희곡 틀어 놓는 그 남자 덕에 아파트 마당이 좀 북적거려서, 윗집 사람이 무슨 노래를 부르는지는 알 수 없었다.

단지사무소 직원 둘이 아파트 아래층에 방역 공고란을 붙여 놓았다. 거기엔 단지 서기, 그리드 관리원,* 관리사무소, 안전 관리 요원(건물 관리, 소방 시스템 운영, 안전 점검 등을 책임지는 담당자—옮긴이), 단지 직원, 자원활동가 등이 각자 맡을 책임과 연락처가 적혀 있었다.

"1동 6*2호 3인 체온 정상입니다." 오늘 아침, 관리사무소 사람이 단톡방에 체온 측정 결과를 보고했다. 그러자 다들 관리사무소 사람을 따라 알아서 체온을 보고했다.

관리사무소 사람이 단톡방에서 또 뭔가를 알렸다. "다들 주의하세요. 매일 단지를 소독하고 있습니다. 때가 돼서 소독한다고 안내 방송 나오면 문이랑 창문 잘 닫아 주세요. 협조에 감사드립니다!" 하지만 오늘은 안내 방송을 듣지 못했다.

누군가 세트 공동구매 건을 단톡방에 공유하자 사람들이 질문을 던지기 시작했다.

"채소랑 과일 공동구매하실 분 없습니까?"

"그거 하려면 단지사무소 쪽에 연락해야 할 거예요."

"이 집 공동구매 세트는 어떻게 주문하나요?"

---

* 단지를 다시 그리드, 즉 격자로 나눠서 관리하는데, 이런 관리 업무를 하는 사람이 '그리드 관리원'이다. (옮긴이 주)

"집에 먹을 게 없는데, 먹을 것 좀 살 수 없으까유?"

"지금 장 좀 보러 나가도 되나요?"

"주임님, 단지사무소 전화번호 좀 알려 줄 수 있습니까?"

그러자 관리사무소 주임이 전화번호를 단톡방에 공유해 주었다.

한 주민이 말했다. "지난주에 여기 올라왔던 공동구매 요청과 관련해서 제가 전화를 모조리 돌려 봤는데, 죄다 물건이 없거나 배송할 사람이 없거나 그렇더라고요."

"우리 단지가 사람이 적으니까 배송하기 싫은 거죠. 그 사람들이야 큰 차에 왕창 보내고 싶겠죠. 그러면 돈도 쉽게 벌 테니."

"배송 안 해 주면 시장(市長) 핫라인에 전화 넣어 보자고요."

결국 어떤 사람이 채소 세트, 과일 세트, 고기 세트 등 몇 가지 세트가 포함된 공동구매 건을 찾아서 왔다. 누군가 단톡방에서 릴레이 구매자 명단을 작성하기 시작하자 다들 따라서 이름을 올렸다.

또 한 사람이 10위안(한화 약 1,700원)짜리 특가 채소꾸러미 사진을 올리고는 물었다. "주임님, 단지사무소 통해서 정부에서 보조해 주는 채소 신청할 수 없나요?"

주임이 말했다. "이미 단지사무소에 연락해 뒀으니, 그쪽에서 업체랑 연락할 겁니다."

└ 저도 마라탕, 꼬치구이, 튀김 꼬치가 너무 먹고 싶어
　요.

└ 가혹한 현실은, 예전으로는 영원히 돌아갈 수 없다는
　거예요. 이 도시는 황폐한 폐허가 되겠죠.

└ 전에 '코로나19 종식'을 어떻게 정의할 것인지 논한 글
　을 봤는데, 그걸 보니까 저마다 생각들이 다르더라고
　요. 생산이 회복되면 종식이라는 사람도 있고, 교통이
　회복돼야 종식이라는 사람도 있고, 2020년은 넘겨야
　그나마 종식이 될 거라고 하는 사람도 있고…… 각양
　각색이었어요. 참 재미있더군요.

언제쯤 저 문을 걸어서
나갈 수 있을까

오늘 단지 단톡방에 '우한 주민 제안서'가 올라왔다. 제안의 핵심 내용은 두 가지였다. 첫째, 단지 내 공동구매를 꼭 필요한 식품만 구매하는 식으로 적정선에서 그치자. 둘째, 쓰레기를 적게 배출하자. 강제 명령이 아닌 제안이니까, 그나마 발전한 셈이다. 하지만 지금으로서는 공동구매도 단지와 관리사무소를 통해서만 일률적으로 진행할 수 있기 때문에 여기서 더 통제하기는 사실 힘든 일이다.

이 제안서에는 다음과 같이 사람들을 설득하는 내용이 들어 있었다.

일선의 의료진이 목숨 걸고 싸우고 있고, 후방에도 우리가 일상을 유지할 수 있도록 이름도 없이 묵묵히 일하는 사람들이 있습니다.

행복하게 집에 머물 수 있는 우리 한 사람 한 사람이 다 전선에 뛰어들지는 못한다 해도 적어도 민폐를 끼치지 않을 수는 있습니다. 다른 이에게 너무 큰 폐를 끼치지 않는 것 역시 기여하는 것입니다!

이 글을 보고 좀 불편해졌다.

첫째, 우한에 있는 사람이든 그렇지 않은 사람이든 우리 모두 의료진의 노력을 눈으로 보고 있고, 그분들이 고생한다는 걸 알고 있다. 의료진을 지원하는 자원봉사 단체도 수두룩하다. 그런데 아이러니하게도 사람들이 SNS에서 퍼 날랐던, 광둥성(廣東省)에서 우한을 지원하기 위해 온 첫 의료진이 《랜싯(Lancet)》*에 발표한 편지는 삭제되었다. 이 편지의 제목은 〈중국 의료진 코로나19와의 싸움을 위해 국제적인 의료 지원을 요청하다(Chinese medical staff request international medical assistance in fighting against COVID-19)〉였다. 편지에서는 방역 장비가 심각하게 부족한 실정을 언급하고, 의료진이 심리적 스트레스를 겪고 있다고 지적했다. 의료진도 무력감과 불안, 공포에 시달리고 있다. 그래서 세계 각국의 의료진에게 중국에 와서 우리가 전염병과 싸울 수 있도록 도와 달라고 요청한 것이다.

---

* 저명한 국제 의학 저널. 2월 24일, 이 저널에 광둥 출신 의료진 쩡잉춘(Yingchun Zeng), 옌전(Yan Zhen)이 투고한 글이 게재되었으나, 이후 저자들이 글을 내리겠다고 하면서 삭제되었다. (원서 편집자 주)

이런 편지마저 삭제된다.

도대체 누가 이들의 고생을 보려 하지 않는다는 것인가!

지금까지 코로나19로 확진된 의료인은 3,387명이고, 이 중 22명이 순직했다.

둘째, 지금 집에 있을 수밖에 없는 사람들은 '행운아'일 수는 있겠지만 절대로 '행복'하지는 않다.

셋째, 민폐를 끼치지 않는다는 게 뭔가?

할아버지가 돌아가시고 나서 며칠이 지났는데도 밖에 도움을 청하지 않았던 남자아이는 민폐를 끼치지 않았다. 할아버지가 갑자기 욕실에서 졸도한 뒤 아이는 할아버지를 두 시간 동안 불러 댔지만 할아버지는 대답하지 않았다. 아이는 "밖에 바이러스가 돌아다니니 나가면 안 된다."고 했던 할아버지의 말을 떠올렸다. 그래서 집에서 과자를 먹으면서 며칠을 버텼다. 단지사무소 직원이 집집마다 조사를 하러 다니다가 이 비극을 발견하게 되었을 때까지 말이다.**

"집에 식구가 몇이니?"

"저랑 할아버지 둘이요."

** 2월 24일 후베이성 스옌시(十堰市)에서 발생한 사건으로, 경제 분야 블로거 서우예(獸爺)가 해당 단지 서기를 통해 사실을 확인한 뒤 본인의 SNS 계정에 글을 올렸다.

"할아버지는?"

"이미 돌아가신 지 며칠 지났어요."

"그런데 왜 나가지 않은 거야?"

"할아버지가 밖에 바이러스가 돌아다니니 나가면 안 된다고 해서,
집에서 며칠 동안 과자를 먹었어요. 할아버지가 화장실에서 돌아가
시고 나서 이불을 덮어 드렸어요."

어제저녁에는 동아 고기 볶음과 죽을 먹었다.

밤의 채팅에선 잠시 잡담을 떨다가 너무 피곤해서 먼저 잤다.

친구들과 채팅을 시작한 지 한 달이 넘었다. 중간에 중단된
적도 없다. 예상하지 못했던 일이다. 생각해 보면, 친구들과 함
께 한 밤의 채팅이 봉쇄라는 과정을 함께해 준 특별한 동행이
었구나 싶다.

어젯밤 9시 무렵 비가 내리기 시작하더니 연이어 몇 시간을
내렸다. 밖에서 내리는 비가 똑똑똑똑 차양을 때리는 소리가 쉬
지 않고 울렸다.

꿈을 꿨다. 세세한 내용은 기억나지 않지만, 사람이 아주 많
은 꿈이었다. 아침이 되어 잠결에 일어나려고 몸부림을 쳤는데,
그러면서도 꿈에서 본 사람들과 헤어지는 게 서운했다.

아침 8시에 일어났다. 비는 그쳐 있었고 하늘은 흐릿했다.

희곡을 듣는 그 남자는 이미 아파트 아래에서 산책 중이었다.

저 사람의 끈기가 조금은 존경스럽다.

아침에 관리사무소에서 단톡방에 정보를 올렸다. "여러분, 안녕하십니까. 최근 여러분이 과일, 채소, 고기가 필요하다고 하시는 걸 보고, 오늘은 일단 과일 리스트부터 추천해 드리려고 합니다. 살펴보시고 필요하면 오후 1시 이전에 주문해 주세요. 그래야 밤 되기 전에 단지로 배송됩니다." 과일 종류가 상당히 많았다. 세트 하나가 과일 한 종류로 구성되어 있었는데, 전부 50위안(한화 약 8,500원)이었고 사탕귤, 부사 사과, 감귤 등이 들어 있었다.

그러자 누군가 과일 공동구매 릴레이 구매자 명단을 작성하기 시작했다. 어떤 사람이 이렇게 제안했다. "과일을 각자 알아서 고르면 집집마다 다른 과일을 고를 텐데, 판매자 쪽에서 확실히 구분할 수 있을까요? 아니면 다들 원하는 과일을 몇 개 골라서 그걸로 한 봉지 구성하고 가격 붙여서, 다시 릴레이 구매자 명단 작성할까요?"

관리사무소 주임이 대답했다. "가급적 여러분들이 원하는 대로 만족시켜 드리려고 합니다. 저희가 조금 더 애쓰죠, 뭐." 잠시 뒤, 주임이 또 단톡방에서 말했다. "구호물자가 좀 있으니, 어서 사무실로 와서 받아 가시기 바랍니다."

누군가 물었다. "주임님, 무슨 물품인가요?"

하지만 아무도 대답하지 않았다.

마당을 한 바퀴 돌고 싶어서 내려간 김에 물품도 받아 왔는데, 당면이었다. 당면을 받은 뒤 사진으로 찍어 단톡방에 올렸다. 그랬더니 어떤 사람이 잠옷 바람으로 내려와서 당면을 받아갔다.

단지 밖에서 돌아온 사람이 보였는데 부러워 죽을 지경이었다. 언제가 돼야 다시 저 문을 걸어 나갈 수 있을까.

오후에, 이틀 전 공동구매한 생선이 도착했다.

2시 좀 넘어서 관리사무소에서 채소 세트와 고기 세트 공동구매 건을 단톡방에 올렸다. 이 두 세트 모두 어제 한 주민이 단톡방에 올려 줘서 다들 이미 릴레이 구매자 명단을 작성한 구매 건이었다.

한 주민이 물었다. "주임님, 이전 릴레이 공동구매 건은 취소됐나요?"

주임이 대답했다. "이전에 구매자 명단 작성하신 건 제가 모르는 일이라서요." 결국 다들 다시 한 번 릴레이 구매자 명단을 작성하는 수밖에 없었다.

주임이 덧붙였다. "우리 단지의 경우 릴레이 구매 분량이 서른 개는 넘어야 합니다. 그 정도 숫자가 안 나오면 기다렸다가 다른 데서 구매할 때 함께 하는 수밖에 없어요."

다들 마음이 다급해졌다. 어떤 사람이 릴레이 구매자 명단을 꼼꼼히 대조하다가 구매자 명단에 이름이 없는 사람을 발견하고 다른 사람들에게 이를 알렸다. "아직 릴레이 구매자 명단에 이름 올리지 않은 분 이름 올려 주세요." 막판에 결국 서른 개를 채웠는데 주임이 말했다. "릴레이 구매자 명단을 이미 단지사무소에 보냈는데, 생산 업체 쪽에 또 뭔가 변화가 있는 것 같다는 메시지가 왔어요. 매일매일 달라지네요. 조금 있다가 단지사무소에서 생산 업체가 보낸 세트 소개 자료 보내주면 다시 공유해 드리겠습니다."

오늘 추진한 세트 공동구매 건이 성공할지 모르겠다.

누군가 이런 제안을 했다. "주임님이 멘션 알림(@이름)으로 모든 주민을 소환해 주시면 좋겠어요. 안 그러면 주임님이 올려주신 정보를 못 보고 놓치는 아저씨, 아주머니 들이 많을 거예요." 그는 인내심을 발휘해 가며 단톡방 방장이 멘션 알림 기능으로 모든 사람을 소환하는 순서까지 공유해 주었다.

어떤 사람이 물었다. "우리 단지에 담배 좀 남는 집 없나요? 가격은 한 갑에 20위안(한화 약 3,400원) 이하, 열 갑 안쪽이면 다 괜찮아요." 그랬더니 다른 사람이 한 단톡방의 QR코드를 공유해 주었다. "여기서 담배 팔아요. 배송도 구매자 비대면으로 해준다네요."

또 다른 사람이 물었다. "이웃 중에 이스트 있는 분 있으신가요? 제가 몇 봉지 좀 사려고요." 대답하는 사람이 없었다.

전에 과일 공동구매를 추진했던 여자가 연줄이 꽤 있는 모양이었다. 본인 아버지가 며칠 전에 과일을 한 상자 보내 주었는데, 한 달은 먹고 남을 양이라고 했다. 과일 공동구매 단톡방에 자차이, 양념, 노랑부추, 풋마늘, 양파, 깍지 완두, 소고기 완자 등 많은 물품 정보를 올려놓고 사고 싶은 사람 있느냐고도 물었다. 이런 말도 했다. "봉쇄 첫날, 마트에서 1킬로그램짜리 국수 묶음을 열 개 샀어요. 집에 식구가 많아서 양념도 다 세트째 샀고요."

이제 와서 보면, 정말 대단한 선견지명이다.

모든 게 어제와
판박이

모든 게 어제와 판박이.

내일도 이럴 거다.

어떤 사람은 이미 죽었고

어떤 사람은 희생하고 있고

어떤 사람은 목소리를 내고 있고

어떤 사람은 가짜 뉴스를 팩트 체크 하고 있고

어떤 사람은 투기를 하고 있고

어떤 사람은 큰길을 쓸고

어떤 사람은 큰길에서 자고

어떤 사람은 공동구매를 하고 있고

어떤 사람은 택배를 배송하고 있고

어떤 사람은 밖에 나가지 않고

어떤 사람은 산책하고

어떤 사람은 집에 누워 있고

어떤 사람은 이미 직장으로 복귀했고

어떤 사람은 가정폭력을 당하고

어떤 사람은 일 년 내내 집안일을 한다.

ㄴ 오늘은 글이 짧네요.

ㄴ 피곤하면 잠시 쉬어 가세요. 글이 짧아서 적응이 안 되기도 하고, 님이 괜찮으신지 걱정도 되네요.

ㄴ 궈징 씨, 이제 시를 쓰기 시작하셨네요.

10장

**열심히
목소리를 내다**

뜻밖의 친절

전염병 확산 사태 속에서 발생한 가정폭력이 수면 위로 떠오르고 있다.

봉쇄로 인해 피해자가 도움을 청할 수 있는 문턱이 높아졌고, 가정폭력 반대 지원 활동도 더 어려워졌다.

스(史) 모 씨는 선전(深圳)에 사는 전 여자 친구의 머리를 움켜쥐고서 벽에 내리쳤다. 2월 19일, 이 여성은 용기를 내 도망쳤고, 남자를 경찰에 신고했다. 그리고 상처를 검사하기 위해 병원에 가야 했고, 코로나19 검사까지 받았다.

이 여성은 폭행 가해자에게 책임을 물을 수 있기를 바랐지만, 안타깝게도 중재원에선 이렇게 말했다. "남자가 직장이 저렇게 좋은데, 아가씨가 이러면 사람 인생 하나 망치는 거라고요."

2월 26일, 여자는 자신의 경험을 인터넷에 써서 올렸다. "뭔가 바뀌길 바란다. 이게 나 혼자만의 일은 아니니까." 여자가 웨이보에 올린 글을 10만여 명이 퍼 날랐다.

2월 27일, 선전시 공안국 남산분국에서는 스 모 씨에게 닷새 동안 행정구류 처분을 내리고 벌금 200위안(한화 약 3만 4천 원)을 물린다고 통보했다. 중재원의 부적합한 발언에 대해서는 교육을 강화하겠다면서 사건 신고인에게 사죄했다. 아쉬운 것이 있다면, 이 통보 내용으로만 보면 이것이 가정폭력 사건이라는 점을 알아볼 수 없다는 점이다.

나도 가정폭력 관련해서 도와 달라는 요청을 받았다.

도움을 청한 사람 중 몇몇은 전염병 확산 사태로 학교에 갈 수 없게 된 중학생과 대학생 들이었는데, 이들은 매일같이 부모님의 말다툼과 폭력 행위를 지켜보며 어찌해야 할지 몰라 했다. 피해자가 어려운 상황에서도 도움을 청했으니, 우리로서는 최선을 다해 누군가 그들을 응원하고 있음을 보여 줘야 한다. 우리가 뭘 할 수 있을지 함께 토론하고 공부하기 위해, 나는 20여 년 동안 젠더 폭력을 방지하기 위해 활동한 경험이 있는 지인에게 연락해 실시간 온라인 강좌를 열었다.

어제 아침, 자동차 한 대가 밖에서 들어왔다. 자동차에 타고 있던 사람들은 모두 환경미화원이었다. 차에서 내린 그들은 등에 분무함을 메고서 소독을 하기 위해 각 층으로 흩어졌다. 어떤 사람이 이 사람들 사진을 찍고 있었다.

검은 고양이 한 마리가 단지 안 이곳저곳을 돌아다녔다. 담배를 태우는 남자와 달리기하는 사람을 빼면, 아파트 마당에는 딱히 사람이 없었다.

누군가 단지 입구까지 택배를 받으러 가서, 달걀 한 줄과 아이스티 한 상자를 받았다. 상자 안에 뭐가 들어 있는지는 알 수 없었다.

오후에는 공동구매한 과일이 도착했다.

내가 산 건 4킬로그램에 50위안(한화 약 8,500원) 하는 사탕귤이었다. 다들 관리사무소에서 공동구매해 준 과일이 질이 정말 좋다며 잇달아 고맙다고 인사를 전했다. 한 주민은 집에서 직접 닭다리를 튀긴 뒤 사진을 찍어 단톡방에 올리기도 했다. 겉은 바삭하고 속은 연한 닭다리 옆에 후추까지 뿌려져 있었다. 다들 그걸 보고 군침을 흘렸다.

어제저녁에는 양배추 고기 볶음과 죽을 먹었다.

밤이 되자 관리사무소 직원이 물었다. "여러분, 안녕하세요. 혹시 러간면 필요하신가요? 2킬로그램에 18위안(한화 약 3,000원)이니까 필요하신 분은 이름 올려 주세요. 그리고 지난번에 들깨소스 못 사신 분, 지금 필요하신가요?" 여러 사람이 필요하다고 했다.

지난번에 러간면을 공동구매할 때는 러간면과 밀가루 세트여서 참여하지 않았지만, 이번에는 나도 릴레이 구매자 명단에 이름을 올렸다. 그리고 후베이에 있는 친구에게, 들깨 소스와 고추밖에 없기는 하지만 처음으로 러간면 만드는 법을 배워 보려 한다고 말했다. 그랬더니 친구가 하는 말, "러간면의 영혼인 파와 참기름이 빠지다니."

나는 연줄을 이용해 공동구매를 추진했던 여자에게 연락해 식초 한 병과 자차이 500그램도 샀다. 당장 필요한 건 아니어서 "급하지는 않아요. 다음에 식재료 가지러 내려갈 때 주시면 돼요."라고 말했다. 그런데 여자가 뜻밖의 친절을 베풀었다. "남편이 지금 그 댁 문 앞까지 가져다주려고 내려갔어요." 어떻게 만날지 약속도 정하지 않았는데 그분 남편이 내려오는 바람에 문을 열어 주었다. 마스크를 쓴 그분 남편은 내게 물건을 건네주고 가 버렸다.

요 며칠 계속 날이 흐리더니 오늘은 비까지 와서, 아파트 마당으로 내려가지 않았다. 온도가 내려가서 다시 난방기를 켰다.

단지 단톡방에 마음을 위로해 주는 글들이 시시때때로 올라오지만 반응을 보이는 사람은 없다. 아침에는 누군가 영상을 하나 공유했다. 어느 단지 입구에서 사람들이 삼삼오오 모여 이야기를 나누는 영상이었는데, 이야기를 나누는 사람들 모두 마스크를 쓰고 있었다. 영상 속 화자는, 상황이 이런데도 단지사무소 사람들이 관리도 안 한다고 했다.

그랬더니 단톡방에 있던 한 주민이 말했다. "이런 거 더는 공유하지 말아 주세요. 사실 집에 갇혀 있는 우리가 이런 거 본다고 기분이 딱히 좋아지지도 않잖아요. 이렇게 비협조적인 사람들이야 자연히 경찰서에나 불려가게 되겠죠!"

다른 사람이 말했다. "여기는 생활 물품 관련한 거나 올리고요. 상관없는 다른 것들은 각자 자기 친구들 단톡방에나 올리자고요."

또 다른 사람이 말했다. "단지 단톡방에는 영상 같은 건 확실히 적게 올리는 게 좋겠네요. 안 그러면 릴레이 구매나 식재료 수취 안내 같은 게 안 보이기 십상이니까요."

여기에 이렇게 갇혀 있으면 그날그날이 똑같아서 나도 좀 짜증이 나고 조바심도 생긴다. 같은 일을 반복하다 보면 쉽게 싫증이 나지만, 그렇다고 행동 패턴을 바꾸는 게 쉬운 일은 아니다. 그러려면 본인의 습관적인 행동 모델을 관찰해야 하고, 안전지대(comfort zone)에서 나가려는 시도를, 일반적인 관행을 깨려는 시도를 해야 하니까.

오늘 여러 사람이 물었다. "주문한 채소 소식 온 거 있나요?"

관리사무소 주임은 매번 이렇게 말했다. "생산 업체 창고 쪽 전화 기다리는 중입니다."

어떤 여자가 199위안(한화 약 3만 4천 원)짜리 호주 소 사태살 공동구매 건을 올렸는데, '순평 직배송'이라고 쓰여 있었다. 본인은 그저께 주문해서 오늘 받았다고 했다. 여자는 아직도 단톡방에서 묻는 중이다. "3동에 양조간장 있는 집 있나요? 저한테 한 병 파세요. 소스 넣고 소고기 삶으려는데 간장이 없어서 그래요."

다른 사람이 물었다. "주임님, 쌀은 공동구매 안 하나요?"

주임이 대답했다. "안 합니다."

기록되지 않은 그들을
기록하는 사람들

단지 주민 단톡방에 마음을 위로해 주는 글을 즐겨 올리던 분이 이제 더는 글을 올리지 않는다.

나는 힐링용 글을 좋아하는 편은 아니지만, 그분은 그런 글을 지속적으로 올리면서 마음에 위로를 받았을 거라는 생각이 든다. 글을 올리지 않고 있는 지금, 그분은 무엇으로 자신을 지탱하고 있을까?

거대한 재난 앞에서 개인의 신앙은 도전에 부딪혔다. 구세주가 나타나 고통받는 이들을 구원해 주기를 바라는 무신론자가 나타나는가 하면, 구세주가 존재하기는 하는 건지 요사이 의심하기 시작한 신앙인도 있다. 무신론자인 나는 구세주가 나타날 거라는 기대도 없고 내가 보잘것없는 존재라는 것도 알지만, 그래도 뭔가를 바꾸는 일에 얼마 안 되는 내 힘이나마 보태고 싶다.

오늘은 열심히 목소리를 내는 사람들 이야기를 해 보고 싶다.
일전에 '기록되지 않은 그들(未被記錄的TA們)'이라는 제목의
온라인 프로젝트를 하나 봤다. 코로나19 발생 현황 보고에 포
함되지 않은, 확진 판정을 받지 못했으나 코로나19로 사망했을
것으로 의심되는 사례를 모아 망자를 마음에 새기고 기억하는
프로젝트이다. 이 프로젝트를 진행하는 활동가들은 소리를 내
지 못하는 사람들을 위해 소리를 내고 있다. 그런데 이들 역시
어떤 면에서는 소리를 내지 못하는 사람들이다.

전염병 확산 사태의 와중에 많은 정보가 삭제된 탓에, 이 사
람들로서는 기록을 하고 싶어도 그게 쉬운 일이 아니다. 웨이보
에 올린 글도 눈 깜짝할 사이에 삭제되었다. 하지만 이들은 여
전히 꿋꿋하게 '기록되지 않은 사람들'의 사례를 모으고 있다.
이들과 이야기를 나눠 보았다. 이들의 이런 지속적인 노력도 기
록할 만한 가치가 있으니까.

이 프로젝트를 운영하는 팀은 사회 발전에 관심이 있는 젊은
이들로, 불공정한 사회 현실에 분노하기도 하고, 뭔가를 하고
싶기는 하지만 본인이 뭘 할 수 있을지 확신이 서지 않아 늘 무
력감에 시달렸다. 다행히 이들은 서로를 만났고, 함께 모여 일
을 할 수 있었다. 코로나19 전염 사태가 터지자 이들은 자신들
이 무엇을 할 수 있을지 토론했고, 그 결과 탄생한 것이 '기록되

지 않은 그들' 프로젝트이다.

다음은 내가 이 프로젝트의 활동가 한 명과 나눈 대화이다.

나　　이번 전염병 사태가 본인에게 어떤 영향을 끼쳤나요?

활동가　정말 운이 좋게도, 저와 제 주변 사람들은 모두 감염을 피했습니다. 하지만 이번 전염병 사태는 제게 어마어마한 영향을 줬어요. 봉쇄는 강제적인 조치로 모든 시민을 원자로 만들어 버리고, 무력감과 절망 속에서도 어떻게 도움을 청해야 할지 알 수 없게 합니다. 다른 한편으로는 그런 도움을 청하는 절망적인 목소리를 접하면서, 이 모든 게 지나가고 나면 늘 그래왔듯이 사람들이 이 일들을 잊을까 봐 두렵기도 합니다. 그래서 모두가 기억할 수 있게 해 줄 어떤 방식을 찾고 싶었습니다. 이건 제가 개인적으로 이 프로젝트를 하고 싶었던 이유 중 하나이기도 합니다. 행동하고 싶다는 욕망이 아주 강했어요.

나　　이 프로젝트를 운영하기 시작한 뒤, 본인의 상태에 어떤 변화가 생겼나요?

활동가　사실 변화가 그렇게 크지는 않습니다. 도움을 청하는 메시지를 정리할 때마다 한바탕 목 놓아 울고 싶은 마음이 간절하기는 하죠. 게다가 이런 자질구레한 일을 하면서 자칫 잘못하면 이 사람들을 그냥 하나의 정보로, 하나의 자료로 취급하게 될 수도 있겠다는 생각에 많이 조심스러워요. 그리고 제가 이 사람들의 몸부림을 보지 못할까 봐, 혹은 잊어버릴까 봐 무섭습니다. 제가 무감각해질까 봐, 이걸 그냥 자질구레한 일로 여기게 될까 봐 두려워지고요. 다행히 아직 그렇지는 않습니다. 다만 이 행동으로 상황을 개선할 수는 없을 것 같다는 걸 깨달았어요. 행동은 자기 구원이 아니고, 어쩌면 행동을 하더라도 아무것도 바뀌지 않을 수도 있어요. 하지만 카뮈가 말한 것처럼 시시포스는 성공할 수 없다 해도 절대 포기하지 않잖아요. 특히 기쁜 점이 있다면 함께할 파트너가 있다는 거예요. 더 광범위한 파트너들과의 연결이 변화의 시작이라고 생각해요.

나   정보를 모을 때 여러 가지 감정이 밀려들면 어떻게 대처하시나요?

활동가   별 해결 방법은 없는 것 같아요. 일손이 계속 부족한 상태라서요. 이 문제를 다 같이 토론해 본 적도 없어요. 어쩌면 우리가 이 문제를 일부러 회피하고 있는 걸 수도 있는데, 진짜로 그런 건지는 잘 모르겠어요. 저 한 사람으로만 한정한다면, 그런 감정이 들 때 일부러 어떤 대처를 하지는 않을 것 같아요. 감정이란 아주 진실한 것이고, 제가 이 일을 계속해 나가게 해 주는 동력이기도 해요. 다행히 전 고양이를 키우고 있는데, 고양이들을 보면서 버틸 수 있겠다는 생각이 들어요.

나   어떤 사례가 가장 기억에 남나요?

[그는 내게 린쥔(林君)의 사례를 보내 주었다. 린쥔은 우한 시 중심병원 난징로(南京路) 분원 입구에 있는 작은 매점의 사장이었다. 한 의사가 린쥔을 기리며 쓴 글에는, 평소 린쥔이 병원 의료진에게 물을 배달해 주었던 일, 택배를 받아 주었던 일이 적혀 있었다. 돈을 들고 나오지 않은 의사들은 린쥔의 매점에서 물을 가져다 마시고, 과자를 가져다 먹었다. 외상값은 부정기적으로 갚았다. 양쪽 다 금액을 정확히 기억하지 못해서 상의해 가며 값을 치렀다. 린쥔이 코로나19에 감염되었을 때 병상이 부족해 병상을 배정할 수 없었고, 그는 금세 세상을 떠났다.]

활동가   다른 사례들을 보면 (웨이보에서) 도움을 청했거나 (언론에 보도된) 환자 치료 과정 이야기가 훨씬 많아요. 이 사례는 달라요. 죽어 간 이들이 사람이었다는 걸, 내 주변에 있는 가게 사장님 같은 사람들이었다는 걸 똑똑히 보여 주고 있거든요. 이 사례에서 엄청 큰 충격을 받았어요.

이미 직장에 복귀한 이 활동가는 현재 재택근무를 하면서 매일 한 시간 정도 이 프로젝트와 관련된 정보를 모으고 있다. 이 프로젝트에 참여하는 많지 않은 활동가가 현재까지 모은 사례는 130개가 좀 넘는다. 관심 있으면 이들의 SNS 계정을 팔로우해 보시길.*

어제저녁에는 셀러리 고기 볶음과 죽을 먹었다.

밤에 관리사무소 주임이 10킬로그램짜리 쌀이 스무 포대 있다면서 내일 가져가라고, 선착순이라고 했다. 집에 쌀이 아직 20킬로그램 넘게 있어서 혼자서 그 많은 양을 다 먹지 못하겠다 싶어 이번 쌀은 사지 않았다.

오늘부터 날이 개기 시작했다. 하늘은 옅은 파란색으로 물들었지만 기온은 아직 올라가지 않아서 여전히 좀 서늘한 편이다. 아파트 아래로 내려가서 좀 걸었다.

아침 11시가 넘어 쌀이 도착했다. 쌀을 가지러 내려온 사람도 있었고, 개를 산책시키러 나온 사람도 있었다.

오늘은 어린 백구 세 마리가 아파트 마당을 차지하고 있었는데, 그중 두 마리가 교미하려고 하니까 그중 한 마리의 주인이 민망해하며 목줄을 풀어놓았던 개에게 다시 목줄을 채웠다. 다른 한 마리의 주인은 자리에 없었다. 녀석은 끌려가는 그 개를 계속 쫓아갔고, 끌려가는 개도 주인에게서 벗어나려고

---

*   이들은 https://twitter.com/the_unrecorded, https://www.facebook.com/ncov2019stats에 기록을 남기고 있다. (옮긴이 주)

애를 썼다.

오후가 되자 들깨 소스와 러간면이 도착했다. 다들 며칠을 떠들어 대던 채소와 고기 세트도 도착했다. 50위안(한화 약 8,500원)짜리 채소 세트에는 셀러리, 상추, 가지, 완두 꼬투리가 들어 있었다. 완두 꼬투리로 음식을 해 본 적이 없으니 또다시 새로운 음식 만들기에 도전해야겠다.

그 연줄 있는 여자가 단톡방에 이런 광고를 올렸다.

- **현물 즉시 판매**: 식초 한 병에 7위안(한화 약 1,190원)
- **현물 즉시 판매**: 소금 한 포대에 4위안(한화 약 680원)
- **현물 즉시 판매**: 달걀 30알에 25위안(한화 약 4,250원)
- **현물 즉시 판매**: 국수 1킬로그램에 10위안(한화 약 1,700원)
- **현물 즉시 판매**: 커스터드 찐빵 12개들이 한 포대에 13위안(한화 약 2,200원)
- **1동**: 층마다 있는 엘리베이터 입구에서 물품 수취
- **2동, 3동**: 주차장에서 물품 수취

  (거리 유지하시고요!!)

독자 댓글

  └ 그렇게 용감하게 직언하는 사람들에게 탄복하게 됩니다.

  └ 요 이틀 카뮈의 《시시포스 신화》를 읽고 있었는데, 님

의 일기를 읽게 되니 참 절묘하네요. 어쩌면 이 터무니 없는 세상이 이 많은 사람을 비슷하게 만들어 놓았나 봅니다.

└ 러간면이 기대되네요!

└ 그 연줄 있다는 여자분 정말 대단하네요.

모든 일이
소리 소문도 없이 일어났다

어제 후베이에 있는 친구로부터, 친구의 어머니가 어릴 적부터 알고 지내던 절친한 친구분이 코로나19 확진 뒤 격리 13일 만에 건물에서 뛰어내렸고 그 뒤 바로 화장되었는데, 그분 가족이 이 사실을 통보받지 못했다는 이야기를 들었다.

친구의 외삼촌이 인맥을 통해 공안 쪽에서 이 소식을 전해 들었는데, 들리는 바로는 돌아가신 분의 가족은 지금까지도 이 사실을 모르고 있다. 이 소식을 믿을 수 없었던 친구의 어머니는 어찌할 바를 몰라 하다가 친한 친구에게 SNS로 이 소식을 알렸다고 한다.

이 모든 일이 어떻게 소리 소문도 없이 일어날 수 있었을까.
돌아가신 분은 격리된 뒤 외부와 연락도 할 수 없었던 걸까?

그분의 죽음을 어떻게 속이고 넘어갈 수 있을까?

봉쇄가 해제된 뒤 가족들이 그분을 찾으면 정부가 어떤 답을 내놔야 할까?

봉쇄가 해제된 뒤 얼마나 많은 사람이 격리되어 있던 가족이 사라졌다는 사실을 알게 될까?

친구가 물었다. "도대체 잔인한 게 바이러스니, 아니면 인간이니?"

귀징은 이후에도 우한 봉쇄가 해제된 4월 8일까지 계속 일기를 썼다.
다음의 플랫폼을 통해 귀징을 팔로우할 수 있다.

페이스북 https://ko-kr.facebook.com/gjzh.good
매터스 https://matters.news/@GuoJing
웨이보 https://m.weibo.cn/u/1842762530?jumpfrom=weibocom
위챗 번호 1461177244

봉쇄가 언제 해제될까요? 아무도 모릅니다.

하지만 해제되기 전에, 그리고 해제된 뒤에

우리 함께 연결점이 되기로 해요.[*]

---

[*] 이 책이 대만에서 출간된 2020년 3월에 우한에서는 여전히 봉쇄가 진행 중이었다. 봉쇄는 2020년 4월 8일에 해제되었다가, 5월에 들어 일부 지역에서 다시 봉쇄가 실행되기도 했다. (옮긴이 주)

★ 부록 | 중국에서의 코로나19 진행 추이 (2019. 12. 31. ~ 2020. 3. 11.)

날짜	사건
2019년 12월 30일	우한에서 원인 불명의 폐렴이 발생했고, 이것이 우한시의 화난해산물시장과 관련이 있다는 우한시 위생건강위원회의 내부 통지 사항이 인터넷에 퍼졌다. 이날, 우한시 중심병원의 의사 리원량을 포함한 여덟 명이 SNS에 전염병 소식을 올렸다.
2019년 12월 31일	우한에 원인 불명의 폐렴 사례가 27건 발생했으며, 그중 7명은 상태가 위중하다고 중국이 세계보건기구(WHO)에 통보했다.
2020년 1월 1일	화난해산물시장이 봉쇄되었고, 소독을 진행했다. 중국 내 감염자 수가 40명으로 증가했다. 같은 날, 우한시 공안국에서 사실이 아닌 정보를 올린 여덟 명의 네티즌을 "법에 따라 조사하고 처리하겠다."고 밝혔다. 그중 의사 리원량이 포함되어 있었다.
2020년 1월 7일	새로운 바이러스가 나타났으며, 이 바이러스가 사스와 일반 감기를 구성원으로 하는 코로나 바이러스의 가족이라고 WHO에서 발표했다.
2020년 1월 10일	신종 폐렴으로 인한 첫 사망 사례가 보고되었다.
2020년 1월 19일	우한시 바이부팅 단지에서 열린 '제20회 만가연'에 4만여 가정이 참가했다. 전염병 확산세가 점차 고조되고 있는 상황에서 이런 대규모 행사를 연 사실이 논란을 불러일으켰다.
2020년 1월 20일	베이징, 상하이 그리고 선전에서 신종 폐렴 확진 사례가 전해졌다. 이는 우한 이외의 중국 지역에서 처음으로 나타난 감염 사례로, 의학 전문가 중난산이 중국 관영 매체를 통해 처음으로 이 바이러스가 "사람을 통해 전염될 수 있으며" 14명의 의료진이 감염되었음을 밝혔다.
2020년 1월 23일	우한 봉쇄를 선포하고 전 지역 격리를 실시하면서, 비행기 운항과 열차 운행을 잠정 중단했다. 후베이성의 황강(黃岡), 어저우(鄂州), 센타오(仙桃), 츠비(赤壁) 등의 도시도 연이어 봉쇄를 선포했다.

2020년 1월 24일	음력 12월 31일, 최전선의 의료진들이 물자 부족을 호소하며 도움을 요청하는 메시지가 SNS에 대규모로 쏟아져 나왔다. 후베이성은 1급 비상 대응 단계를 가동하고, 일주일 안에 훠선산병원을 긴급하게 완공하겠다고 선포했다.
2020년 1월 25일	음력 1월 1일, 확진 사례가 1,975건을 넘어섰고, 누적 사망자 수는 56명이었다. 당일 추가 확진 건수가 688건에 달했으며, 사망자는 15명 증가했다. 정치국 상무위원회 회의를 주재한 시진핑(習近平) 국가주석이, 중국이 현재 "전염병이 빠른 속도로 만연하는 엄중한 상황"에 처했음을 솔직히 밝혔다. 상하이 디즈니랜드와 일부 도시의 유원지도 폐쇄를 선포했다. 베이징은 만리장성 일부 구역과 고궁 등 유명 관광지를 폐쇄한다고 선포했다.
2020년 1월 27일	국무원 총리 리커창(李克強)이 전염병 확산 상황을 시찰하기 위해 우한으로 향했다. 2020년 설 연휴 기간을 2월 2일까지 연장한다고 선포했다.
2020년 1월 30일	티베트에서 첫 확진 사례가 나왔다. 전염병이 중국 전역의 모든 성으로 퍼져 나갔다.
2020년 1월 31일	신종 폐렴의 전 세계 확진 건수가 2003년 사스 확진 건수 8,096건을 넘어섰다. WHO는 신종 폐렴 사태를 '국제 공중보건 비상사태(Public Health Emergency of International Concern)'로 선포했다.
2020년 2월 2일	후베이성이 모든 의심 환자를 집중 격리하겠다고 선포했고, 야전병원을 세우기 시작했다. 같은 날, 인민해방군이 훠선산병원 관리권을 넘겨받았다.
2020년 2월 3일	설 연휴 기간이 끝나고 난 뒤 맞이한 첫 거래일, 상하이증권거래소의 종합 주가지수가 7퍼센트 폭락하며 4년 반 만에 최고의 하루 낙폭을 기록했다.
2020년 2월 5일	시진핑 국가주석이 은둔 7일 만에 처음으로 얼굴을 드러내 "방역 작업이 현재 긍정적인 효과를 발휘하고 있다."고 했다. 난징(南京), 닝보(寧波), 푸저우(福州), 하얼빈(哈爾濱) 등의 대도시들이 연이어 '도시 봉쇄' 조치를 발표했다. 중국에서 단지 폐쇄형 관리를 선포한 도시가 이미 35곳에 이르렀다.

2020년 2월 6일	'호루라기를 분 사람' 리원량이 서른넷의 나이로 세상을 떠났다. 그는 신종 폐렴을 제일 먼저 폭로한 여덟 명의 의사 중 한 사람으로, 위챗을 통해 신종 폐렴 전염병 상황을 알렸다가 병원 측에 불려갔고, 공안의 경고를 받아 훈계서에 강제 서명하기도 했다. 신종 폐렴 확진 판정을 받고 치료를 받았으나 결국 사망했다. 그의 사망은 SNS에서 광범위한 애도의 물결을 불러일으켰다.
2020년 2월 9일	베이징, 상하이 등지에서 '반(半) 봉쇄' 식의 폐쇄형 관리 정책이 시행되고, 단지 통제를 강화했다. 이미 중국 전역에서 단지 폐쇄 등 봉쇄 조치를 하는 도시가 80곳을 넘어섰다.
2020년 2월 11일	WHO가 신종 폐렴을 코비드-19(COVID-19)로 정식 명명했다. COVI는 코로나 바이러스(corona virus)의 영문 약칭이고, D는 질병을 뜻하는 disease의 머리글자이다. 19는 전염병이 발생한 연도인 2019년을 뜻한다.
2020년 2월 13일	신속 진단법(rapid test)과 종합 임상 진단 방식을 도입하자, 2월 12일 하루 확진 사례가 1만 5천 건으로 폭증했고, 중국 전역의 확진자 수가 6만 명에 가까워졌으며, 사망자 수는 1천 명을 넘어섰다.
2020년 2월 29일	WHO에서 코로나19의 글로벌 위험도를 '높음'에서 '매우 높음'으로 격상했다.
2020년 3월 11일	WHO에서 코로나19 팬데믹(세계적인 대유행)을 선언했다.

우리는 밤마다 수다를 떨었고,
나는 매일 일기를 썼다

2020년 11월 4일 초판 1쇄 발행

지은이 귀징 • **옮긴이** 우디 • **해제** 정희진
펴낸이 류지호 • **상무이사** 양동민 • **편집이사** 김선경
편집 이기선, 정회엽, 곽명진 • **디자인** 박은정
제작 김명환 • **마케팅** 김대현, 정승채, 이선호 • **관리** 윤정안
펴낸 곳 원더박스 (03150) 서울시 종로구 우정국로 45-13, 3층
대표전화 02) 420-3200 • **편집부** 02) 420-3300 • **팩시밀리** 02) 420-3400
출판등록 제300-2012-129호(2012. 6. 27.)

ISBN 979-11-90136-29-7 (03330)

이 도서의 국립중앙도서관 출판시도서목록(CIP)은
서지정보유통지원시스템 홈페이지(http://seoji.nl.go.kr)와
국가자료공동목록시스템(http://www.nl.go.kr/kolisnet)에서 이용하실 수 있습니다.
(CIP제어번호: CIP2020043665)

• 잘못된 책은 구입하신 서점에서 바꾸어 드립니다.
• 독자 여러분의 의견과 참여를 기다립니다.
  블로그 blog.naver.com/wonderbox13 • 이메일 wonderbox13@naver.com